DIANA
VERLAG

Sebastian Junger

FEUER

Reportagen
von den Brennpunkten
der Welt

*Aus dem Amerikanischen
von Wolfgang Müller*

Diana Verlag
München Zürich

Die Originalausgabe erschien unter dem Titel *Fire*
bei W. W. Norton & Company, Inc., New York

»Der Löwe vom Pandschir« (Seite 254 bis 281)
wurde von Brigitte Jakobeit aus dem
Amerikanischen übersetzt.

1. Auflage
Copyright © 2001 by Sebastian Junger
© 2002 der deutschsprachigen Ausgabe by
Diana Verlag AG, München und Zürich
Satz: Filmsatz Schröter GmbH, München
Druck und Bindung: Bercker, Kevelaer
Printed in Germany

ISBN 3-8284-5044-X

Für Ellis Settle,
1924–1993

Inhalt

Einführung 9

Feuer (1992) 15
Katastrophe am Storm King Mountain (1994) 66
Walfänger (1995) 85
Flucht aus Kaschmir (1996) 105
Das Todestal im Kosovo (1998) 130
Frontberichte von einem toten Krieg (1999) 148
Colters Lauf (1999) 193
Wissenschaftler des Todes (1999) 201
Terror in Sierra Leone (2000) 225
Der Löwe vom Pandschir (2001) 254
Requiem für einen Krieger (2001) 282

Dank 285

Einführung

Ich war Ende zwanzig, als ich 1989 in einer Zeitschrift ein Foto von einem Waldbrand sah. Ein halbes Dutzend Feuerwehrmänner, die eine Brandschneise anlegten, machte gerade Pause. Sie trugen feuerresistente Nomex-Hemden, Schutzhelme und Rucksäcke mit ihrer Ausrüstung. Sie standen auf einer kleinen Wiese, stützten sich auf Schaufeln und Hacken und schauten in den brennenden Wald. Vor ihnen ragte eine 90 Meter hohe Flammenwand auf. Die Männer auf dem Foto strahlten etwas aus, das auch ich in meinem Leben wollte – Ehrfurcht, Erschöpfung, Zielstrebigkeit. Ich heftete das Foto an die Wand in meinem Zimmer. Es begleitete mich den ganzen Winter.

Ich machte gerade eine trostlose Zeit durch. Ich lebte in einer düsteren kleinen Wohnung in Somerville, Massachusetts, hatte meinen Job als Kellner geschmissen und hing verschwommenen Vorstellungen von einem Leben als Schriftsteller nach. Das einzig Gute, was ich damals am Laufen hatte, war ein Gelegenheitsjob – eigentlich mehr eine Ausbildung – als Kletterer für eine Baumpflege-Firma. In einer Bar hatte ich einen Typen kennen gelernt, der mir eine riesige Narbe unterhalb seines Knies zeigte. Sie rührte von einem Unfall mit einer Kettensäge her. Er sagte, er würde mir den Job eines Baumkletterers beibringen, wenn ich für ihn arbeitete, wann immer Not am Mann sei. Ich schlug ein. Ich kletterte auf Bäume, die über Häusern, über Garagen, über Telefonleitungen hingen. Ich kletterte auf sechs Meter hohe Bäume, die von meinem Gewicht hin und her schwangen. Ich kletterte auf 150 Jahre alte

9

Bäume, deren Äste so dick waren, dass ich mir vorkam, als hinge ich am Hals eines Elefanten. Manche Bäume musste ich fällen, andere nur beschneiden. Alle jagten mir Angst ein. Ich lernte zu arbeiten, ohne nach unten zu schauen. Ich lernte zu arbeiten, ohne mir allzu viele Gedanken zu machen, was ich da eigentlich tat. Ich lernte, einfach etwas zu tun – ungeachtet dessen, was ich dabei fühlte.

Im Grunde hoffte ich, dass mir die Arbeit einen Job bei der Bekämpfung von Waldbränden bescheren würde. Ich wusste, dass man Kettensägen auch bei Feuern einsetzte – einer der Kerle auf meinem Foto trug so ein Teil über der Schulter. Ich dachte mir, wenn ich mit der Säge im Westen auftauchte, würde ich schon bei einer Crew unterkommen. Bei derart großen Bränden, überlegte ich mir, würden sie bestimmt jeden nehmen, den sie kriegen konnten.

Wie sich herausstellte, eine durch und durch falsche Annahme. Waldbrände waren Naturkatastophen und sie boten in der Tat Arbeitsmöglichkeiten. Der Konkurrenzkampf um einen Platz in einer Crew war aber hart. Nach ein paar Telefonaten wusste ich, dass ich erst ein paar Jahre in einer Hilfsmannschaft würde arbeiten müssen, um mich sodann für eine Vollzeitstelle als Waldbrandbekämpfer wenigstens bewerben zu können. Und selbst in einer der Hilfsmannschaften kam man sehr schwer unter. Außerdem brauchte ich eine »fire card«, die man erst bekam, nachdem man einen Lehrgang absolviert hatte, zu dem man jedoch nur zugelassen wurde, wenn man schon für eine der Regierungsbehörden arbeitete, die für Waldbrände zuständig sind. Ich ließ die Idee vom Waldbrandbekämpfer fallen, blieb im Osten und arbeitete weiter in den Bäumen.

Mit jedem neuen Auftrag stellte sich heraus, dass der Job als Baumkletterer kaum zu schlagen war. Ich war körperlich topfit. Ich legte meine Höhenangst ab. Ich fing an, gutes Geld zu verdienen. Ich gab meine Angebote ab, vergab die Bodenarbeiten an einen Subunternehmer und besorgte das Klettern selbst. Wie viel ich kassierte, hing davon ab, wie schnell ich arbeitete und wie gut ich kalkulierte. Ich machte 100 Dollar am Tag, 500, 1000. An manchen Tagen bewegte ich mich mit einer Sicherheit, dass ich fast glaubte, ohne Seil auskommen zu können. An anderen Tagen war ich die unbeholfene Ängstlichkeit in Person und wagte kaum, den Fuß zu heben.

An einem kalten klaren Novembertag, als mich der Besitzer einer Baumpflege-Firma um ein Angebot für einen besonders gefährlichen Auftrag bat, erreichte meine Könnerschaft als Kletterer einen Höhepunkt. Ein großer Baum war in der Mitte senkrecht gespalten, doch das massige Gebilde balancierte noch auf einem winzigen Teil des Stamms. Die Instabilität des Baums machte die Arbeit zu einem riskanten Unternehmen. Stürzte er plötzlich um, würde das den Kletterer mit ziemlicher Sicherheit töten. Ich marschierte auf dem Grundstück herum, betrachtete den Baum aus verschiedenen Blickwinkeln und sagte: »500 Dollar.« Der Besitzer zuckte mit den Achseln und nahm an. Selbst für 500 Dollar kletterte man nicht in so einen Baum – für keine Summe. Aber ich hatte eine Idee. An zwei gegenüberliegenden Seiten des Grundstücks stand jeweils ein höherer Baum. Diese Bäume befanden sich ungefähr auf einer Linie mit dem gesplitterten. Ich kletterte auf die beiden, spannte ein Drahtseil zwischen ihnen, klinkte mich ein und hangelte mich Hand um Hand vorwärts, bis ich direkt über dem gespaltenen Baum hing. Ich ließ mich hinunter und fing an zu arbeiten. Wenn er nun unter mir umstürzte, konnte mir nichts mehr passieren. Ich hackte Äste und Zweige ab und zerlegte den Stamm. Es dauerte zwei Stunden. Nie hatte ich mich besser gefühlt.

Es war unausweichlich, dass es auch mich mal erwischen würde – fast jeder Baumkletterer, den ich kannte, hatte schon einen Unfall gehabt. Mich erwischte es, als ich in Wellfleet, Massachusetts, eine kleine Ulme beschnitt. Ich hatte es eilig, arbeitete zu schnell und unversehens hatte ich mir mit der Kettensäge hinten das Bein aufgeschlitzt und die Achillessehne

11

freigelegt. Zunächst hatte ich keine großen Schmerzen und die Wunde blutete auch nicht stark. Trotzdem war ich geschockt. Wenn die Achillessehne durchtrennt war, könnte sie mir für den Rest des Lebens Probleme bereiten. Der unglückliche Zwischenfall war nichts weiter als Schlampigkeit gewesen, doch er verhalf mir zu der Einsicht, dass ich nicht auf ewig Baumkletterer und mühsam sich abstrampelnder Schriftsteller sein wollte. Ich war dreißig Jahre alt. Entweder nahm ich jetzt ein Buchprojekt in Angriff oder ich ließ endgültig die Finger von der Schriftstellerei.

Während ich mich erholte, reifte nach und nach die Idee für ein Buch. Wie wär's mit einem Buch über gefährliche Berufe? Über Holzfäller, Ölbohrer oder Industriefischer: allesamt unverzichtbare Berufe für die Gesellschaft und bei weitem gefährlicher als die Abenteuersportarten, die die Öffentlichkeit so faszinierten. Sechs Monate später – ohne Auftrag von einer Zeitschrift und erst recht ohne einen Buchvertrag, dafür mit einer gewaltigen Portion wild entschlossener Torschlusspanik – flog ich nach Kalifornien, nahm mir einen Mietwagen und fuhr nach Boise, Idaho. An einem heißen Tag im Juli 1992 wurde ich im Loft der Feuerspringer am Rande des Flugplatzes von Boise vorstellig und erzählte von meinem Plan, über Waldbrände zu schreiben. Zu meiner Verblüffung saß ich am nächsten Tag in einem Regierungshubschrauber und schaute hinunter auf das Flicker Creek Fire.

Das Ergebnis war ein langer Artikel über Waldbrandbekämpfung, der mir als erstes Kapitel meines Buches über gefährliche Berufe vorschwebte. Auszüge davon wurden in einer Zeitschrift veröffentlicht, während der Rest in einer Schublade verschwand und ich andere Projekte ins Auge fasste. Das nächste Thema hieß gewerbliche Fischerei. Ich nahm mich der Geschichte eines Schwertfischfängers aus Gloucester namens *Andrea Gail* an, der 1991 in einem gewaltigen Sturm mit Mann und Maus untergegangen war. (Das Kapitel entwickelte ein Eigenleben und wurde schließlich zu dem Buch

Der Sturm.) Schließlich wollte ich noch über Kriegsreporter schreiben. Das Thema faszinierte mich auch deshalb, weil es für mich – sollte die Schriftstellerkarriere scheitern – eine Alternative darstellte. Im Juli 1993 flog ich nach Wien, marschierte ins Büro von Associated Press und fragte, ob sie noch jemanden für Bosnien brauchten. Die Antwort war Nein. Ich fuhr trotzdem. Zwei Wochen später war ich in Sarajewo, mitten in einem Bürgerkrieg.

Ich glaube, es ist nur fair zuzugeben, dass ich nicht die geringste Ahnung hatte, was ich da eigentlich tat. Allerdings lernte ich schnell. Ich fing mit ein paar kleinen Reportagen für einen Radiosender an, der mich als freien Mitarbeiter beschäftigte; ich schrieb einige Zeitungsartikel; ich sperrte die Augen auf und versuchte es den anderen Journalisten gleichzutun. Die Hälfte von ihnen hatte nicht mehr Erfahrung als ich – unsere Referenzen beruhten im Wesentlichen auf der Tatsache, dass wir vor Ort waren. Eins hatten wir allerdings alle gemeinsam: Wir waren wie hypnotisiert von dem, was um uns herum geschah. Kein Journalist, den ich kannte, wollte den Kriegsschauplatz verlassen, kein einziger. Jeder hatte das Gefühl, dass er mitten im wichtigsten Ereignis seines Lebens steckte.

Ich verstehe immer noch nicht ganz, warum das so war. Worin liegt die Faszination, die einen Feuerwehrmann wie festgewurzelt ausharren lässt, wenn vor ihm 90 Meter hohe Flammen aus einem Fichtenwald züngeln? Warum robben Journalisten – ich selbst habe es getan – auf Frontlinien zu, obwohl dort fast nie Informationen von journalistischem Wert zu holen sind? Die Versuchung ist groß, irgendeine furchtbare Schlussfolgerung über den angeborenen Voyeurismus der Spezies Mensch zu ziehen. Ich glaube aber, das träfe nicht den Punkt. Menschen zieht es zu solchen Ereignissen aus einer vollkommen amoralischen Ehrfurcht heraus, die nichts mit dem Verständnis für das Ausmaß der Tragödie zu tun hat. Wie Liebe, Hass oder Angst ist Ehrfurcht einer jener menschlichen

Züge, die fast alles, woran wir glauben, übermannen kann – zumindest für kurze Zeit. Manche Menschen erfahren Ehrfurcht, wenn sie die Präsenz von etwas spüren, das sie für Gott halten; andere machen diese Erfahrung in einem Hurrikan oder bei einem Raketenangriff. In einem engeren Sinne gleichen sich all diese Ereignisse: Sie lassen die Belange unserer kümmerlichen menschlichen Existenz winzig erscheinen.

Das Buch über gefährliche Berufe habe ich nie geschrieben. Meine Faszination für derartige Geschichten entwickelte sich zu einer generellen Leidenschaft für Auslandsjournalismus. Die Geschichten in diesem Buch handeln alle – auf die eine oder andere Weise – von Menschen, die mit Ereignissen konfrontiert sind, von denen sie mühelos vernichtet werden können. Ich möchte klarstellen, dass ich als Journalist nie wirklich in ihrer Haut steckte. Ich geriet kaum jemals in ernsthafte Gefahr, fast immer stand mir ein schneller Fluchtweg zur Verfügung. Allerdings hatte ich es mit anderen Ängsten zu tun. Wenn ich in einem fremden Land die Gangway zu einem neuen Job hinuntersteige, begleiten mich immer die grässlichsten Ahnungen. Nicht weil mir etwas Schlimmes zustoßen könnte, sondern weil ich von meinem Scheitern überzeugt bin. Du hast zwei Wochen, um eine vollkommen fremdartige Kultur zu verstehen, eine nie gehörte Geschichte auszugraben und sie dann bis zum letzten Tropfen auszuquetschen. Du fühlst dich, als hättest du nicht die geringste Chance.

Aber du hast sie. Und während ich daran arbeitete, wurde mir die Ehre zuteil, hautnah Zeuge des kolossalen Schauspiels des menschlichen Lebens zu werden. Wie den Feuerwehrleuten auf meinem alten Foto war es mir unmöglich, mich abzuwenden.

Annapolis, Maryland, 2001

Feuer

1992

Am Spätnachmittag des 26. Juli 1989 fegte ein trockener Gewittersturm über die Berge nördlich von Boise, Idaho, der die ganze Welt in Brand zu setzen schien.

Ein trockener Gewittersturm ist ein Sturm, dessen Regen niemals den Boden erreicht. Aus aufgedunsenen Kumuluswolken fällt das Wasser in langen graziösen, Virga genannten Streifen und verdunstet auf halbem Wege. Die elektrischen Entladungen eines trockenen Gewitters verlieren sich dagegen nicht auf dem Weg zum Boden – sie krachen wie Artilleriefeuer in die Berge. Am 26. Juli 1989 schlugen die Blitze mit einer Frequenz von 100 Einschlägen pro Stunde in die höher gelegenen Kämme des Boise National Forest. Die Blitzdetektoren des Boise Interagency Fire Center registrierten in allen westlichen Bundesstaaten bis zu 2000 Einschläge pro Stunde. Bei Einbruch der Dämmerung loderten nördlich von Boise 120 Brände, kleine, etwa einen halben Hektar große Feuer, die sich schließlich zu einer einzigen unaufhaltsamen, unnahbaren Front zusammenschlossen, die unter dem Namen Lowman Fire bekannt werden sollte.

In den ersten drei Tagen war das Lowman Fire nichts weiter als eins von den hunderten Feuern gewesen, die sich langsam durch die ausgedörrten Wälder Idahos fraßen. Als die Flammen jedoch am 29. Juli gegen 16 Uhr in einem kleinen, östlich der Stadt Lowman gelegenen Ort namens Steep Creek eine Gruppe abgestorbener Bäume erfassten, änderte sich das Feuer dramatisch. Das Holz der zwei Jahre zuvor von einem Sturm entwurzelten Bäume war so trocken, dass es bei der ersten Berührung mit den Flammen explodierte. Das Feuer entwickelte plötzlich eigene Konvektionswinde, die die Hitze blitzartig steigerten, bis das spiralförmig in die Höhe schießende Feuer völlig außer Kontrolle geriet. Die Hitze im Zentrum der Flammen erreichte 1000 °C. Eine Rauch- und Aschesäule schraubte sich 13 Kilometer hoch in die Atmosphäre. Die Kraft der Konvektionswinde ließ Bäume der Länge nach aufplatzen.

Das Feuer überquerte den Highway 21 und wälzte sich durch den östlichen Teil der Stadt, wobei es Propangastanks in die Luft jagte und 26 Häuser bis auf die Grundmauern niederbrannte. Die Mannschaft eines Löschzugs, die am Haven Lodge festsaß, kauerte hinter ihrem Fahrzeug, bis sie nach einer Stunde unverletzt, aber halb blind den Flammen entkam. Das Feuer hatte eine kritische Masse erreicht und sog immer neue Nahrung aus der eigenen Hitze, den eigenen Flammen – ein Rückkopplungseffekt, den man als Feuersturm bezeichnet. Angesichts derart gewaltiger Kräfte bleibt den Menschen nichts anderes übrig, als zu fliehen und auf einen Wetterumschwung zu hoffen.

Genau das taten die Menschen – sie flohen. Genau das tat auch das Wetter – es änderte sich, allerdings erst, als sich nach einem Monat 18 000 Hektar Wald in Asche verwandelt hatte.

Drei Jahre später, 1992, als die grünen Schößlinge der Ponderosakiefern schon wieder die Berghänge bedeckten, besuchte ich den Schauplatz des Lowman Fire. Eine Tafel am Straßenrand informierte darüber, dass hier bis Mitte der 90er Jahre acht Millionen Ponderosakiefern und Douglasfichten per Hand neu angepflanzt würden. Außerdem erfuhr ich, dass der Boden mit Enzymen behandelt worden sei, um ihn für Wasser und Mikroorganismen durchlässig zu machen. Noch sah er aus, als wäre er von einer harten, versengten Plastikschicht überzogen. Damit der Untergrund nicht weggespült wurde, hatte man die Hänge mit einem Netz von tausenden verkohlten Baumstämme überzogen. Auf 12 000 Hektar war Gras und schnell wachsendes Bitterkraut eingesät worden. In etwa hundert Jahren, so die Tafel, würde die Landschaft wieder aussehen wie vor dem Brand.

Ich fuhr eine große, durch eine schmerzlich schöne Landschaft führende Schleife von Ketchum, Idaho, um die Sawtooth Mountains herum und dann den South Fork des Payette River entlang hinunter in Richtung Boise. Als ich durch das verbrannte Gebiet des Lowman Fire fuhr, war es später Nachmittag. Die schwarze Stille der toten Täler deprimierte mich. Die westlichen Bundesstaaten steckten inmitten der schlimmsten Dürreperiode des Jahrhunderts, und ich war hier draußen, um mir Waldbrände von der Art anzuschauen, wie sie uns diese Dürre mit hundertprozentiger Sicherheit bald aufs Neue bescheren würde. Mein Plan war es, nach Boise zu fahren, wo sämtliche Brandbekämpfungsmaßnahmen koordiniert wurden. Ich wollte erklären, dass ich Schriftsteller sei, und hoffte, dass sie mich zu einem Feuer mitnähmen.

Ich bog in eine alte Holzfällerstraße ein und schlug auf einer gerodeten Lichtung mein Zelt auf. Es hatte den Anschein, als ob es schnell dunkel werden würde an diesem Abend. Ich bereitete mir auf meinem Campingkocher eine Portion Spaghetti, kroch nach dem Essen in den Schlafsack und lauschte den Geräuschen des verstummenden Wochenendverkehrs auf dem Highway 21. Das Lowman Fire, hatte man mir erzählt, war so heiß gewesen, dass der Highway 21 geschmolzen war. An manchen Stellen könne man noch die Reifenspuren der Löschzüge sehen, die von Boise zum Feuer gerast waren.

Um die Arbeit der drei Bundeseinrichtungen zu koordinieren, die in Amerika für die Bekämpfung von Waldbränden zuständig waren – das Bureau of Land Management (BLM), der Forest Service und eine Einrichtung, die damals noch Weather Bureau hieß –, schuf die Regierung der USA 1965 das Boise Interagency Fire Center (BIFC). Später kamen zu dieser Behörde, die schließlich in National Interagency Fire Center umbenannt wurde, noch das Bureau of Indian Affairs, der National Park Service und der Fish and Wildlife Service dazu. Zwei Jahre nach Einrichtung des BIFC erlebten die nördlichen Rockies eine Brandkatastrophen-Saison, die mit dem Sundance Fire im Norden Idahos ihren Höhepunkt fand. Das BIFC organisierte den Einsatz von 13 000 Mann und tausenden Tonnen Material. Der Erfolg der Operation gab den Anstoß für eine Untersuchung des Office of Civil Defense, das sich mit der Bewältigung einer ähnlichen Krise im Fall eines Atomkriegs beschäftigte.

Das BIFC liegt südlich von Boise, direkt gegenüber dem Flugplatz auf der anderen Seite des Interstate Highway. Der Eingangsbereich ist vollgestopft mit Anschauungsmaterial, das einen – sollte man den Job eines Feuerwehrmanns auch nur vage in Betracht ziehen – noch in derselben Sekunde gen Westen ziehen lässt. Es gibt die Modellpuppe eines Feuerspringers in voller Montur, komplett mit Drahtgesichtsmaske für den Fall, dass der Springer in eine Baumkrone rauscht. Es gibt Regale mit allem, was man für einen 24-stündigen Einsatz im Feuer benötigt – Verpflegung, Verbandskästen, Werkzeuge. Es gibt Farbfotos von Löschflugzeugen, die chemische Löschmittel abwerfen, und von Flammenwänden, die aus Baumgruppen in den Himmel emporschießen. Ein Foto zeigt ein Feuer in einem dichten Waldstück des Umpqua National Forest in Oregon. »Absprungstelle in dichtem Wald« lautet die Bildunterschrift. »Die Bäume auf diesem Foto sind zwischen 25 und 40 Meter hoch. Fünf von sechs Feuerspringern, die bei diesem Brand zum Einsatz kamen, blieben in einem Baum hängen. Zum Abseilen führen die Feuerspringer in der Beintasche ein Extraseil mit. Das Feuer konnte auf eine Fläche von einem Zehntel Hektar eingedämmt werden.«

Während ich in der Eingangshalle herumlungerte, trat ein kleiner, vor Kraft strotzender Mann auf mich zu – ein in Boise stationierter Feuerspringer namens Ken Franz, wie sich später herausstellte. Er fragte mich, was ich suche. Ich sagte ihm, dass ich an Waldbränden interessiert sei. Er führte mich in einen chaotischen Konferenzraum, wies mir einen Stuhl an einem langen Tisch zu und hielt mir einen Einführungsvortrag. Hinter Franz hing eine Landkarte mit den westlichen Bundesstaaten, die fast die ganze Wand einnahm. Mit roten Kreisen waren sieben Städte markiert: McCall, Idaho; Boise, Idaho; Missoula, Montana; Redmond, Oregon; Redding, Kalifornien; Silver City, New Mexico; Winthrop, Washington. Franz drehte sich um und zeigte auf jede von ihnen.

»Das sind die Stützpunkte der Feuerspringer«, sagte er. »Wir werden ständig von einem Ort zum andern geschickt. Du weißt nie, wo du am nächsten Tag oder in der nächsten Woche sein wirst. Die Einsatzkräfte werden immerzu hin und her geschoben, dorthin, wo die Gefahr gerade am größten ist.«

Das Verschieben der Einsatzkräfte, erläuterte Franz, ist der Zweck des BIFC. Alles – von amtlichem Briefpapier über Schlafsäcke, Lebensmittel, Löschschaum bis zu Ken Franz selbst – wird im Schlepptau von Feuern, Unwettern und Dürren durchs ganze Land gekarrt. In den USA gibt es 410 Feuerspringer und etwa 20 000 freiwillige Feuerwehrleute, die auf Abruf bereitstehen. Sollte der Vater eines Feuerspringers sterben oder sein Haus abbrennen, dann weiß das BIFC, in welchem Bundesstaat, bei welchem Feuer, in welchem Abschnitt und bei welcher 20-Mann-Crew der Sohn sich gerade aufhält. Sollte ein Löschflugzeug auf seinem Flug von Denver nach Missoula verloren gehen – einer von hunderten an Flügen, die an einem hektischen Einsatztag im Westen geflogen werden –, kennt das BIFC exakt die geplante Route und die vorgesehene Ankunftszeit. Die gewaltige Aufgabe, all diese Abläufe zu koordinieren und zu kontrollieren, wird in der BIFC-Zentrale auf der anderen Seite des Parkplatzes geleistet, in der obersten Etage im Logistikzentrum. Eine Landkarte der gesamten USA nimmt dort die eine Wand des Raums ein. Pappschildchen, die für Flugzeuge stehen, werden hin und her geschoben; Karteikarten mit den Namen von Einsatz-Crews wechseln von Fächern mit der Aufschrift »verfügbar« zu Fächern mit der Aufschrift »im Einsatz«. Detailliertere Informationen sind im Computer gespeichert. Ende August 1987 entfachten Blitze im Westen des Landes insgesamt 2000 Brände, die fast 400 000 Hektar Land einäscherten. In zehn Tagen wurden 22 000 Mann und 45 Tonnen Material eingesetzt, um die Brände zu bekämpfen. Für den Einsatz jeder Kettensäge, jedes Schutzhelms, jedes Liters an chemischen Löschmitteln zeichnete das BIFC verantwortlich.

»Feuerspringer sind als ›Ersteinsatztruppe‹ gedacht«, fuhr Franz fort. »Der Ausdruck ›Ersteinsatz‹ ist der Oberbegriff für alle möglichen Formen einer ersten Reaktion auf den Ausbruch eines Feuers. Die klassische Situation wäre folgende: In einer abgelegenen Gegend schlägt ein Blitz in einen Baum ein, zwei Leute springen ab, fällen den Baum, zerlegen ihn und machen ein kleines Lagerfeuerchen draus. Im Grunde gibt's auf der ganzen Welt keinen Platz, der nicht als Absprungstelle herhalten kann. Normalerweise findet man im Umkreis von zwei Kilometern um ein Feuer herum immer ein passendes Fleckchen zum Abspringen. Bei einem großen Feuer muss man irgendwo anfangen. Man beordert direkt hinter das Feuer eine ganze Flugzeugladung von Springern, die einen Stützpunkt errichten. Man rodet eine Landestelle für den Nachschubhubschrauber und arbeitet sich dann an den Rändern des Feuers vorwärts.«

Feuerspringer landen mit 40 Kilogramm Ausrüstung am Körper – inklusive zwei Fallschirmen, reißfesten Kevlar-Overalls, Trockennahrung, Feuerzelten und einigen persönlichen Dingen. Nach den Springern schweben Pappkartons an Lastenfallschirmen zu Boden, die Kettensägen, Schaufeln, Pulaskis – eine Kreuzung aus Hacke und Axt –, Schlafsäcke, Plastikkanister mit Wasser und Dutzende anderer notwendiger Utensilien enthalten. Falls sich einer der Springer verletzt hat, wird ein medizinisches Notfall-Set abgeworfen. Falls sich das

Feuer mit großer Geschwindigkeit durchs Holz frisst, kann die Crew Sprengstoff anfordern, um eine Brandschneise in den Waldboden zu sprengen. Die Liste dessen, was man alles über einem Feuer abwerfen kann, ist endlos – und teuer. Eine zynischere, aber ziemlich weit verbreitete Lesart besagt, dass die Regierung Waldbrände dadurch löscht, dass sie so lange Geld über dem Feuer abwirft, bis es wieder anfängt zu regnen.

An den Crews selbst bleibt allerdings nicht viel von dem Geld hängen. Ein Springer verdient etwa 8 Dollar 50 die Stunde. Falls das Feuer noch nicht unter Kontrolle ist, was angesichts der Rolle der Feuerspringer als Ersteinsatztruppe fast immer der Fall ist, kommen 25 Prozent Gefahrenzulage hinzu. Für Überstunden – ebenfalls eine fast sichere Bank – gibt es 50 Prozent Zuschlag. Als ob man mit dem Bus oder Pick-up vorfahren würde, gilt der Sprung selbst als Teil des Anfahrtsweges zum Arbeitsplatz. Die Springer bekommen also normales Gehalt, wenn sie aus dem Flugzeug springen. Wenn sie den Boden berühren, werden nochmal 25 Prozent des Stundenlohns fällig, allerdings wird die Gefahrenzulage gestrichen, wenn sie sich beim Sprung verletzen und nicht bis zum Feuer vordringen. Bei einer Absprunghöhe von 450 Metern braucht man mit dem Fallschirm ungefähr anderthalb Minuten bis zum Boden. Bei 8 Dollar 50 Stundenlohn macht das etwa 21 Cent pro Sprung.

»In einem guten Jahr kann man auf fast 30 000 Dollar Verdienst kommen«, sagte Franz. (Ein ›gutes‹ Jahr ist für den Feuerwehrmann eines mit vielen Feuern; ein ›gutes‹ Feuer ist eines, das man nicht zu schnell unter Kontrolle bringt.) »Normal sind eher weniger als 20 000 Dollar. Und das in sechs Monaten. Den Rest des Jahres nähen wir.«

Sie nähen alles: Gurtwerk, Ausrüstungsrucksäcke, Seesäcke, Sprungbeutel, sogar kleine Matchsäcke mit dem BIFC-Flammenlogo an der Seite. Sie machen das, um der Regierung Geld zu sparen, weil sie bessere Näher sind als die meisten professionellen, und sie machen es auch, weil sie den Job behalten wollen. Das Einzige, was sie nicht nähen, sind Fallschirme. Einige der Springer haben zwar die amtliche Erlaubnis, Schirme auszubessern, aber gekauft werden sie ab Werk. Der vom BLM eingesetzte Schirm kostet circa 1000 Dollar das Stück und hält, wenn er gut gepflegt wird, ungefähr zehn Jahre. Das Konstruktionsprinzip wurde zu Beginn des 20. Jahrhunderts von einem französischen Drachenbauer entwickelt. Der Fallschirm heißt Quantum Q5 Ram Air Parachute.

»*Ram air* bedeutet, dass er über Kammern verfügt, die sich mit Luft füllen«, sagte Franz. »Der Schirm wird so steif, dass man drüberlaufen könnte. Wenn man eine Leine dran befestigen würde, könnte man ihn als Drachen steigen lassen. Die Feuerspringer in Alaska fliegen ihre Schirme wie Drachen. Die beiden Leinen sind mit einem Querholz verbunden. Damit steuert man und kann bis zu 35 Kilometer pro Stunde schnell werden. Hightech am Himmel, Handarbeit am Boden; wenn wir unten sind, sind wir bloß noch Feuerwehrleute. Dann müssen wir uns 15 Kilometer oder mehr abplagen, bis wir zum nächstgelegenen Hubschrauberlandeplatz kommen. Die Ausrüstung wiegt über 50 Kilogramm und normalerweise gibt's zum Hubschrauber keine festen Wege. Der Fußmarsch ist härter als das Löschen selbst. Hält dich zäh.«

Zäh heißt, in einem Trainingscamp ein Ausbildungsprogramm überstanden zu haben, das in der Regel 30 Prozent der zuvor ausgewählten Männer (hauptsächlich Männer, aber nicht nur) wieder aussortiert. Rookies – die Neulinge – gelten als am besten trainiert und ausgebildet, da sie das Camp gerade erst hinter sich haben: drei Stunden Krafttraining täglich, ein Sprungsimulator, der auch Knochenbrecher genannt wird, jede Menge Kurse und Tests, die praktisch hundertprozentig sicherstellen, dass man sofort nach Verlassen des Flugzeugs die Reißleine zieht. Was auch fast immer funktioniert – fast. 1991 starb in Montana ein Springer, weil er die Reißleine erst zog, als er schon so nah am Boden war, dass es zu spät war. Weil es ein Trainingssprung war, hatte man hinterher alles auf Video. Man war übereinstimmend der Meinung, dass den Springer die Kälte gelähmt hatte.

»Die größte Gefahr ist wahrscheinlich das Feuer selbst«, sagte Franz. »Brennende Baumstämme fällen, Stämme, die die Hänge heruntergerollt kommen. Der Sprung ist in der Regel eine Erleichterung. Im Flugzeug ist es heiß, manchmal ist einem regelrecht schlecht; und dann ist man plötzlich voll auf etwas konzentriert. Es hat etwas Traumhaftes.«

Nach unserem Gespräch zeigte mir Franz kurz das Dachgeschoss, das für die Springer reserviert war. Er zeigte mir den Raum, wo das Gurtwerk aufbewahrt und die Schirme gepackt wurden, den Näh- und den Fitnessraum. Dann kehrten wir ins Konferenzzimmer zurück und er legte eine Kassette in den Videorekorder. Der kurze Film war verwackelt und amateurhaft, aber hochdramatisch. Er zeigte eine Springer-Crew, die bei Nacht direkt an der Brandschneise arbeitete. Einer der Männer legte mit der Kettensäge eine Ponderosakiefer um. Er hatte den Stamm halb durchgesägt, als plötzlich Flammen wie eine flüssige Masse aus dem Holz quollen. Das Feuer hatte den Stamm ausgehöhlt, durch den es zog wie durch einen Kamin. Der Mann sägte weiter, die Flammen züngelten weiter und schließlich stürzte der Baum um.

Als ich mich verabschiedete, fragte ich Franz – ohne mir allerdings die geringste Hoffnung zu machen –, ob es in der Gegend ein Feuer gebe, das ich mir anschauen könnte. Er sagte, ich hätte gerade ein ganz anständiges verpasst. Ein älteres Ehepaar aus Pennsylvania hätte mit seinem Wohnmobil einen Wagen abgeschleppt. Dabei sei an dem Wagen ein Reifen geplatzt und die Funken hätten eine drei Kilometer breite Feuerwand entfacht. 2000 Hektar, Löschkosten 1 Mio Dollar.

»Schätze, die Regierung wird die beiden kräftig zur Kasse bitten«, sagte er. »Versuchen Sie es in der Einsatzzentrale, die wissen, was gerade läuft.«

Die Einsatzzentrale für den Boise National Forest befand sich in einem Campingwagen östlich des Flugfeldes. »Ich komme gerade vom BIFC«, sagte ich der jungen Frau, die am Schreibtisch saß. »Ich bin Reporter. Gibt's irgendwo in der Gegend ein Feuer?«

Ich fühlte mich ein bisschen unwohl, als ich die Frage stellte. Sie zuckte nicht mal mit der Wimper. »300 Hektar, Stand Mitternacht«, sagte sie und breitete ein Karte von Idaho auf dem Tisch aus. »Blitzeinschlag, starker Wind, drei Hubschrauber und 22 Crews. Name: Flicker Creek Fire. Sie haben ein Overhead Team Typ I angefordert.«

Overhead Teams vom Typ I wurden nur bei extrem gefährlichen Feuern oder solchen angefordert, die sich zu extrem gefährlichen entwickeln könnten. Das Flicker Creek Fire wütete in steilem Gelände mit extrem trockener Vegetation und starken Winden. Steile Hänge begünstigen ein Feuer, weil alles Brennbare den Berg hinauf schon von unten vorgeheizt wird; Winde begünstigen ein Feuer, weil sie die Hitze steigern und das Feuer vorwärts treiben. Aus 300 Hektar können blitzschnell 3000 oder 30 000 werden.

Eine Stunde später fuhr ich auf dem Highway 21 Richtung Norden. Ich trug eine feuerresistente grüne Nomex-Hose und ein gelbes Feuerwehrhemd. Auf dem Rücksitz lag ein gelber Plastikschutzhelm und ein Feuerzelt aus Fiberglas und Aluminium. Ein Feuerzelt ist ein kleines Schutzzelt, das in einem Beutel mit Gürtelschlaufen steckt. Es reflektiert die Strahlungshitze und reduziert die Temperatur eines 500°C-Feuers auf etwa 50°C im Innern des Zeltes. Im Camp, hatte mir der Ranger gesagt, würde ich unter dem Etikett Public Relations laufen. Man würde mich verpflegen und – falls ich kein eigenes dabei hätte – in einem Zelt unterbringen. Morgen früh würde mich dann ein Hubschrauber zur Brandschneise fliegen.

Ich rauschte an ein paar gelangweilten Wachposten vom Forest Service vorbei, bog vom Highway 21 ab und fuhr hinauf in die Hügel.

Der Flicker Creek ist einer von hunderten kleinen Bächen, die die steilen, trockenen Hügel des Boise National Forest durchschneiden. Das Gebiet besteht hauptsächlich aus Gras, Felsen, Beifuß und – an den Nordhängen und in der Nähe von Flüssen – dichten Ponderosa-Waldstücken. Der Flicker Creek mündet in den North Fork des Boise River, der wenig später im Middle Fork aufgeht, und der wiederum speist die Reservoirs von Arrowrock und Lucky Peak. Da der Westen seit sieben Jahren unter einer der schlimmsten Dürreperioden seit den 70er Jahren des 19. Jahrhunderts litt, waren beide Reservoirs fast völlig leer. Arrowrock war zu einem schlammigen Rinnsal verkommen, das man mit einem Satz überqueren konnte.

Nach 30 holperigen Kilometern wurde die Straße, die jetzt am North Fork des Boise River entlang führte, besser. Hier gab es jede Menge Wasser – zumindest sah es so aus. Der schnell dahinströmende Fluss war gesäumt von lichten Ponderosa-Wäldchen. Das Camp lag auf einer riesigen Wiese namens Barber Flats, die sich am North Fork entlangzog. Im gelblichen Gras standen hunderte grellbunte Nylonzelte. Ein Hubschrauber mit einem darunter hängenden Behälter für chemische Löschmittel tauchte brummend über einer Hügelkette auf. Tankwagen rumpelten hin und her und besprühten den trockenen Boden mit Wasser. Hotshot Crews – hochtrainierte Spezialistenteams für den Einsatz unmittelbar am Feuer – kamen und gingen im Gänsemarsch, lagen schlafend im Schatten oder schärften ihre Werkzeuge. Manche waren schwarz vom Ruß; andere sahen aus, als wären sie gerade erst angekommen. Sie trugen alle Sicherheitsstiefel mit groben Profilsohlen und die gleichen grünen und gelben Nomex-Klamotten wie ich.

Ich stellte den Wagen zwischen den Lastern und Tankwagen ab und fragte mich zum Infoplatz durch. Die für die Öffentlichkeitsarbeit zuständigen Leute erwarteten mich schon und zeigten auf einen bulligen Mann namens Frank Carroll.

25

»Wenn Sie mit zur Brandschneise wollen, brauchen Sie Stiefel«, sagte er mit tiefer Stimme. »Sie brauchen Wasserflaschen, Sie brauchen Verpflegung, Sie brauchen Handschuhe. Ich bring Ihnen das Zeug nach dem Abendessen. Sie können Ihr Zelt aufschlagen, wo Sie wollen. Morgens um fünf Uhr brechen die Leute auf. Sehen Sie zu, dass Sie startklar zum Frühstück kommen.«

Ich bedankte mich und ging meine Sachen holen. Überall waren große, hagere Männer und auch einige wenige Frauen mit irgendwelchen Arbeiten beschäftigt. Hinter einer Hütte, die als Einsatzzentrale diente, schlug ich im hohen Gras mein Zelt auf, dann ging ich zum Verpflegungszelt. Dahinter stand ein zur Küche umgebauter Laster. Die Hotshot Crews gingen im Gänsemarsch an einem Fenster vorbei, nahmen von einer jungen Frau ihre Teller entgegen und setzten sich dann zum Essen an Klapptische, die man in einem Army-Zelt aufgestellt hatte. Die Frau war hübsch und trug an ihrem Gürtel ein Fahrtenmesser. Ich tat so, als gehörte ich dazu, und sie lud mir ein Steak, Karotten, Kartoffelbrei, Salat und zwei Scheiben Weißbrot auf den Teller.

Ich setzte mich an einen Tisch in der Ecke und beobachtete das Kommen und Gehen der Crews. Sie sprachen laut und aßen schnell. Die meisten waren junge Weiße, zähe Männer mit Stoppelbärten. Hin und wieder saß auch eine Frau darunter. Sie wurde – so weit ich es beurteilen konnte – nicht anders behandelt als jeder andere. Ich hatte zwar nicht angenommen, dass Frauen hier diskriminiert würden, aber doch die eine oder andere Form von Ritterlichkeit erwartet. Doch davon war nichts zu sehen. Jeder schien viel zu müde und hungrig, um vom anderen Geschlecht überhaupt nur Notiz zu nehmen. (Was, wie sich herausstellen sollte, eindeutig nicht zutraf.) Außerdem war sowieso kaum auszumachen, wer was war in den ausgebeulten Klamotten und unter den Rußschichten auf den Gesichtern.

Normalerweise bildeten Indianer und Latinos eigene Crews.

Sie sind Ausdruck der demographischen Realität, nichts weiter: 20 Männer, die aus Browning, Montana, stammen, sind wahrscheinlich Blackfoot-Indianer und keine Weißen; 20 Männer, die aus den Farm Crews des Snake River Valley stammen, sind wahrscheinlich Latinos und keine Indianer. Die Frau an der Essensausgabe erzählte mir später, dass die indianischen Crews den Verpflegungslaster buchstäblich bis auf den letzten Krümel leer putzen. »Die essen alles, was nicht niet- und nagelfest ist«, sagte sie. Die Sträflinge essen viel Süßes und scharf Gewürztes, weil sie das im Gefängnis fast nie bekommen. Die weißen Hotshot Crews achten am stärksten auf gesunde Ernährung. Sie essen jede Menge Obst und Gemüse, manche rühren überhaupt kein Fleisch an.

Kaum vorstellbar, wurden doch früher die Regierungsaufträge zur Lebensmittelversorgung nur danach ausgerichtet, wie viel Protein – mit anderen Worten: Fleisch – pro Person je Mahlzeit benötigt wurde. Zum Frühstück bekam jeder 100 Gramm, zum Lunch 200 und zum Abendessen 300 bis 450. Alles andere – Obst, Gemüse, Getreideprodukte – wurde als Zugabe betrachtet, die bei der Kalkulation keine Rolle spielte. Allerdings ist die Verpflegung inzwischen besser als früher. In den finsteren Zeiten der Waldbrandbekämpfung – ohne Frauen, ohne Duschen, ohne Nomex-Kleidung – ernährten sich die Crews hauptsächlich von Schinken. Schinken mit Ei, Schinken-Sandwich, gebratener Schinken. Verpflegungslaster waren im Wesentlichen riesige Fleischcontainer, in denen Schinken hingen und vielleicht unten noch ein paar Kartons Wonderbread herumlagen. In jenen Tagen trugen die Hotshots T-Shirts mit der Aufschrift »Brennen die Bäume, sterben die Schweine«.

Nach dem Abendessen nahm ich an der Einsatzbesprechung teil. Sie fand neben dem unbefestigten Parkplatz unter einer Ponderosakiefer statt. Die Mitglieder des Overhead Teams, die man daran erkennen konnte, dass sie sauber waren und keine Nomex-Schutzkleidung trugen, waren vollzählig anwesend. Sie waren als Team ausgebildet und erfüllten beim Flicker Creek Fire ihre Aufgabe als beliebig austauschbares Glied eines die Bundesstaaten übergreifenden Netzwerks, das Incident Command System hieß. Der Grundgedanke des Systems war, dass jeder, der für eine bestimmte Aufgabe ausgebildet war – ob zum Leiter der Abteilung Logistik, zum Fachmann für Öffentlichkeitsarbeit, zum Manager für einen Hubschrauberlandeplatz –, diesen Job in jeder Situation für jede Behörde erfüllen kann. Die Mitglieder der Overhead Teams kommen aus einem Dutzend verschiedener Regierungsbehörden und werden aus allen Landesteilen zusammengezogen. Der Einsatzleiter kann aus Georgia kommen, der Abteilungsleiter Luftoperationen aus Colorado und der Sicherheitsoffizier aus dessen Nachbarort. Im ganzen Land gibt es 17 Overhead Teams vom Typ I, die hauptsächlich für Brandbekämpfung zuständig sind, aber auch schon bei anderen Katastrophen zum Einsatz kamen: bei Ölteppichen in Alaska, bei Wirbelstürmen in Florida, bei Erdbeben in Mexiko. Zum Beispiel wurde ein Overhead Team nach Valdez geschickt, um die ölverseuchten Strände zu säubern. Das System funktionierte so reibungslos, dass es sowohl von Exxon als auch von den amerikanischen Streitkräften übernommen wurde. In einem Waldbrand-Camp mit Overhead Team kommt auf zwei Mann im Einsatz ein Mann für die logistische Unterstützung – eine Quote, die etwa zwanzigmal so effizient ist wie die der Armee.

Ich ging zu Bett, als auch die 500 Feuerwehrleute schlafen gingen – bei Anbruch der Dunkelheit. Nur noch das unablässige Brummen der Generatoren war zu hören. Bei der Einsatzbesprechung hatte es – in gewisser Hinsicht – schlechte Nachrichten gegeben: Das Feuer erwies sich als fast zu kooperativ. An der spärlich bewachsenen Südflanke hatte sich ein zwölf Hektar großes Einzelfeuer entzündet, das jedoch von drei Crews hatte eingedämmt werden können. Sieben Typ-II-Crews, die weniger erfahren als die Hotshots waren und normalerweise für Säuberungsarbeiten eingesetzt wurden, hatten – weiter als zunächst vorgesehen – bis zum Fluss Brandschneisen geschlagen. Der Wind wurde schwächer, und wenn er nicht wieder auffrischte, würde man das Feuer binnen Tagen in den Griff bekommen.

In einem Waldbrand-Camp herrscht nie völlige Stille. Die ganze Nacht hindurch war ich mir der Bewegungen von Männern bewusst. Sie gingen an meinem Zelt vorbei, packten ihre Ausrüstung, husteten, spuckten. Gegen vier Uhr morgens waren die Geräusche so konstant, dass ich aufwachte, noch bevor mein Wecker klingelte. Es war dunkel, menschliche Schatten und die Lichtpunkte von Helmlampen wogten durchs Camp. Einige Crews machten ihre Rucksäcke klar, bewegten sich auf das Verpflegungszelt zu, drängten sich um die großen, über die Wiese verteilten Kerosinöfen. Es war kalt, unter null Grad. Ich kroch aus dem Schlafsack, zog mehrere Pullover übereinander, schlüpfte in meine Stiefel – aus irgendeinem Grund wollten sie, dass ich im Hubschrauber Leder an meinen Füßen hatte – und hastete dem Licht im Verpflegungszelt entgegen.

Der mir zugeteilte Mann hieß Bill Casey, ein Sicherheitsoffizier einer Typ-II-Crew aus der Gegend von Boise. Er war ein kräftiger Endvierziger mit klaren Augen und leitete den örtlichen Bezirk des BLM, zudem war er zur Führung eines Overhead Teams vom Typ II autorisiert (ein Typ-II-Team kümmert sich um kleinere Feuer, operiert aber nach dem gleichen System). Er habe, sagte er, in den vergangenen 32 Jahren als Jäger 30 Rothirsche erlegt. Sein Vater, der ihn immer begleite, könne mit seinen 71 Jahren immer noch 25 Kilogramm Hirschfleisch schultern. In Caseys Adern fließt auch Indianerblut. Er hat glattes graues Haar, braune Augen und ein sympathisches, offenes Gesicht.

»Wir sind ein bisschen überbesetzt, da das Feuer sich anders entwickelt hat als erwartet«, gestand er mir, als wir am Hubschrauberlandeplatz in seinem Pick-up saßen.

»Was hatten Sie erwartet?«, fragte ich.

»Tja.« Er wählte seine Worte sorgfältig. »Die Jungs wollen natürlich nicht, dass der Wald in Flammen aufgeht. Andererseits wollen sie einen guten Sommer mit viel Arbeit. Am liebsten ist es ihnen, wenn sie es zwei, drei Wochen lang mit einem Feuer zu tun haben und dann zum nächsten weiterziehen. Deshalb ist es ein bisschen enttäuschend, dass das Feuer hier so früh klein beigegeben hat.«

Während wir auf unseren Flug zur Brandschneise warteten, lief die Wagenheizung auf vollen Touren. Auf der Lichtung überprüften Männer die Hubschrauber und die Ladelisten. In den ersten Tagen herrsche gewöhnlich ein fast an Chaos grenzendes Durcheinander, sagte Casey. Danach würde es besser. Casey nutzte die Wartezeit, um mir mehr darüber zu erzählen, wie man Waldbrände bekämpft – nicht vor Ort, sondern vom Schreibtisch aus.

»Das BIFC ist lediglich die logistische Zentrale, die auf die Notwendigkeiten vor Ort reagiert«, sagte er. »Nehmen wir an, in Sektor X bricht ein Feuer aus. Solange man es mit dem Ersteinsatz in Schach halten kann, schaltet sich das BIFC nicht ein. Wenn sich das Feuer doch ausbreitet, schaltet sich eine regionale Koordinierungszentrale ein. Erst wenn die regionale Zentrale nicht über genügend Kapazitäten zur Brandbekämpfung verfügt, greift das BIFC ein. Wir hatten diesen Sommer schon jede Menge Feuer, aber das ist das erste, bei dem sich das BIFC eingeschaltet hat.«

Ersteinsatz, sagte er, kann vieles bedeuten. Feuerspringer sind Ersteinsatz. Von Hubschraubern abgesetzte Männer sind Ersteinsatz. Hotshots können beides sein – Ersteinsatz und umfassendere Maßnahme. Unterstützung aus der Luft – Abwurf von chemischen Löschmitteln aus Flugzeugen oder Hubschraubern – kann ebenfalls Ersteinsatz und umfassendere Maßnahme sein. Beim Ersteinsatz geht es darum, das Feuer massiv und möglichst früh zu bekämpfen, um die Kosten für eine umfassendere Operation zu vermeiden. Erst wenn man mit diesen beiden Schritten das Feuer nicht eindämmen kann, wird ein Overhead Team gebildet und auf das Feuer angesetzt. Bei einem wirklich großen Feuer werden Hotshot Crews aus dem ganzen Land zusammengezogen. Landesweit gibt es 60 solcher Crews. Wenn die nicht ausreichen oder woanders benötigt werden, werden Typ-II-Crews eingesetzt, die zwar für den Brandeinsatz ausgebildet sind, aber häufig anderweitig für den Forest Service oder das BLM tätig sind. Weiter unten auf der Leiter rangieren Sträflings-Crews, Hilfskräfte aus dem Snake River Valley, die sich, wenn die Sirenen heulen, auf einem Platz in der Mitte des nächsten Orts versammeln, und Pickup Crews. Pickup Crews sind einfach Männer mit festem Schuhwerk, die gesund genug sind, um den Trainingskurs zu schaffen. Wenn Pickup Crews angefordert werden, ist das Feuer wirklich übel. Beim Flicker Creek Fire waren keine Pickup Crews im Einsatz.

Nach etwa einer Stunde war der Hubschrauber startklar. Die Bell Jet Ranger war für 2000 Dollar pro Stunde von einer Spezialfirma in Arizona angemietet worden. Die riesigen Croman-Transporthubschrauber der Holzfirmen, die bis zu 10 000 Kilogramm schwere Löschmittel-Container an Trossen unter ihren Bäuchen tragen können, kosten dreimal so viel. Ein Mann der Hubschrauberbesatzung verlas uns die Sicherheitsvorschriften und fragte nach unserem Gewicht inklusive Ausrüstung. Die Daten wurden in eine Checkliste eingetragen, um zu errechnen, wie viel der Hubschrauber maximal zuladen kann, sobald er den Bereich des Bodeneffekts verlässt. Ab einer gewissen Höhe kann der Hubschrauber nicht mehr so viel Gewicht tragen, weil den Rotoren der Druck des vom Boden zurück nach oben pressenden Abwinds fehlt. Aus Flughöhe, Lufttemperatur und relativer Luftfeuchtigkeit errechnet sich die Dichtehöhe, die maßgeblich ist für das Gewicht, das ein Hubschrauber tragen kann. Die Löschmittelbehälter, die je nach Hersteller Bambi Buckets oder Sims Buckets heißen, kann man mit Gurten zusammenziehen, um ihre Größe zu verändern und die täglich wechselnde Dichtehöhe zu kompensieren.

Der Mann schärfte mir noch mal die Verhaltensregeln ein: Kopf runter auf dem Weg zum oder vom Hubschrauber. Niemals an der aufsteigenden Hangseite aussteigen. Niemals zum Heck des Hubschraubers gehen. Niemals das Blickfeld des Piloten verlassen. Wenn Sie gegen diese Regeln verstoßen, ist die Besatzung berechtigt, Sie mit Gewalt zur Einhaltung der Vorschriften zu zwingen.

»Ich spring Ihnen ins Kreuz«, sagte er.

Da es für unseren Hubschrauber der erste Flug an diesem Tag war, standen die Rotoren noch still, als wir einstiegen. Handschuhe an, Helm und Schutzbrille auf, Ärmel runterkrempeln. Der Flugbegleiter vergewisserte sich, dass wir angeschnallt waren, schloss die Türen und die Rotoren setzten sich in Bewegung.

»Was ich noch fragen wollte«, brüllte ich Casey ins Ohr, »warum darf ich eigentlich nicht mit Turnschuhen hier rein?«

»Weil der Kunststoff mit Ihrer Haut verschmelzen würde, wenn wir abstürzen«, schrie er zurück.

Vor mir saß der Copilot; auf seinem Helm stand: »Abstürzen ist scheiße.« Der Fachausdruck für Abstürzen ist *harte Landung*. Ein Pilot hatte mir erzählt, dass die Hälfte der Kollegen, die er kannte, schon mal abgestürzt war. Einige waren umgekommen; die meisten nicht. Heutzutage sind die meisten Hubschrauber so konstruiert, dass sie zu einer Autorotations-Landung fähig sind, was bedeutet, dass sie bei Ausfall der Motoren nicht senkrecht nach unten stürzen. Sie gehen vielmehr in eine wenig elegante Form des Gleitflugs über. Da der Boise National Forest im Wesentlichen felsig, steil und verwinkelt ist, kann man sich kaum vorstellen, dass das eine wie das andere glimpflich abgeht.

Die Bell Jet Ranger hob ab, binnen Minuten war das Camp außer Sicht und ich konnte über einem weit enfernten Hügelkamm Rauch aufsteigen sehen. Das Feuer hatte nichts von dem orangefarbenen Inferno, das ich mir vorgestellt hatte; es war ein 300 Hektar großer Schwelbrand, der – wenn Wind aufkäme oder man ihn nicht eindämmte – leicht zum Leben erweckt und sich in die dichten Wälder nördlich von uns fressen konnte. Hubschrauber pendelten zwischen dem Feuer und Barber Flats, wo sie aus den dort bereitstehenden Tanks ihre Löschmittelbehälter wieder auffüllten. Das chemische Löschmittel war rostfarben, überall an den Berghängen konnte man die Flecken sehen. Unter uns schwebte eine große Croman in ein enges Tal, um in einem schmalen Fluss ihren Bambi Bucket aufzufüllen. (Hotshots erzählen einem gern, dass die Fische, die mit dem Wasser in die Behälter gelangen, später auf den Berghängen herumhüpfen. Obwohl das nie jemand mit eigenen Augen gesehen habe, sei die Geschichte so bekannt geworden, dass der Fish and Wildlife Service einen Hubschrauber gemietet habe, um zu testen, ob ihre Leute auf diese Weise zum Fischfang gehen könnten. Sie konnten nicht.) Der Behälter der Croman, schrie Casey, ist zu groß für die Löschmitteltanks in Barber Flats. Deshalb müssen sie Wasser aufnehmen. Sie pendeln – dirigiert von Hotshots mit Funkgeräten – den ganzen Tag zwischen Feuer und Fluss. Die Piloten sind so versiert, dass sie exakt einzelne Bäume treffen.

Wir brummten im Tiefflug an einem Bergkamm entlang, gingen höher, legten uns auf die Seite, beschrieben eine Kurve und flogen wieder zurück. Ich konnte durch die Rauchschleier die gelben Hemden der Hotshots erkennen. Das Feuer schwelte in der Talsohle. Mehrere Crews bewegten sich entlang des schwarzen Streifens am Fuß des Hangs, andere, die gerade auf dem Hubschrauberlandeplatz oben am Kamm abgesetzt worden waren, warteten auf weitere Anordnungen. Unser Hubschrauber näherte sich wieder dem Kamm, der zu beiden Seiten steil abfiel, und setzte unsicher auf. Die Crews stemmten sich gebückt gegen den Luftstrom der Rotoren. Der Mann auf dem Landeplatz, der einen grünen Fliegeroverall, Schutzhelm und Schutzbrille trug, suchte – so als sei er mitten in eine Schießerei geraten – Deckung hinter einem Felsen. Als der Hubschrauber sich nicht mehr bewegte, kam der Mann in gebückter Haltung unter den sich noch drehenden Rotoren auf uns zugerannt, öffnete die Tür und half mir ins Freie. Dann drehte er sich um und half Casey heraus. Gelegentlich läuft trotz aller Warnungen jemand nach hinten in den Heckrotor oder marschiert bergauf direkt in den Hauptrotor. Deshalb steht am Landeplatz immer einer bereit, der die Leute aus der Gefahrenzone geleitet. Ich zerrte meinen Rucksack hinter ein Gebüsch und kniete mich mit abgewendetem Kopf auf den Boden. Der Hubschrauber hob wieder ab und donnerte über unsere Köpfe, um seinen Shuttle Service fortzusetzen.

Die Sonne knallte herunter und ein langer Tag mit Säuberungsarbeiten stand bevor. Die Hotshots sehen sich als Elitetruppe, weshalb sie einen Tag mit Nachlöscharbeiten – das Austreten der glühenden Asche eines verbrannten Areals – überhaupt nicht lustig finden. Wahrscheinlich findet das niemand lustig. Dieser Teil der Arbeit bleibt normalerweise an den Typ-II-Crews hängen, weil die Hotshots in diesem Stadium schon längst wieder auf dem Weg zum nächsten Einsatzort sind.

Heute erwies sich das Feuer allerdings nicht als kooperativ, wie Casey sich ausdrückte. Wenn nicht wieder Wind aufkäme, würde jeder Mann mit Nachlöschen beschäftigt sein. Die Hotshots packten die Äxte, Schaufeln und Pulaski-Hacken aus, die während des Hubschrauberflugs aus Sicherheitsgründen in Schutzhüllen gesteckt hatten. Sie füllten Benzin in die Motorsägen und tranken noch einen Schluck Wasser. Die Männer trugen die großen Stihls 044 und 056 über der Schulter. Schutzpolster an den Schultergurten dämpften den Druck. Hier oben auf dem Kamm war es schon heiß, aber unten im

Tal, wo das Feuer in der Windstille brannte, erwartete uns ein Brutofen. Widerwillig marschierten die Crews los und bewegten sich im Gänsemarsch talwärts: Die Helena Hotshots mit ihren grellrosa Schutzhelmen, die Flathead Hotshots und die ausschließlich aus Blackfoot-Indianern bestehenden Chief Mountain Hotshots aus dem Norden Montanas. Casey gab mir ein Zeichen und wir machten uns ebenfalls auf den Weg. Wir folgten einer Brandschneise, die die Typ-II-Crews am Vortag geschlagen hatten.

Eine Brandschneise macht nicht viel her. Sie ist lediglich ein bis auf den harten Untergrund aufgekratzter Streifen Erde, der sich am Rand eines Waldbrands entlangschlängelt. Es gibt verschiedene Arten von Brandschneisen. Solche wie die, in der wir uns bewegten, wurden direkte Schneise oder heiße Schneise genannt. Diese hier war etwa einen Meter breit und führte uns direkt am Feuer entlang – »mit einem Fuß in der Asche«, sagen die Männer. Wenn die Flammen der Feuerwand aber wirklich hochschlagen, legen die Crews indirekte Schneisen an, die einen oder auch mehrere hundert Meter vom Feuer entfernt sein können. Das Gelände dazwischen wird oft mit Fackeln ausgebrannt. Das Ausbrennen vernichtet die Vegetation zwischen der Schneise und der Feuerwand und hat die Wirkung einer bis zu mehreren hundert Meter breiten Brandschneise. Im Unterschied zum Ausbrennen von kleineren Vegetationsflächen hat ein absichtlich entzündetes Gegenfeuer den Zweck, riesige Flächen Vegetation vor einem vorwärts drängenden Feuer zu vernichten. Oft ist das die einzige Möglichkeit, ein Kronenfeuer, das seine Funken über mehrere Kilometer hinweg versprüht, aufzuhalten. Oft entwickelt sich jedoch aus einem Gegenfeuer selbst eine Brandkatastrophe. Das Ausbrennen kann von einem Crew-Führer angeordnet werden, über ein Gegenfeuer entscheidet ausschließlich die Einsatzleitung.

Jede Brandschneise – ob per Hand oder mit Bulldozern geschlagen – wird nach dem gleichen Prinzip angelegt. Erst geht ein Schneisen-Scout der Crew los und rammt entlang der Strecke Stangen mit roten Flaggen in den Boden, wobei er sich alles zunutze macht, was nicht brennt – Bäche, Felsvorsprünge, Bodenwellen. Dem Scout folgen Männer mit Motorsägen, die alles, von kniehohem Beifuß bis zu 50 Meter hohen Bäumen, abholzen. Jedem der Männer ist ein Helfer zugeteilt, der das abgeholzte Gestrüpp aus der Schneise räumt. Danach kommt der Rest der Crew, der mit Rechen, Schaufeln, Pulaskis und bloßen Händen den Waldboden reinigt und alles Gestrüpp und Wurzelgeflecht aus dem Boden reißt, das die Brandschneise kreuzt. Was zu Beginn der Arbeiten noch unberührter Wald war, wird in einen Streifen ohne jede Vegetation verwandelt. Dieser Streifen hat die Aufgabe, das Feuer zu stoppen. Und trotz seiner Unscheinbarkeit erfüllt das schmale vegetationslos gemachte Band inmitten der gewaltigen Wildnis in aller Regel seinen Zweck.

Eine Brandschneise wird angelegt und gemessen in 20-Meter-Abschnitten, die man Glieder nennt. Eine 20 Mann starke Crew muss imstande sein, 20 Glieder pro Stunde zu schlagen – 400 Meter. Im Notfall muss die Crew dieses Tempo den ganzen Tag, im Schein der Helmlampen die folgende Nacht und auch noch den ganzen nächsten Tag durchhalten. Der inoffizielle Rekord liegt bei 67 Stunden, aufgestellt von einem Crew-Führer aus Kalifornien, der zudem 30 Tage im Einsatz war, ohne sich ein einziges Mal zu duschen. Beides eigentlich Verstöße gegen die behördlichen Vorschriften.

Im Moment diente die Brandschneise als perfekter Weg den steilen Abhang hinunter. In Caseys Schlepptau bewegte ich mich auf die Crews im Tal zu. 450 Meter unter uns lag der Fluss. Als Sicherheitsoffizier war es Caseys Job, die arbeitenden Männer den ganzen Tag im Auge zu behalten, auf mögliche Gefahren zu achten und mit den Männern darüber zu sprechen. Gibt es eine Sicherheitszone, in die sie sich zurückziehen können, wenn das Feuer explodiert? Hat jede Crew Wachposten aufgestellt? Tragen alle ihr feuerfestes Hemd?

Da die meisten Feuer sich langsam ausbreiten, ähnelt Waldbrandbekämpfung eher dem Jäten von Unkraut als einem Kampfeinsatz. Sobald die Feuer jedoch explodieren, fressen sie sich mit Furcht einflößender Wildheit vorwärts, und wer darauf nicht vorbereitet ist, stirbt.

»Das Feuer in Butte 1985 ist über 72 Männer hinweggebraust«, sagte Fred Fuller, ein Mitglied des Overhead Teams ohne klar umrissenes Aufgabengebiet. (»Von uns laufen jede Menge hier unten rum.«) Fuller war ein schlaksiger, freundlicher Kerl, der Casey und mich auf unserer Tour eine Zeit lang begleitete. »Sie saßen anderthalb Stunden in ihren Feuerzelten fest. Alle haben überlebt – sogar die Bulldozer-Fahrer, die keine Feuerzelte hatten. Die hatten nur ihre Maschinen, unter denen sie sich verkriechen konnten. Aber sie haben überlebt.«

Weil sie sich meist erst dann dazu durchringen können, ihre Bulldozer zu verlassen, wenn es schon zu spät ist, gibt es unter den Bulldozer-Fahrern die meisten Todesopfer. Bei dem Feuer in Butte mussten sie von anderen Feuerwehrmännern aus ihren Fahrzeugen gezerrt werden. Feuerstürme gelten auch dann als Katastrophe, wenn niemand zu Tode kommt. Die Überlebenden erhalten binnen 24 Stunden psychologische Betreuung. Ein Feuersturm ist in jedem Fall ein schreckliches Erlebnis. Während die Männer – oft ohne Funkkontakt – in ihren Feuerzelten kauern, donnert er mit der Lautstärke eines startenden Düsenjets über sie hinweg. Sie können nur warten und darauf achten, dass die Konvektionswinde ihnen nicht die Zelte über den Köpfen zerfetzen.

Bob Root, ein junger Vorarbeiter einer Ernstfall-Crew, die ein Stück hangabwärts arbeitete, formulierte es knallhart: »Wenn einer sein Feuerzelt braucht, dann hat ein anderer Mist gebaut. Und zwar Bockmist.« Root arbeitete schon sieben Jahre als Feuerwehrmann – seit seinem achtzehnten Lebensjahr. Er hatte an der Colorado School of Forestry studiert und zum Such- und Rettungsteam des Sheriffs vor Ort gehört.

Seine Ernstfall-Crew, die man wegen der hohen Feuergefahr schon im Voraus angeheuert hatte, befand sich rund um die Uhr auf Abruf und war binnen einer Stunde marschbereit. Root hatte glattes strohblondes Haar, seine Haut war sonnenverbrannt und er trug eine dunkle Gletscherbrille. Er nutzte meine Anwesenheit zur Lunch-Pause, setzte sich auf den Boden und holte eine braune Papiertüte aus seinem Rucksack.

»Der schlimmste Fall ist eine so genannte städtische Randlage. Das heißt: Häuser in Waldnähe«, sagte er. »Bei Gebäuden geht man eher ein Risiko ein als bei Bäumen. Das heißt im Kern: Wenn man versucht, ein Haus zu sichern, und das Feuer kommt auf einen zu, dann zieht man sich nicht zurück. Man hält die Stellung und versucht, das Feuer an beiden Seiten vom Haus vorbeizulotsen.«

Root aß mit Methode. Er hatte es eindeutig nicht eilig, sich wieder an die Nachlöscharbeiten zu machen. Das vom Hubschrauber angelieferte Lunch-Paket schien auf den Geschmack von Erstklässlern abzuzielen: Mortadella-Sandwich, Schokoriegel, Kekse, noch mehr Schokoriegel, ein paar Äpfel. Während wir uns unterhielten, kam über uns eine der Cromans rein. Über dem Landeplatz verlor sie langsam an Höhe. Unter dem Bauch baumelte ein blasenförmiger Wassersack von der Größe eines Autos. Der Pilot schaute aus dem Seitenfenster nach unten, setzte den Sack sanft auf der Kuppe des Hügelkamms ab und kappte die Leine. Root beobachtete das Manöver aufmerksam.

»Manchmal rauscht die ganze Ladung den Berg runter, wenn sie den Wassersack absetzen«, sagte er. Tatsächlich hockten wir direkt unter anderthalb Tonnen Wasser. Er warf einen letzten Blick nach oben und biss dann wieder in sein Sandwich.

»Ziemlich langweiliger Tag heute. Letzte Nacht war mehr los. Wir waren ganz unten am Hang, weil's einem eigentlich lieber ist, wenn man das Feuer über sich hat. Auf einmal haben sich Felsbrocken und brennende Bäume gelöst und sind um uns herum den Berg runtergerollt. Man konnte das Getöse hören. Einer hat ›Felsen!‹ geschrien und dann war es total still. Alle haben nach oben gestarrt, um sich rechtzeitig aus dem Staub machen zu können, wenn das Zeug runterkommt. Die Stämme sind nach unten gepoltert und haben dabei den Hang von neuem in Brand gesetzt. Das Feuer ist einfach wieder zu uns zurückgekommen. Ging ziemlich schnell vorbei, die Nacht.«

Laut Root war im Moment die Waldbrandgefahr im gesamten Westen extrem hoch. Je trockener die Vegetation, desto heißer und schneller die Feuer. Der Feuchtigkeitsanteil der Vegetation, der bei 15 oder 20 Prozent liegen sollte, war schon unter 10 gerutscht. Niedrige relative Luftfeuchtigkeit und instabile Windverhältnisse verschärften die Lage. Feuer bewegen sich im Allgemeinen langsam vorwärts, sie schaffen nur ein paar Glieder pro Stunde. Aber manchmal explodieren sie förmlich – rasen Hänge hinauf, überspringen Canyons. Die von sieben Jahren Dürre völlig ausgedörrten Berge um uns herum waren für eine Explosion so fällig wie nie zuvor.

»Kann mich nicht erinnern, dass es mal derart trocken war«, sagte Root, während er das gelbe Gras befühlte. »Ein Funken und das Zeug brennt. Letzte Nacht hat jeder Funken gezündet. In Washington und Oregon ist das Holz trockener als alles, was sie dir im Baustoffladen verkaufen. Ein einziger Blitzschlag und ein 1000-Stunden-Brennstoff – so nennen wir das – fängt Feuer. Das hat's noch nie gegeben.«

Der Begriff 1000-Stunden-Brennstoff steht für eine Methode, wie man die Brennbarkeit eines Stoffes berechnet. Der Stoff ist ein Stück Holz von sieben bis zwanzig Zentimeter Durchmesser; 1000 Stunden bedeutet, dass es 1000 Stunden dauern würde, bis ein derartiges vollkommen mit Wasser durchtränktes Holzstück 63 Prozent seines Gewichts durch Verdunstung verlieren würde. Wenn es umgekehrt knochentrocken wäre, würde es 1000 Stunden dauern, um per Feuchtigkeitsaufnahme um 63 Prozent schwerer zu werden. Die

Marke 63 Prozent gilt als Bezugsgröße, weil sie genau in der Mitte zwischen den zwei Werten 58 und 78 Prozent liegt, die den Bereich kennzeichnen, in dem Feuchtigkeitsaufnahme und Verdunstung auf kalkulierbare lineare Weise stattfinden. Allerdings vollzieht sich in diesem mittleren Bereich der Prozess, bei dem Holz Wasser aufnimmt beziehungsweise abgibt, auf höchst komplexe Weise. Die 63-Prozent-Marke ist einfach der mathematische Mittelwert innnerhalb dieses nichtlinearen Bereichs. Grashalme und Zweige trocknen blitzschnell aus oder saugen sich voll. Sie sind sozusagen 1-Stunden-Brennstoffe. Beifuß und andere kleine Gewächse gelten als 10- oder 100-Stunden-Brennstoffe. Alles andere – bis hin zu den zwei Meter dicken Stämmen der Ponderosakiefer – fällt unter die Kategorie 1000- oder 10 000-Stunden-Brennstoffe. Es kommt nur sehr selten vor, dass 1000-Stunden-Brennstoffe so trocken werden wie 1-Stunden-Brennstoffe. Aber es kommt vor. Jeder war beunruhigt. Wie einer der Hotshots sagte: »Es gibt keine kleinen Feuer mehr.« Was Feuer fängt, kann jederzeit explodieren.

Der Feuchtigkeitsgrad der Vegetation wird durch Erhebungen vor Ort oder durch Hochrechnungen ermittelt, die auf Informationen des National Weather Service beruhen. Der Feuchtigkeitsgrad wird in einen Index eingearbeitet, der Wetterverhältnisse, Windgeschwindigkeiten, die Brennstoffmenge (das ofentrockene Gesamtgewicht der Vegetation einer bestimmten Gegend pro Hektar) und Dürreverhältnisse beinhaltet. Mittels dieser Daten wird vom National Fire Rating System die Waldbrandgefahr für jede klimatische Region des Landes bestimmt. Die Vorhersagen beziehen sich auf die Brandintensität, die Wahrscheinlichkeit von Blitzschlägen und den Zündpunkt – den wahrscheinlichen Zeitpunkt, wann ein einzelnes brennendes Holzscheit auf trockenem Untergrund ein Feuer entfachen kann, das Gegenmaßnahmen erfordert. Zusätzlich liefert der National Weather Service höchst zuverlässige und punktgenaue Wettervorhersagen für jedes Gebiet mit einer Ausdehnung von mehr als einem Zehntel Hektar. Ein solch punktgenauer Wetterbericht kann für einen bestimmten Canyon im Boise National Forest zum Beispiel eine Temperaturspanne von 25 bis 26 °C vorhersagen, eine Luftfeuchtigkeit von 12 bis 14 Prozent und eine Windgeschwindigkeit von 16 Kilometer pro Stunde. Solche Informationen sind von entscheidender Bedeutung, wenn Hotshot Crews in hochgefährliche Gebiete entsandt werden.

Das Ende des Spektrums der Großwetterlage bildet der allgemeine Dürrezustand. 1988 litt das ganze Land unter einem brutal heißen Sommer. Auf dem Mississippi liefen Lastkähne auf Grund, in New Jersey verzogen sich Eisenbahnschienen. Die Dürre fand ihren Höhepunkt in den Bränden im Yellowstone National Park. Von Ende Juni bis Anfang November brannten im ganzen Westen fast 500 000 Hektar Land, über die Hälfte davon in Yellowstone. Allein am 20. August, dem »Schwarzen Samstag«, entfachten Winde mit einer Geschwindigkeit von 120 Kilometern pro Stunde 100 Meter hohe Flammen, die sich durch eine Fläche von insgesamt 66 000 Hektar fraßen. Obwohl der Großteil des Landes nach diesem Dürresommer einen normalen Winter erlebte, hörte die Trockenheit in den westlichen Bundesstaaten nie wirklich auf. Tausende von Bäumen fielen der Dürre zum Opfer. Trockene Gewitter entfachten immer wieder riesige Feuer. Der Feuchtigkeitsgehalt der Vegetation fiel auf zwei bis drei Prozent. Am Palmer-Dürre-Index, der die Wassermengen registriert, die in einem bestimmten Gebiet aufgenommen und abgegeben werden, war abzulesen, dass dem gesamten Westen die trockenste Dürreperiode seit Beginn der Aufzeichnungen in den 70er Jahren des 19. Jahrhunderts bevorstand. Auf der Skala des Palmer-Dürre-Index bezeichnet 0 den Normalzustand, +4 extremes Hochwasser und −4 extreme Dürre. Im Sommer 1988 wurde in Yellowstone ein Wert von −7,8 registriert. Während des Flicker Creek Fire ermittelte der National Weather Service für die Region um Boise einen Wert von −8, der sich bis zum Ende des Sommers auf −9,7 verschärfte.

Hier draußen vor Ort ist so ein Wert keine abstrakte Ziffer – sie trifft die Menschen ins Mark. Als ich dem Division Superintendent bei einem anderen Brand die Zahl nannte, zuckte sein Kopf zurück, als hätte man ihm mit der Faust ins Gesicht geschlagen.

Root aß seinen letzten Schokoriegel, dann standen wir auf. Ich bedankte mich für das Gespräch. Unaufhörlich brummten Hubschrauber mit Bambi Buckets über unseren Köpfen. Die an den steilen Hängen arbeitenden Hotshot Crews wirbelten Staubwolken auf. Casey hatte kehrtgemacht und stieg langsam wieder zu mir herauf. Unter der hoch stehenden Augustsonne folgten wir der Kammlinie in Richtung Westseite des Hügels, wo die Crews der Chief Mountain und Flathead Hotshots tote Bäume fällten und kleine, oberhalb des Flusses lodernde Feuer erstickten. Tote Bäume werden routinemäßig geschlagen, egal ob sie dem Feuer Nahrung bieten oder nicht. Manche sind innen völlig hohl und stecken wie auf dünnen Zahnstochern im Boden. Sie knicken um, ohne ein Geräusch zu verursachen – manchmal steht gerade dann ein Mensch darunter. Beim Red Bench Fire 1988 tötete ein solcher Baum einen Hotshot, der am Straßenrand auf den Bus wartete. »Der Tod kommt von oben«, begründete mir ein Hotshot, weshalb er immer mit zurückgelegtem Kopf herumlief.

Wir blieben stehen und unterhielten uns eine Zeit lang mit den Männern der Flathead Crew. Zwei von ihnen waren beim berüchtigten Dude Fire in Arizona dabei gewesen, als ein Feuersturm über eine Sträflings-Crew hinweggebraust war. Melissa Wagner, die sich gerade zum Lunch ins Gras gesetzt hatte, sagte, dass sie über Funk die Schreie der sterbenden Sträflinge gehört hätte. Einer der Überlebenden hatte nach dem Feuersturm das Feuerzelt zu früh verlassen und war mit rauchenden Haaren aus den Flammen aufgetaucht. Seine Haut war zu 47 Prozent verbrannt. Sechs Männer starben. Melissa Wagner blieb bei der Waldbrandbekämpfung, weil sie das Geld zur Finanzierung ihres Jurastudiums brauchte.

Casey und ich machten uns auf den Weg zur Chief Mountain Crew, die man auf einem etwas abseits gelegenen Hügelkamm sehen konnte. Hinter ihnen stiegen Rauchschwaden auf, über ihnen kreisten Hubschrauber. Wir stapften durch den Staub und die glühende Hitze, als Casey nach der Hälfte des Wegs plötzlich einen Satz rückwärts machte und mich fast umriss. Auf einem Felsen mitten in der Brandschneise lag zusammengerollt eine Klapperschlange. Sie bewegte sich nicht und sie klapperte nicht. Sie hatte keinen Kopf mehr. Zwanzig Minuten später erreichten wir die Blackfoot Crew. Sie saßen unter einer kleinen Ponderosakiefer beim Lunch. Ein Stück hangabwärts brannte ein einzelner Baum wie eine Fackel.

»Weiß einer von euch, was mit der Klapperschlange dahinten passiert ist?«, fragte Casey.

Stille. Alle Crew-Mitglieder schauten in eine andere Richtung.

»Welche Klapperschlange?«, sagte schließlich Glen Stillsmoking, der Leiter der Crew.

»Scheißkerle«, brummte Casey. Er schüttelte den Kopf, konnte sich aber ein Lächeln nicht verkneifen.

Wir setzten uns in den Schatten, tranken einen Schluck Wasser und ließen den Blick über die Landschaft schweifen. Einer der Männer zog eine Pfeilspitze aus Obsidian aus der Tasche. Er sagte, dass er sie am Hubschrauberlandeplatz in Barber Flats gefunden hätte. Stillsmoking beugte sich vor, um sie sich genauer anzuschauen. »Tja, wir waren eben früher ein ziemlich feindseliges Volk«, sagte er und schaute dabei seine Männer an. »Wir haben Chief Joseph zum Teufel gejagt. Wir waren die Letzten, die sesshaft geworden sind. Jetzt sind wir gute Feuerwehrmänner. Mein Vater ist Einsatzleiter gewesen. Eigentlich wollte ich Flieger werden, aber das Feuer war einfach stärker. Unsere Truppe ist schon in Alaska und Florida gewesen. Keine Arbeit, bezahlter Urlaub. So nennen wir das. Bei den Sicherheitsbesprechungen in Florida haben sie uns erzählt, dass wir nach Alligatoren Ausschau halten sollen.«

Hangabwärts sägten zwei Männer tote Bäume um. Der Lärm der beiden Stihls drang als schwaches Wimmern an unser Ohr. Hinter uns, in etwa einem Kilometer Entfernung, flackerte eine einzelne Ponderosakiefer träge vor sich hin. Weit unter uns im Canyon glitzerte der Fluss. Friedlicher kann man sich eine Brandschneise kaum vorstellen. Und die Crew schien es nicht sonderlich eilig zu haben, die Stimmung des Augenblicks zu zerstören. Ich lehnte mich zurück und versuchte den Wunsch zu unterdrücken, dass das Feuer endlich irgendwas Großes anstellte.

Der Sommer explodierte wenige Wochen später. Ich war wieder an der Ostküste, als mich aus dem Pressebüro des Boise National Forest Frank Carroll anrief. Er sagte, dass Blitzschläge in den höheren Regionen jetzt gleich dutzendweise Brände entfachten. Während des winzigen Cascade Fire hatte ein toter Baum eine 22-jährige Feuerwehrfrau erschlagen. Die Wucht des Aufpralls hatte ihr den Schutzhelm in den Kopf getrieben. Ein Feuerspringer hatte sich beim Absprung am Red Mountain die Hüfte gebrochen. Die 30 Einwohner des Städtchens Cuprum waren evakuiert worden, nachdem ein Feuersturm am Windy Ridge an einem Nachmittag 2000 Hektar verwüstet hatte. Im Horsefly Fire hatte ein brennender Baumstamm einen Diamond Mountain Hotshot 150 Meter in die Tiefe gerissen. Der Feuerwehrmann hatte einen Freund aus der Gefahrenzone gezerrt und war dann selbst getroffen worden. Insgesamt arbeiteten 11 000 Menschen gleichzeitig in den Brandschneisen, sagte Carroll, und der Grundwasserspiegel sei so niedrig, dass die Farmer in der Gegend um Boise zwei Monate früher als üblich ihre Arbeit einstellen mussten.

Ein großes unkontrollierbares Feuer war abzusehen und

Ende August schlug es nun tatsächlich zu. Am Mittwoch, den 19. August brauste nachmittags ein Unwetter an Boise vorbei, dessen Blitze das Weideland östlich der Stadt in Flammen setzten. Das Feuer ließ sich auch mit den Löschfahrzeugen des BLM nicht aufhalten, erreichte schnell die Ausläufer des Boise National Forest und sprang mühelos über den 400 Meter breiten Canyon, durch den der South Fork des Boise River floss. Die Flammen fraßen sich jetzt fast schneller, als ein Mensch laufen kann, die mit Gras und Beifuß bewachsenen Steilhänge hinauf. Die Temperatur lag bei über 30 °C, die relative Luftfeuchtigkeit hatte einen Tiefpunkt von fünf Prozent erreicht. Die Dinge entwickelten sich so schnell, dass man, als das Feuer die Ortschaft Prairie einkreiste und abzufackeln drohte, gezwungen war, sämtliche 100 Einwohner zu evakuieren. Der einzige Laden dort, in dem sich auch die Bar befand und vor dessen Tür noch ein Pfosten stand, an dem man sein Pferd festbinden konnte, verkaufte T-Shirts mit der Aufschrift »Wir unterbrechen die Übertragung der Hochzeit und zeigen Ihnen jetzt Bilder von unserem diesjährigen Sommerfeuer«.

Das Feuer wurde Foothills Fire genannt. Zehn Tage nachdem es ausgebrochen war, war ich vor Ort. Die Tatsache, dass pro Stunde schätzungsweise 40 tote Baumstämme umknickten, veranlasste die Overhead Teams, die Crews abends aus den Brandschneisen abzuziehen. Dies wiederum sorgte vor Ort für den Vorwurf, die Feuerwehrmänner würden sich nicht ernsthaft genug um ihre Arbeit kümmern. Ich wurde den aus La Grange, Oregon, eingeflogenen Union Hotshots zugewiesen. Die Union Crew bestand nicht nur zu zwei Dritteln aus Frauen, ihre Leiterin Kelly Esterbrook war auch eine von nur zehn Frauen, die die brutale Feuerspringer-Ausbildung durchgestanden hatten. Die Union Hotshots waren eine von drei Crews, die eine strategisch wichtige Sektion der Brandschneise kontrollierten. Wenn bei der unverändert hohen Temperatur plötzlich Wind aufkäme, würden sie sich im Zentrum des

Geschehens befinden. Das Feuer konnte dann über die Crews hinweg direkt auf eine dichte Baumgruppe mit kranken Ponderosakiefern überspringen und in höher gelegene Regionen vordringen. Wenn das passierte, waren die Flammen praktisch nicht mehr aufzuhalten.

Karen Miranda, eine Mitarbeiterin des Pressebüros, war abgestellt worden, mich in die Brandschneise zu den Union Hotshots zu bringen. Ich holte mir im Hauptquartier des Forest Service in Boise Nomex-Schutzkleidung und ein Feuerzelt, kaufte Notizbücher und Tonbandkassetten und raste Richtung Osten. Die Ortschaft Prairie lag 50 Kilometer entfernt jenseits eines riesigen Streifens toten, schwarzen Weidelands. Ich musste bis drei Uhr nachmittags, wenn die Hubschrauber zu ihren Abendflügen abhoben, um die Crews zu versorgen, im Fire Camp sein. Eine halbe Stunde vorher war ich dort. Ich ging auf Ed Nesselroad zu, den Leiter des Pressebüros, der sich gerade mit jemandem über einen Rothirsch unterhielt, den sie gefunden hatten – lebend, aber mit ausgebrannten Augen. Er machte Karen Miranda ausfindig und am späten Nachmittag wurden wir in die Segeltuchsitze eines Evergreen-Hubschraubers geschnallt und warteten auf unseren Start zum Helikopter-Landeplatz sechs – kurz H-6 genannt – nordöstlich von Prairie.

Die Vorsichtsmaßregeln, die man uns einschärfte, waren die geichen wie bei meinem ersten Flug. Außer dass man uns diesmal die Notausstiege zeigte. Für den Fall, dass wir abstürzten und der Pilot das Bewusstsein verlor. (Nie aus einem abgestürzten Hubschrauber steigen, wenn sich die Rotorblätter noch drehen.) Wir hoben ab und konnten sofort einen Rauchpilz sehen, der aus einem Tal emporquoll. Dutzende von Hubschraubern flogen in das Tal, um ihre Ladung Löschmittel abzuwerfen. Südlich von uns erstreckte sich ein endloser Teppich verkohlten Weidelands. Unter uns waren flackernde Bäume zu erkennen, die aussahen wie Fackeln. Der scharfe, süßliche Geruch von Rauch drang in die Kabine. Der Hubschrauber schwebte mehrere Male dicht über H-6 hinweg, bis die Männer auf dem Landeplatz ein paar Frachtkisten aus dem Weg geräumt hatten und wir endlich landen konnten.

H-6 befand sich auf einem Grat direkt unterhalb der Vegetationsgrenze, wo die Ponderosakiefern von Felsengebirgstannen verdrängt wurden. Jenseits eines Hügels lag der winzige Smith Creek Lake, der in der Landschaft ruhte wie ein Edelstein in einer riesigen braunen Hand. Zwischen den Ponderosakiefern sah man Zelte und Schlafsäcke. Einige Hotshots saßen auf dem Boden. Sie lasen, unterhielten sich oder starrten einfach ins Leere. Etwas unterhalb des Landesplatzes wartete eine Ladung mit Ausrüstungsgegenständen darauf, ausgepackt zu werden. Daneben ragte ein riesiger Stapel Pappkartons und Plastikcontainer auf, der die Lebensmittel für die nächsten zwei Tage enthielt.

Flammend rot versank die Sonne hinter dem Grat und aus dem Tal westlich von uns quoll Rauch empor. Als wir aßen, war es schon dunkel. Gelegentlich flackerte auf dem Grat ein Baum auf, tauchte das Lager in dumpf glänzendes Licht und erlosch dann wieder. Die Hotshots hörten auf zu essen, wandten den Kopf und betrachteten die leuchtenden Bäume. Das waren Leute, dachte ich, die gar nicht mehr wussten, bei wie vielen Bränden sie schon dabei gewesen waren. Und trotzdem konnten sie sich vom Anblick des Feuers nicht losreißen. Man erzählte sich Geschichten von Crews, die vom Feuer überrollt wurden, weil sie – anstatt zu fliehen – wie hypnotisiert in die Flammen gestarrt hatten.

Zusammen mit 60 Hotshots und mehreren Männern der Hubschrauberbesatzung befanden wir uns in einem so genannten Spike Camp. Spike Camps sind Lager in unzugänglichen Gebieten, die nur per Hubschrauer mit Lebensmitteln, Werkzeugen und dünnen (zwar nicht sonderlich warmen, aber waschbaren und wieder verwendbaren) Schlafsäcken versorgt werden. Die Bestimmungen des Forest Service sehen vor, dass kein Hotshot länger als zwei Tage hintereinander in einem

Spike Camp eingesetzt wird. Noch eine Stufe ungemütlicher geht es in den so genannten Coyote Camps zu, die sich selbst bei den Hotshots nicht gerade großer Beliebtheit erfreuen. Ein Coyote Camp ist jede beliebige Stelle in der Wildnis, an der sich die ausgelaugten Männer bei Einbruch der Dunkelheit niederlassen. Da Hotshots während des Einsatzes nur ihre Ausrüstungsrucksäcke bei sich haben, müssen sie in der Regel ohne Lebensmittel, ohne Schlafsäcke und ohne frische Kleidung auskommen. Wenn es kalt ist, drängen sie sich in der schwarzen Brandwüste die ganze Nacht um ein Lagerfeuer. Wenn es richtig kalt ist, arbeiten sie lieber weiter, um sich warm zu halten. Vielleicht haben sie dran gedacht, ein paar Packungen Fertignahrung mitzunehmen. Wenn nicht, bleibt der Magen leer.

Immer wieder weckten mich die regelmäßig auflodernden Bäume. Das Geräusch der Flammen, die eine Kiefer nach der andern fraßen, war im Camp selbst noch auf zwei Kilometer Entfernung deutlich zu hören. Vergeblich versuchte ich mir vorzustellen, wie es wäre, wenn ein Feuersturm über mich hinwegfegte. 1910, bei einem Brand in Idaho, den man The Big Blowup nannte, waren 40 Feuerwehrmänner von einem Feuersturm überrollt worden. Ihr Leiter, jener Edward Pulaski, der später die nach ihm benannte Spezialhacke entwickelte, führte die panischen Männer in einen verlassenen Bergwerksschacht und musste sie mit vorgehaltener Pistole ruhig halten. Fünf Männer starben. Der benommene Rest kroch Stunden später mit schweren Verbrennungen wieder ans Tageslicht. Sie hatten die Flammen und Konvektionswinde eines Feuersturms überlebt, der den Baumbestand ganzer Berghänge niedergewalzt hatte.

Wie immer waren die Hotshots schon vor Sonnenaufgang auf den Beinen und trafen im Schein ihrer Helmlampen Vorbereitungen für den Tag. So früh am Morgen war es kalt, sehr kalt in dieser Höhe. Ich zog alles an, was ich dabei hatte, und

48

ging den Hügel hinunter zur Feldküche. Während des Frühstücks um sechs würde eine Lagebesprechung stattfinden, danach würden sich die Crews an die Arbeit machen. Obwohl sich das Feuer über Nacht etwas beruhigt hatte und auf dem Grat keine Bäume mehr brannten, hing immer noch der Geruch von Rauch über dem Lager. Weil nach Einbruch der Dunkelheit die Temperaturen fallen und die relative Luftfeuchtigkeit ansteigt, lässt die Kraft des Feuers dann in der Regel nach. Die Männer und Frauen nahmen sich Cornflakes und Kaffee, setzten sich auf den abschüssigen Boden und folgten kauend und schluckend der morgendlichen Einsatzbesprechung.

Der Einsatzleiter, ein schroffer stämmiger Mann namens Fred Bird, stand im Halbdunkel auf einer Kiste und deutete auf verschiedene Stellen am Hang, während er den Tagesplan erklärte. »Okay, wir versuchen die Stellung hier auf dem Grat zu halten«, sagte er. »Die Unterstützung aus der Luft hat bis jetzt gut geklappt und die werden das Gebiet auch heute den ganzen Tag bearbeiten. Danach schaffen sie uns zurück ins Camp. Morgen fliegen sie ein paar Typ-II-Crews hier rein, die den Grat sichern sollen, und bringen außerdem ein paar Hotshot Crews in die Nordzone. Da unten im Canyon gibt's ein paar Einzelfeuer zu löschen.«

Auf einer Länge von 190 Kilometern waren Brandschneisen angelegt worden. Noch 15 Kilometer, so das Overhead Team, dann hätte man das Feuer fast im Griff. Allerdings war jedem klar, dass ein kräftiges Einzelfeuer den Wald schnell wieder in Brand setzen konnte. Birds Einweisung war kurz und präzise. Als die drei Crews ihre Rucksäcke schulterten und sich bergauf in Bewegung setzten, lugten die ersten Sonnenstrahlen über die Gipfel. Karen Miranda und ich schlossen uns den Union Hotshots an. Wir arbeiteten uns langsam durch eine steile Bodenrinne, die an einem Grat endete, dessen Rückseite von dichtem Wald bedeckt war. Verbranntem Wald. Der Grat hatte wegen der Windstille wie eine Brandschneise gewirkt.

Die Union Crew hatte die Aufgabe, die vereinzelten Feuer zu löschen, die es dennoch über den Grat geschafft hatten. Einzelfeuer war alles zwischen Aschefleckchen von 20 Quadratzentimeter Größe bis zu lichterloh brennenden Baumstämmen, die von einem halben Hektar schwarzem Boden umgeben waren. Alles musste erstickt werden. Wir bewegten uns jetzt zwischen vereinzelten Felsengebirgstannen, die laut Kelly Easterbrook besonders schwer zu bekämpfen waren, da sie Funken versprühten, die überall neue Feuer entfachten. Außerdem stünden sie oft in dichten Waldstücken zusammen, deren Brennstoffmenge extrem hoch sei. Die Flammen klettern von den unteren, oft bis auf den Boden herunterhängenden Zweigen hinauf bis in die dichten Baumkronen. Ein Kronenfeuer ist besonders schwer aufzuhalten, da das Feuer von Baum zu Baum springt, ohne den Boden zu berühren. Man kann ein Kronenfeuer nur stoppen, indem man massenweise Bäume fällt, und ab einem bestimmten Punkt stellt sich die Frage, ob es sinnvoll ist, einen ganzen Wald abzuholzen, den man eigentlich retten will.

Die Mitglieder der Union Crew nahmen sich in Zweiergruppen der Einzelfeuer an, während Miranda und ich hinauf auf den Grat kletterten. Unter uns zog sich ein Fluss westwärts, dessen Ufer verkohlte Bäume säumten. Gelegentlich stürzte ein einzelner brennender Baum ins Tal und ging in einer gewaltigen Rauchwolke auf. Eine Hitzeinversion drückte den Rauch tief ins Tal. Wenn sie sich auflöste und der Rauch aufstiege, sagte Miranda, hieße das, dass die Temperatur umkippte und die Konvektion das Feuer wieder anheizen würde. Wenn das geschähe, würde wahrscheinlich massive Luftunterstützung angefordert werden, um das Feuer auf die Westseite des Grats zu begrenzen.

Wir folgten dem Grat bis zu einem Gipfel, den wir vom Lager aus gesehen hatten. Rechts unter uns hing Qualm über dem Wald. Links unter uns bekämpften Hotshots in kleinen, drei oder vier Mann starken Gruppen die Einzelfeuer. Ein riesiger Siller-Brothers-Skycrane-Hubschrauber brummte pausenlos mit seinem Löschwasserbehälter durchs Tal und warf jedes Mal 7500 Liter Wasser aus dem Smith Creek Lake ab. Vier Männer der Smokey Bear Crew sägten eine ausgebrannte Ponderosakiefer um und forderten per Funk Wasser an. Die Skycrane reagierte in Minutenschnelle. 7500 Liter Wasser, die aus 30 Meter Höhe auf den Hang krachen, setzen Kräfte frei, die den Körper eines Menschen leicht bis ins Tal spülen können. Nachdem das Wasser niedergegangen war, fingen die Männer an, den nassen Boden nach Resten glühender Asche zu durchwühlen.

Zwanzig Minuten später – die Männer waren fast fertig – erreichte sie per Funk eine Nachricht aus dem Fire Camp: »Steve Shaeffer, Smokey Bear Crew, Ihre Frau befindet sich in diesem Augenblick im Krankenhaus und wird von einem Baby entbunden.« Die Männer schauten sich grinsend an. Es kam nur selten vor, dass das Overhead Team per Funk eine persönliche Nachricht übermittelte, die keine schlechte war. Shaeffer arbeitete zusammen mit der Negrito Crew etwas weiter oben. Er konnte nicht nach Hause, wusste aber jetzt wenigstens Bescheid.

Am höchsten Punkt des Grats trafen wir Branch Director Mike Rieser. Er war ein stämmiger, dunkelhaariger Mann mit weiß gesprenkeltem Vollbart und einem vom Wind geröteten Gesicht. Er war seit 1973 beim Brandschutz und jetzt als Fire Control Officer für das BLM des Craig District in Colorado tätig. Wir setzten uns auf einen Felsvorsprung, von dem aus man das brennende Tal überblickte, und packten unsere Lunch-Pakete aus.

Rieser hatte acht Leute persönlich gekannt, die bei Waldbränden starben. »Die Todes- und Verletzungsrate von Feuerwehrleuten bei Wald- und Buschbränden ist mit die höchste im ganzen Land«, sagte er. »Von 10 000 Feuerwehrleuten sind 1990 22 Männer gestorben. Sechs gehörten zur Sträflings-Crew, die beim Dude Fire in Arizona im Einsatz war. In der gleichen Woche sind in Kalifornien zwei Männer von einem Feuersturm überrollt worden. Ich hab einen Film gesehen, wie sie nach dem Dude Fire das Gelände zum ersten Mal besichtigt haben. Die Hitze war so unterschiedlich stark, dass dem einen Feuerzelt gar nichts passiert ist, während ein anderes direkt daneben halb zerfetzt war.«

Das Dude Fire hatte entlang des Mogollon Rim an der Nordseite des Grand Canyon gewütet. Es war ein klassisches, stark rauchendes Feuer, dessen Abwinde durch die Topographie des Canyonrands noch verstärkt wurden. Kurz vor der Explosion des Feuers fiel den Prescott Hotshots die merkwürdige Stille auf, die solchen Feuern häufig vorausgeht. Sie sagten dem Overhead Team per Funk Bescheid, dass sie sich zurückzögen. Die Perryville-Sträflings-Crew und die Navajo Scouts Crew wurden zwar noch über die Gefahr unterrichtet, sie befanden sich zu diesem Zeitpunkt jedoch an der ungünstigsten Stelle. Der von der Struktur des Canyonrands geleitete Abwind blies das Feuer wie durch einen Schacht genau in ihre Richtung. Die Hälfte der Sträflings-Crew und die ganze Navajo Scouts Crew konnten fliehen. Der Rest verkroch sich in die Feuerzelte und erwartete die Flammenfront.

Aus Labortests weiß man, dass die Klebstoffe, die die Feuerzelte zusammenhalten, bei etwa 300 °C zu schmelzen beginnen. Die Fiberglas- und Aluminiumschichten lösen sich voneinander ab, sodass Risse und Löcher entstehen. Nach dem Dude Fire wurden geschmolzene Schutzhelme, bis auf wenige Zentimeter zusammengeschrumpfte Lederhandschuhe und Feuerzelte gefunden, die sich im Anfangsstadium der Auflösung befanden. Sechs Männer starben. Alle, weil sie zu heiße Luft eingeatmet hatten. In allen sechs Fällen waren entweder die Zelte nicht sachgemäß aufgestellt worden oder die Männer hatten sie zu früh wieder verlassen. Einige der Überlebenden erlitten fürchterliche Verbrennungen, was noch auf eine andere Möglichkeit hindeutet. Die aus den Zelten fliehenden Männer hatten geglaubt, dass sie darin sterben würden.

Mike Rieser und ich saßen noch immer kauend auf dem Felsvorsprung und betrachteten das Feuer. Die Sonne brannte. Gelegentlich rollten lodernde Stämme ins Tal. Alle fünf Minuten donnerte die Skycrane mit ihrem dumpfen Rotorengeräusch an uns vorüber und kippte weitere 7500 Liter Wasser aus dem Smith Creek Lake auf die Hänge. Wolken kamen auf. Rieser sagte, dass sie Lentikulariswolken hießen und ihre scharf umrissenen Oberseiten auf Winde in großen Höhen hindeuteten, die schneller als 160 Kilometer pro Stunde bliesen. Falls diese Winde den Boden erreichten, würden sie eine katastrophale Wirkung auf das Feuer haben. Darauf müsse er bei seinem Job als Branch Director achten: auf Dinge wie Lentikularisformationen, auf Castellatus- und Kumulonimbuswolken, auf alles, was das Feuer explodieren lassen könnte. Erst vor zwei Tagen hatte Rieser aus einem Canyon zwei komplette Abteilungen abgezogen, weil ihm die Bewegungen des Feuers Sorgen machten.

»Hat vielleicht den Anschein, als ob wir nicht gerade viel zu tun hätten hier oben. Aber wenn man da unten im Tal im Dreck wühlt, kriegt man nicht mit, was auf einen zukommt«, sagte er. »Vom Feuer aufsteigende Luft kann sich in höheren Luftschichten abkühlen und sinkt dann wieder nach unten. Dabei überhitzt sie sich und gewinnt die Oberhand über die normalen Windverhältnisse. Es entsteht ein stark rauchendes Feuer, das die Vorhersagen durcheinander bringt. Das hat auch den Leuten im Dude Fire das Leben gekostet. Die Hotshot Crews hatten die Lage erkannt, die Sträflings-Crew nicht. Die Information kam zu spät.«

Kumulonimbuswolken – Gewitterwolken – stellen eine besondere Gefahr dar. Sie bringen nicht nur zusätzlich Blitze, auch die Luft unterhalb ihrer bis zu 1000 Meter hohen Türme ist extrem instabil. Sie erzeugen abwärts blasende, bis zu 160 Kilometer schnelle Winde, die sich kreisförmig ausbreiten, wenn sie auf den Boden auftreffen. Die erreichen, dass sich die Wechselwirkung zwischen den drei Komponenten des so genannten Feuerdreiecks – Brennstoff, Wärme, Sauerstoff – verstärkt. Bodenwinde blasen heiße, trockene Luft in noch nicht entzündete Vegetation, was mehr Feuer und mehr Wärme zur Folge hat, und das wiederum steigert die Luftzirkulation, die eine noch schnellere Ausbreitung des Feuers begünstigt. Das Ergebnis ist ein Rückkopplungsmechanismus, der sich nur unter Kontrolle bringen lässt, wenn man die innerhalb des Feuerdreiecks wirkenden Kräfte in den Griff bekommt – entweder indem man die Feuertemperatur senken oder dem Feuer die Nahrung entziehen kann. Die Temperatur senken kann man durch Abwerfen von Wasser und chemischen Löschmitteln, mittels Brandschneisen kann man dem Feuer die Nahrung entziehen. Andernfalls breiten sich die Flammen so lange weiter aus, bis sich das Wetter ändert oder bis alles verbrannt ist.

In den nördlichen Rockies werden Waldbrände in der Regel von Blitzen entfacht. Jeder Blitzschlag, der den Boden erreicht, kann eine Detonation auslösen, doch ein Feuer können nur Blitze mit kontinuierlich fließendem Strom entzünden. Schätzungen besagen, dass in den nördlichen Rockies einer von fünfundzwanzig Blitzen ein Erdblitz ist, der einen Brand entfacht. Zunächst bewegt sich ein Blitz auf seinem Weg von der Wolke zum Boden relativ langsam – mit $1/2000$ der Lichtgeschwindigkeit. Das Tempo erhöht sich aber auf $1/10$ der Lichtgeschwindigkeit und erhitzt dabei die Gase in seinem Innern auf bis zu 30 000 °C. Die Energie, mit der ein Blitz in einen Baum einschlägt, liegt weit oberhalb des Zündpunkts, sodass der Baum explodiert und brennende Holzstücke in den Wald geschleudert werden, die bei entspechenden Umweltbedingungen dann das Feuer entfachen.

Feuer ist eine chemische Reaktion, die Energie in Form von Wärme und Licht freisetzt. Ursprünglich wurde bei einem Holzfeuer die Energie von der Sonne mittels Photosynthese geliefert und in der Pflanze als Zellulose und Lignin gespeichert. Wärme – von einem schon brennenden Feuer oder von

54

einem Blitz – wandelt Zellulose und Lignin in entflammbare Gase um, die aus dem Holz austreten und sich in einem chemischen Prozess mit Sauerstoff verbinden, den man schnelle Oxidation nennt. Der Sockel jeder Flamme besteht aus einem farblosen Bereich mit überhitzten, noch nicht entzündeten Gasen, einem dünnen blauen Bereich mit schon entzündeten Gasen und einem breiten gelben Bereich aus glühenden Kohlenstoffpartikeln. Die bei diesem Prozess entstehende Wärme setzt immer mehr entflammbare Gase frei, die noch mehr Brennstoff entzünden und damit noch mehr Wärme erzeugen. Die Wärme setzt aber zudem Feuchtigkeit frei, die den Verbrennungsprozess behindern kann. Solange ausreichend Luft, Brennstoff und Wärme vorhanden sind, um weiteren Brennstoff zu entzünden, wird sich das Feuer ausbreiten. Solange sich das Feuer ausbreitet, bleibt das Feuerdreieck stabil und schafft sich die Bedingungen, die es braucht, um weiter zu brennen.

Der gleiche Kreislauf vollzieht sich in einem von extremer Rauchbildung geprägten Feuer, das man gewöhnlich als Feuersturm bezeichnet – nur in viel größerem Maßstab. Bei einem Feuersturm liefern die drei Komponenten des Feuerdreiecks nicht nur die Voraussetzungen für einen Brand, sondern sie schaukeln sich bekanntermaßen gegenseitig zu einem apokalyptischen Rückkopplungsmechanismus, zu einem zusammenwirkenden Phänomen extremer Brandcharakeristika auf. Wie bei allen Feuern produziert Wärme Wind, der Brennstoff brennt heißer und produziert somit noch mehr Wind. Wenn eine große Menge an Brennstoff in diesen Kreislauf eingeführt wird, kann sich über dem Feuer eine Konvektionszelle aus Rauch und Gasen in Bewegung setzen, deren Kräfte stärker sind als die vor Ort herrschenden Winde. Während des Zweiten Weltkriegs entfachten die alliierten Bomber vorsätzlich Feuerstürme in Hamburg und Dresden. Damals bestand die Brennstoffmenge aus dicht an dicht stehenden Häusern, die von tausenden Tonnen Bomben entzündet wurden. Ist die

Konvektionsmaschine erst mal in Gang, ist sie kaum noch zu stoppen. Ganze Baumgruppen lodern wie eine einzige große Fackel. Tornados toben im Innern eines solchen Feuersturms. Das überhitzte Brennmaterial scheint von innen heraus zu brennen und löst einen rasend schnell sich ausbreitenden Flächenbrand aus. Ein derartiges Feuer kann sich an einem Tag mühelos durch über 40 000 Hektar Wald fressen.

Eine nicht weniger zerstörerische Form der Apokalypse ist das überspringende Kronenfeuer. Kronenfeuer treten auf, wenn Flammen stufenweise bis in die Baumwipfel klettern und dort von hohen Winden weitergetragen werden. 1967 fegte ein überspringendes Kronenfeuer durch den Idaho Panhandle und äscherte in neun Stunden einen 7 Kilometer breiten und 26 Kilometer langen Streifen Wald ein. Man errechnete, dass das so genannte Sundance Fire eine Energie von bis zu 260 000 Kilojoule je Quadratmeter in der Sekunde freisetzte. Zum Vergleich: 600 Kilojoule gelten als Höchstwert für kontrolliert angelegte Brände, 6000 Kilojoule sind das Äußerste, was der Mensch kontrollieren kann, und ab 12 000 Kilojoule spricht man von Feuersturmbedingungen. Man schätzte, dass das Sundance Fire eine Energie freisetzte, die einer 20-Kilotonnen-Bombe vom Hiroshima-Typ entsprach, allerdings im Abstand von zehn Minuten immer wieder neu gezündet.

Natürlich sind nicht alle großen Feuer auch Feuerstürme und nicht alle Feuerstürme sind auch groß. Das Feuer am Steep Creek während des Lowman Fire verfügte zwar über alle äußeren Merkmale eines Feuersturms, doch wütete es nur auf einer begrenzten Fläche; das Foothills Fire entwickelte sich trotz mehrerer Konvektionssäulen über dichtem Waldgelände zu einem vom Wind vorwärts getriebenen Feuer, das sich in zwei Tagen durch 80 000 Hektar Land fraß und so eine der mächtigsten Feuerwalzen war, die es je gegeben hat. In den nördlichen Rockies gibt es eine Unmenge verschiedener Winde, die das Feuer vorwärts treiben: Jetstreamwinde, die über gebirgigem Gelände nach unten stürzen; Chinookwinde, die

aufgrund von Luftdruckunterschieden die Abhänge hinunter-
gepresst werden; Kaltfronten, die sich manchmal 24 Stunden
lang zwischen den Bergen festsetzen; und natürlich die insta-
bilen, vom Feuer selbst produzierten Luftströmungen. Instabile Luft steigt und fällt entsprechend den atmosphärischen
Bedingungen. Sie heult die Canyons hinauf, verdrückt sich
über Bergkämme und schlingt sich um einzelne Bäume oder
Felsbrocken, um sich dann 1000 Meter in die Höhe zu schrau-
ben.

Jeder dieser Winde kann bei ungünstigen Bedingungen eine
für Menschen tödliche Explosion verursachen. Das war der
Grund, warum Mike Rieser oben auf einem Grat stand und
die Wolken beobachtete, anstatt unten in irgendeinem Canyon
das Feuer direkt zu bekämpfen.

Hotshots sind bekannt dafür, dass sie den Overhead Teams
– Männer und Frauen, die anderer Leute Leben riskierten –
vorhalten, nicht hart genug zu arbeiten. Und nicht nur das.
Hotshots glauben, dass viele Mitglieder der Overhead Teams
nie echte Feuerwehrarbeit vor Ort geleistet haben und dass
ihren Entscheidungen, bei denen es um Leben und Tod geht,
nicht zu trauen ist. Manchmal stimmt das. Zwangsläufig
kommt es vor, dass Hotshot Crews einfach sagen: »Kommt
gar nicht in Frage, dass wir in den Canyon gehen«, oder »Den
Grat versuchen wir nicht zu halten.« Öfter jedoch haben sich
die Leute auf der Kommandoebene – wie auch Rieser – im
Lauf der Jahre, wenn nicht Jahrzehnte, von den Knochenjobs
bis in die verantwortlichen Positionen nach oben gearbeitet.
Rieser hat nahezu 20 Jahre lang in vorderster Linie Feuer bekämpft und er erzählte mir zwei Geschichten, wie es ihn fast
mal erwischt hätte. Einmal waren er und seine Crew eingeschlafen, nachdem sie die ganze Nacht eine Brandschneise
angelegt hatten, und wären fast von einem Feuersturm überrascht worden. Das andere Mal hatte er in der Nähe von
Los Angeles in einem Chaparral-Feuer festgesessen. Chaparral-Feuer sind immer extrem schnell, weil die Vegetation kno-

chentrocken, das Gelände steil und die Winde grauenhaft sind: Santa-Ana-Winde, die tagelang ohne Unterbrechung mit 110 Kilometern pro Stunde blasen. Das war 1979 passiert und die Typ-II-Crew, zu der Rieser gehörte, hatte so ziemlich jede Vorschrift missachtet.

»Wir haben von einer Straße aus Gegenfeuer gelegt, etwa auf zwei Drittel der Höhe bis zu einem Grat«, sagte er. »Aber das Feuer ist nicht richtig in Gang gekommen, weil ein Löschflugzeug eine Ladung Wasser über uns ausgeklinkt hatte. Wir haben eine Doppelschicht gefahren, bis in den nächsten Tag rein. Dann kam ein starker Santa Ana auf und das Feuer ist explodiert. Der Canyon, in dem wir waren, wirkte als ein natürlicher Kamin. Zehn Minuten später hatte uns die Flammenfront am Wickel.«

In den zehn Minuten schafften es die Männer mit einem Wassertankwagen bis zu einer leidlich sicheren Stelle an der Kreuzung zweier Waldwege. Der Platz war zwar nicht groß genug, um als wirklich sicher bezeichnet zu werden, aber er war besser als nichts. Sie kauerten sich zwischen dem Laster und dem Straßengraben auf den Boden. Die Crew war so durcheinander, dass sie versuchte, den spanischen Teil der Gebrauchsanweisung für das Feuerzelt zu lesen. Sie verstanden kein Wort. Währenddessen brauste das Feuer über sie hinweg.

»Es war so laut, dass wir uns nicht mal mit Brüllen verständigen konnten«, sagte Rieser. »Die Hitze war ja noch zu ertragen, was uns zu schaffen machte, war der Rauch. Wir forderten über Funk ein Löschflugzeug an. Als wir hörten, wie die Ladung einen knappen Kilometer von uns entfernt niederging, bekamen wir es erst recht mit der Angst zu tun. Der Rauch war so dicht, dass sie nicht einmal sehen konnten, wo wir genau waren. Die Situation war außer Kontrolle geraten und unser Schicksal hing von jemandem ab, der offenbar sehr fragwürdige Entscheidungen getroffen hatte. Für mich war das der Wendepunkt. Ich hab seitdem schon schlimmere Feuer mitgemacht, aber ich ziehe die Crews immer ab, bevor die Lage zu übel wird. Erst krieg ich was zu hören nach dem Motto ›Hey, Mann, das hätten wir leicht gepackt‹, dann stehen sie da und schauen zu, wie die Scheiße überkocht.«

1872 fegte ein Waldbrand über die Stadt Peshtigo, Wisconsin, und tötete über 1500 Menschen. Ein Feuer in Chicago forderte am selben Tag weitere 300 Menschenleben. Das Feuer in Chicago wurde als Great Chicago Fire bekannt, die Tragödie in Peshtigo blieb namenlos. Feuer treten in Wellen oder in Serien auf. Die Katastrophen von Peshtigo und Chicago waren Teil einer Brandserie, die sich in jenem Jahr von Ohio bis zu den High Plains erstreckte. Seit 1900 sind in Amerika weit über 700 Menschen bei Waldbränden ums Leben gekommen – wie viele genau, ist nicht bekannt. Der größere Teil waren Feuerwehrleute oder freiwillige Helfer. Die Massentragödien ereigneten sich hauptsächlich in der Frühzeit der Bekämpfung großer Feuer, als es noch keine Funkgeräte und Feuerzelte, keine Flugzeuge und genauen Wettervorhersagen gab. Die nächste große Feuerserie war der so genannte Big Blowup von 1910. Beim Kampf gegen die Brände starben 85 Männer. Einige, weil sie in Panik gerieten und Selbstmord begingen, als die Brandschneisen das Feuer nicht aufhalten konnten. State Trooper begruben die Leichen mit militärischen Ehren in Massengräbern in den Bergen. Es war fast wie im Krieg.

Am Ende fielen 1910 2 Mio Hektar Land den Flammen zum Opfer. Verkohlte Bäume lieferten den Brennstoff für einen Zyklus von Bränden, der bis in die 30er Jahre hinein aktiv blieb. Die immer wieder aufflackernden Brände drangen in gesunde Waldbestände vor und führten schließlich zu einer Verdopplung der vernichteten Fläche. Die drohende Bauholzverknappung erzeugte gewaltigen politischen Druck, der den Forest Service dazu veranlasste, endlich der Brandbekämpfung oberste Priorität einzuräumen. Der Kongress bewilligte Gelder, Crews wurden aufgestellt und Beobachtungstürme errichtet,

Holzfirmen bauten Zufahrtsstraßen in die Berge und das Telefon verdrängte nach und nach Läufer und berittene Boten. Ein Historiker drückte es später so aus: Das heroische Zeitalter der Waldbrandbekämpfung hatte begonnen.

Obwohl die neuen Methoden Wirkung zeigten, blieb der Westen für großflächige Brände anfällig. Die nächste Phase taktischer Veränderungen setzte – kaum überraschend – nach der nächsten Katastrophe ein. 1933 zerstörte der Tillamook-Brand in Oregon 1,2 Mio Kubikmeter Douglasfichten. Wie beim Big Blowup war der Tillamook-Brand nur das Flaggschiff einer Armada von Bränden, die den Westen unter Namen wie Matilija, Selway und anderen drei Jahre lang terrorisierte. Die Brände veranlassten den Forest Service, die berühmt gewordene »10-Uhr-Taktik« einzuführen, nach der wenn möglich jedes Feuer bis zehn Uhr am nächsten Morgen unter Kontrolle gebracht werden soll. Die neue Taktik wäre nichts weiter als Ausdruck purer Überheblichkeit gewesen, hätte sich das Arsenal an Werkzeugen zur Brandbekämpfung nicht ständig verbessert: Bulldozer verrichteten die Arbeit von 50 Männern; Flugzeuge warfen tausende Liter chemischer Löschmittel auf einmal ab; Feuerspringer bekämpften Brände in abgelegenen Gegenden, die man zu Fuß erst nach Tagen erreicht hätte. Es ging darum, schnell in die Berge zu kommen und die Feuer einzudämmen, solange sie noch klein waren. Falls die Ersteinsatz-Crews ein Feuer nicht in den Griff bekamen, wurden am nächsten Tag tausende weniger spezialisierte Männern eingeflogen, die sich des Feuers annahmen. Die Taktik war nicht nur sinnvoll, sie war auch ein Public-Relations-Coup ohne Beispiel. Mittel aus Washington flossen buchstäblich ohne Ende und tun es bis heute.

Mit der Verbesserung der Wetterprognosen und Kommunikationsmöglichkeiten sank die Todesrate. Trotzdem kam es noch zu Massentragödien. Beim Blackwater Fire 1937 war die aus 14 Mann bestehende Civilian Conservation Corps Crew zwischen einem Einzelfeuer und dem Hauptfeuer ein-

geschlossen. Anstatt zu fliehen, entschieden sie sich zur Bekämpfung des Einzelfeuers und kamen alle um. Beim Hauser
Creek Fire in Südkalifornien 1943 starben 11 Marines und 72
wurden verletzt, weil Santa-Ana-Winde plötzlich ihre Richtung geändert hatten. 1949 starben während des Mann Gulch
Fire in Montana 13 Feuerspringer und ein weiterer Mann,
als in kniehohem Gras ein Feuer explodierte. 1956 starben
11 Sträflinge während des Inaja Fire in Südkalifornien und
zehn Jahre später verlor eine Hotshot Crew während des
Loop Fire im Los Angeles National Forest unter fast identi-
schen Umständen 12 Mann. Ein Einzelfeuer in einem Canyon explodierte urplötzlich und fraß sich in weniger als einer
Minute durch die 700 Meter lange Schlucht. Das entspricht
einer Geschwindigkeit von 40 Kilometern pro Stunde. Die
Crew hatte keine Chance.

Seit den Siebzigern verfügen die Crews über tragbare
Feuerzelte und Nomex-Schutzkleidung, die theoretisch mehrere Feuerstürme überstehen können. Allerdings lösen sich
die Feuerzelte ab 300 °C auf und ein Feuersturm kann dreimal so hohe Temperaturen erreichen. Angesichts eines solchen Infernos ist die einzige Überlebenschance, dem Feuer aus
dem Weg zu gehen. Aus diesem Grund haben Forscher des
Intermountain Fire Science Laboratory in Missoula, Montana, mathematische Modelle entwickelt, die entsprechend
den Wetterverhältnissen und der Beschaffenheit von Vegetation und Gelände den Brandverlauf voraussagen können.
In Verbindung mit Informationen, die von Satelliten geliefert
werden, können die in Computer eingespeisten Modelle die
Entwicklung jedes Feuers überall in den Vereinigten Staaten
hochrechnen. Vor Ort gibt die Einsatzleitung den Standort
des Feuers sowie topographische und metereologische Daten
in den Computer ein und erhält dann detaillierte Informationen über das wahrscheinliche Feuerverhalten für den folgenden Tag: Welche Canyons brennen aus, welche Bergkämme
halten stand?

Und dennoch: Kein noch so intensiver Einsatz von Computertechnik kann exakt voraussagen, wie sich ein Feuer verhalten wird.

»Nichts von dem, was wir heute versuchen, ist so wichtig, dass es ein Menschenleben wert wäre«, sagte ein Einsatzleiter bei einer Lagebesprechung um sechs Uhr morgens.

Dieser Satz erklärt besser als Modelle über Feuerverhalten, als federleichte Feuerzelte oder als Fortschritte auf dem Gebiet der Metereologie, warum wir bei Waldbränden in Amerika heute nicht mehr so furchtbar hohe Opferzahlen haben wie früher.

Am Nachmittag verließen wir den Grat in Richtung H-6. Hubschrauber würden uns und die drei Crews für die Nacht ins Lager zurückbringen. Ich hatte es nicht eilig, die Berge zu verlassen, doch laut Gesetz mussten die Union, Negrito und Smokey Bear Crews durch Typ-II-Teams ersetzt werden, die die beiden letzten Nächte nicht in einem Spike Camp verbracht hatten. Wir versammelten uns um den Landeplatz, quetschten uns dann mit unseren Rucksäcken in die Hubschrauber und wurden zurück ins Lager geflogen.

In jener Nacht erzählte jemand von einem Feuer, das oben bei McCall gerade den riesigen Salmon River Canyon übersprungen habe. Das Feuer hatte sich nördlich des Flusses entzündet, und es sei der Versuch unternommen worden, mit brennenden Ping-Pong-Bällen, die aus einem Hubschrauber abgeworfen wurden, ein Gegenfeuer zu legen. (Die Ping-Pong-Bälle sind mit Kaliumpermanganat gefüllt und werden mit Frostschutzmittel entzündet. Das Frostschutzmittel wird unmittelbar vor dem Abwurf mit einer Nadel injiziert und entzündet sich nach etwa dreißig Sekunden, also in der Regel nach dem Aufprall.) Der Pilot hatte zur Kontrolle noch eine Runde gedreht und dabei festgestellt, dass sich einer der Bälle versehentlich auf die Südseite des Flusses verirrt hatte. Damit waren die Würfel gefallen. Binnen Stunden hatte sich das neue Feuer auf 20 Hektar ausgedehnt und sprang in dichtem Waldgebiet von Baumkrone zu Baumkrone.

Am nächsten Morgen fuhr ich nach McCall in der Hoffnung, mich einer Crew anschließen zu können. Als ich ankam, war das Feuer jedoch schon so weit außer Kontrolle geraten, dass man niemanden mehr in seine Nähe ließ. Crews legten südlich des Flusses, Kilometer vor dem Feuer, indirekte Brandschneisen an. Mehr konnten sie nicht tun. Die Ortschaft Riggins war in Rauch gehüllt; eine pilzförmige Rauchwolke quoll aus dem Canyon; auf dem Flugfeld von McCall stand ein Ersatzhubschrauber neben dem andern. Aber ich wollte echtes Feuer sehen. Ich schlief auf einer Sandbank am North Fork des Salmon River und fuhr am nächsten Tag wieder zurück nach Boise. Man hatte mir erzählt, dass es nördlich der Stadt noch ein Feuer gebe. Es fraß sich rasend schnell durch die ausgedörrten braunen Hügel, sodass Hotshot Crews von den Foothills hierher verlegt wurden. Das Feuer war groß und es war schnell.

Durch Boise fließt ein kleiner Fluss. Ich saß in einem der Cafés an der Promenade und konnte sehen, wie die Berge brannten. Im Norden stieg ein großer Rauchball zwischen den Hügeln auf. Von Löschmittel verschmutzte Flugzeuge flogen pausenlos zwischen dem Feuer und den südlich der Stadt auf dem Flugplatz von Boise stationierten Löschmitteltanks hin und her. Laut Auskunft der Leitstelle versuchten Bulldozer einen Abschnitt entlang des Highway 21 zu sichern, rasten die vom Wind getriebenen Flammen durch knochentrockenes Beifußkraut und Gras rund um das Lucky Peak Reservoir und standen 50 in den Foothills nicht mehr benötigte Crews zum Einsatz bereit. Ich besorgte mir einen Passierschein für die Straßensperre und fuhr auf dem Highway 21 Richtung Norden, dem Rauch entgegen.

Leute waren so knapp, dass man die Bewachung der Straßensperre an ein Pärchen mittleren Alters delegiert hatte, das in Liegestühlen vor sich hin döste. Ich zeigte ihnen meinen

Schrieb und sie winkten mich durch. Schon bald war ich allein auf der unbefestigten Straße, die in die Brandzone führte. Eine Flammenlinie hing an den versengten Flanken der Hügel wie eine Halskette. Der Rauch ließ den Sonnenuntergang blutrot glühen. Nach fünf oder sechs Kilometern kam ich an einem Pappschild vorbei mit der Aufschrift: *Evakuiert seit 19.30 Uhr, 2. 9. – United States Forest Service.* Kurz danach sah ich das Feuer. Es hatte den Straßenrand erreicht und nagte an einem Stromkabel, das hinauf in die Berge führte. Ich hielt an und stieg aus. Ich war völlig allein mit dem Feuer, den Bergen und dem weiten toten Himmel. Drei Meter hohe Flammen leckten an den Leitplanken und schossen senkrecht in den Himmel. Die Pflanzen starben laut, als litten sie Qualen; sie platzten und explodierten in der sich schwer auf das Land senkenden Abenddämmerung.

Ich machte ein paar Fotos und ging dann zurück zum Wagen. Das Feuer würde jede Sekunde die Straße erobern. Es würde seine Nahrung finden und schließlich über 5000 Hektar Wald abfackeln. Ein Haus würde abbrennen. Die wunderschöne Leonard Ranch würde in letzter Minute gerettet werden – von Bodenmannschaften und Bulldozern, die massive Unterstützung aus der Luft erhielten. Das Feuer bekam den Namen Dunnigan Creek Fire. Es war eins von 8200 Waldbränden des Sommers 1992, und falls Sie einen Hotshot fragen sollten, ob er je davon gehört hat, so wird er vermutlich den Kopf schütteln. Nach ein paar Tagen hatte es der Regen gelöscht.

Anmerkung des Autors

Dieser Essay wurde 1992 geschrieben. Seitdem hat sich in der Waldbrandbekämpfung in Amerika vieles verändert. Da ich am Originaltext so wenig wie möglich ändern wollte, möchte ich darauf hinweisen, dass – um nur zwei Änderungen zu nennen – Feuerwehrmänner heute mehr als 8 Dollar 50 die Stunde verdienen und dass bei der Vorhersage des Feuerverhaltens überall Laptops eingesetzt werden.

Am größten ist die Veränderung bei der Zahl der Toten. Zur Zeit meines Besuchs in Idaho hatte es schon 26 Jahre kein Feuer mehr gegeben, bei dem mehr als die Hälfte einer Crew ums Leben gekommen war. Das war beim Loop Fire in Südkalifornien gewesen, als 12 Hotshots binnen Minuten von einem Feuersturm überrollt wurden. Tragischerweise wurden 1994 während des South Canyon Fire bei Glenwood Springs, Colorado, 14 Hotshots unter ähnlichen Umständen getötet. Das South Canyon Fire ist damit das Feuer, das seit 1937 die meisten Todesopfer gefordert hat. Der zweite Beitrag in diesem Buch, »Katastrophe am Storm King Mountain«, schildert den Hergang dieses Unglücks.

Viele Hotshots, mit denen ich gesprochen habe, führen die gefährlicheren Arbeitsbedingungen auf die verschärfte Dürresituation in den nördlichen Rockies und auf jahrzehntelange, allzu rigorose Waldbrandverhinderung zurück. Beide Faktoren haben eine deutliche Zunahme der toten Vegetation in den Wäldern der USA bewirkt – Brennstoff, der in einem sich selbst überlassenen Ökosystem von den regelmäßig aufflackernden kleinen Feuern vernichtet würde. Eine verheerende Brandkatastrophe war unausweichlich. Im Sommer 2000 wurde sie Wirklichkeit. 85 000 Wald- und Buschbrände überall in Amerika vernichteten fast 3 Mio Hektar Land. 16 Menschen starben und die Bekämpfung der Brände kostete über 1 Mrd Dollar.

Es war die schlimmste Brandsaison, die es je gegeben hat. Da die Dürre in den westlichen Staaten unvermindert anhält und gewaltige Mengen totes Holz immer noch viele Wälder verstopfen, rechnen die Experten für Feuerverhalten nicht damit, dass sich die Verhältnisse in absehbarer Zeit bessern werden.

Katastrophe am
Storm King Mountain

1994

Sein Herz dröhnte. Das vor allem ist Brad Haugh in Erinnerung geblieben. Es schlug 200 Mal pro Minute. Als er und zwei Feuerspringer den steilen Grat in Colorado erklommen hatten, waren hinter ihnen alle tot.

Die Kollegen, die am Hang weiter unten gearbeitet hatten, waren von einer Flammenwand überrollt worden, die nach Haughs Schätzung 100 Meter hoch war. Das Feuer raste die 400 Meter in etwa zwei Minuten bergauf, wobei es stellenweise eine Geschwindigkeit von 30 Kilometern pro Stunde erreichte. Im Weg liegende Werkzeuge verbrannten. Die Temperatur erreichte 1000 °C – heiß genug, um Gold zu schmelzen oder Ziegel zu brennen.

»Das Feuer explodierte hinter einem kleinen Grat, ein Stück unter mir«, sagte Haugh später. »Aus den Funkgeräten kam nur noch Brüllen. ›Haut ab! Los! Haut ab!‹ Ich war ungefähr 50 Meter unterhalb der Bergkuppe, das Feuer erreichte die Stelle zehn oder zwölf Sekunden später. Ich kam gerade noch rauf, stürzte mich über die Spitze und kugelte auf der anderen Seite hinunter. Als ich mich umdrehte, sah ich nur diese irre Flammenwand.«

Haugh war einer von 49 Feuerwehrleuten, die von einem Waldbrand überrascht wurden, dessen Geschwindigkeit und Wildheit die Nation betäubte. 14 Elite-Feuerwehrleute verloren zwölf Kilometer westlich von Glenwood Springs, Colorado, an einem Grat des Storm King Mountain, ihr Leben. Sie starben an einem steilen felsigen Hang in einem Feuer, das zunächst so klein gewesen war, dass die Crews es nicht ernst genommen hatten. Sie starben, während in Sichtweite unten auf dem Interstate Highway Autos vorbeifuhren und die Menschen im Tal von ihren Garagendächern aus das Feuer mit Camcordern filmten.

Als Brad Haugh den Hang hinaufhastete, arbeiteten noch viele andere Feuerwehrleute am Storm King Mountain. Aber er fürchtete, dass außer ihm und den zwei anderen Männern keiner überlebte. Dieser Gedanke – und nicht die Flammen – ließ ihn in Panik geraten. Er rannte blind drauflos und wäre fast bewusstlos geworden, als er gegen einen Baum prallte. Um ihn herum flackerten überall einzelne Feuer auf, während die Flammenwand auf ihn zurollte. Der Lärm war ohrenbetäubend; »ein Tornado aus Flammen«, beschrieb er die Situation später. Das Licht, erinnerte er sich, war ein irres blutrotes Leuchten, das ihn auch dann noch faszinierte, als er schon den Berg hinaufhastete.

Die beiden Feuerspringer hießen Eric Hipke und Kevin Erickson. Hipke hatte so schlimme Verbrennungen erlitten, dass ihm das Fleisch in Fetzen von den Händen hing. Nachdem er sich hinter die Kuppe gestürzt hatte, hielt Haugh kurz inne, um wieder einen klaren Kopf zu bekommen, und führte dann die beiden Männer etwa hundert Meter weiter den Berg hinunter. Dort blieben sie kurz stehen, Haugh umwickelte Hipkes Hände mit nassen T-Shirts, dann setzten sie sich wieder in Bewegung. In ihrem Rücken fraß sich das Feuer mit einer Geschwindigkeit von 400 Hektar pro Stunde durch den Wald. Eichen, Pinien und Lärchen gingen explosionsartig in Flammen auf.

»Albträume hatte ich später keine«, sagte Haugh. »Aber in der Nacht drauf bin ich immer wieder aufgewacht und hatte keine Ahnung, wo ich war. Einmal habe ich sogar meine Freundin gefragt, wer sie ist.«

Das South Canyon Fire, wie es später genannt wurde, entzündete sich am Samstag, den 2. Juli als ein Blitz in die steilen Hügel außerhalb von Glenwood Springs einschlug. Weil am gleichen Tag Trockengewitter überall im ausgedörrten Colorado schon 30 oder 40 andere Feuer entfacht hatten, achteten die Leute nicht weiter drauf. Ein paar Rauchfetzen mehr waren nicht der Rede wert. Doch das Feuer wurde immer größer, was schließlich am Morgen des 5. Juli die für den Bezirk zuständige Außenstelle des Bureau of Land Management (BLM) in Grand Junction veranlasste, eine sieben Mann starke Crew loszuschicken, um am Storm King Mountain einen Hubschrauberlandeplatz – H-1 – und eine Brandschneise an einem Grat entlang anzulegen. Zu diesem Zeitpunkt fraß sich das Feuer noch gemächlich durch die vereinzelten Pinien und Lärchen, die in einer breiten Rinne auf dem Steilhang unterhalb des Grats standen. Im Osten war Glenwood Springs zu sehen und im Westen, etwa anderthalb Kilometer entfernt, lag ein teures Wohngebiet namens Canyon Creek Estates. 300 Meter tiefer folgte der Interstate Highway 70 dem Lauf des Colorado River. Hin und wieder sahen die Feuerwehrleute mit grellbunten Schwimmwesten gesprenkelte Schlauchboote durch die Stromschnellen hüpfen.

Die BLM Crew arbeitete den ganzen Tag, bis ihre Motorsägen streikten und sie zur Reparatur ins Tal hinabsteigen mussten. Ersetzt wurden sie durch acht Feuerspringer aus Idaho und Montana (acht weitere kamen ihnen am nächsten Morgen zu Hilfe), die mit Fallschirmen über dem Grat absprangen und die Arbeit an der Brandschneise fortsetzten. Sie arbeiten bis Mitternacht und gönnten sich dann auf dem felsigen Untergrund ein paar Stunden Schlaf.

Kurz vor dem Morgengrauen des 6. Juli stieg die BLM Crew unter Führung des Einsatzleiters Butch Blanco wieder den steilen Hang hinauf. Oben angekommen, berieten Blanco und der leitende Feuerspringer, Don Mackay, über die weitere Strategie. Ungefähr zur gleichen Zeit beorderte das BLM-

Büro in Grand Junction eine weitere Crew zur Brandstelle. Die Helme der 22 Prineville Hotshots – eine staatenübergreifend einsetzbare Elite-Truppe aus Oregon – ziert das Emblem eines über züngelnden, orangeroten Flammen tanzenden Kojoten.

Die Feuerspringer hatten einen weiteren Landeplatz – H-2 – angelegt, auf dem etwa um 12.30 Uhr ein Transporthubschrauber landete. Das erste Kontingent der Prineville Crew lief durch den Rotorenwind und duckte sich hinter die Felsen, bis der Hubschrauber wieder abgehoben hatte, um den Rest der Einheit zu holen. Die Männer wurden in alphabetischer Reihenfolge eingeflogen. Beim ersten Flug waren dabei: Beck, Bickett, Blecha, Brinkley, Dunbar, Hagen, Holtby, Johnson und Kelso. Die neun Hotshots warteten die Ankunft ihrer Team-Kollegen gar nicht erst ab, sondern machten sich gleich auf den Weg hinunter ins brennende Tal.

Der Storm King Mountain verläuft ungefähr in Nord-Süd-Richtung. Der Hauptgrat erstreckt sich vom 2680 Meter hohen Gipfel bis zum Landeplatz H-2; 800 Meter weiter südlich auf dem Grat befand sich der größere Landeplatz H-1. Das Feuer hatte sich an dem Steilhang unterhalb dieser freigeschlagenen Sicherheitszonen entzündet und breitete sich nun langsam aus.

Die Strategie sah vor, entlang der Spitze des Grats eine breite Brandschneise freizuschlagen und eine weitere kleinere Schneise senkrecht den Hang hinunter anzulegen, um das Feuer an der südwestlichen Flanke des Grats einzudämmen. Neu auflodernde Feuer sollten mit chemischen Löschmitteln vom Hubschrauber aus bekämpft werden. Bei Gefahr könnten die Crews binnen fünf oder zehn Minuten mühelos H-1 erreichen und in ihre Feuerzelte kriechen – dünne, Hitze abweisende Aluplanen, die Temperaturen bis zu 300 °C standhalten.

»War nichts weiter als ein kleiner hässlicher Kriechbrand«, sagte Brad Haugh vom BLM über das Frühstadium des Feuers. Jeden Sommer löschten Feuerwehrleute wie Haugh überall in Colorado tausende solche Feuer. Zu diesem Zeitpunkt sprach nichts dafür, dass es beim South Canyon Fire anders sein würde.

Die zweite Hälfte der Prineville Crew landete um 15 Uhr auf H-2 und machte sich daran, die erste Brandschneise zu verbreitern. 200 Meter weiter unten war Haugh damit beschäftigt, das Gelände mit seiner Motorsäge von Gestrüpp zu befreien. Der Hang hatte ein Gefälle von 33 Prozent, was bedeutet, dass das Gelände um 33 Zentimeter pro Meter anstieg – ungefähr das Gefälle einer Sanddüne. Das Gefälle direkt unterhalb des Grats betrug fast 50 Prozent. Haugh trug ausgebeulte Kevlar-Holzfällerhosen und einen Rucksack, der einen 7,5 Kilogramm schweren Kanister mit acht Liter Wasser, ein Klappmesser, Trockennahrung und einige Toilettenartikel enthielt. Außerdem hatte er ein klappbares Feuerzelt und eine Stihl-056-Motorsäge dabei, die etwa fünf bis sechs Kilogramm wog. Auch mit dem schweren Gepäck hätte es Haugh wahrscheinlich zur Not noch geschafft, die Spitze des Grats in weniger als einer Minute und H-1 in fünf bis zehn Minuten zu erreichen. Waldbrände dehnen sich nur selten schneller als mit zwei oder drei Kilometern pro Stunde aus. Kaum ein Feuerwehrmann kommt je in die Zwangslage, vor einem Feuer davonlaufen zu müssen – geschweige denn, gegen ein Feuer um sein Leben zu kämpfen. Nach konventionellen Brandbewertungskriterien befand sich Haugh auf sicherem Terrain.

Gegen halb vier machte Haugh die zweite Pause an diesem Tag. Wegen der Hitze hatte er schon vier Liter seines Wassers verbraucht. Das Feuer in der Bodenrinne brannte langsam und die Feuerwehrleute, die es bekämpften – neun aus der Prineville-Einheit plus zwölf Feuerspringer – befanden sich mehr als hundert Meter unterhalb von ihm in einem dichten Waldstück aus Gambels-Eichen, deren Holz zu den am leichtesten entzündbaren des ganzen Westens zählt.

Etwa um zehn vor vier beendeten Haugh und sein Helfer, der das abgeholzte Gestrüpp aus der Schneise räumte, gerade ihre Pause, als ihr Crew Boss verkündete, dass sie sich zurückziehen würden. Auffrischender Wind einer Kaltfront, die sich eine halbe Stunde zuvor ins Tal geschoben hatte, erweckte das Feuer zum Leben. Der Befehl lautete, zum Grat hinaufzuklettern und abzuwarten.

Es geschieht nur sehr selten, dass sich eine gesamte Bergflanke mit einem Schlag entzündet. Aber es kommt vor. Wenn man vom Landeplatz H-2 nach Westen schaut, sieht man in einigen Kilometern Entfernung einen Berg namens Battlement Mesa. Dort starben 1976 drei Männer in einem Feuer, das man später nachstellte, aufzeichnete und als Übungsvideo *Situation Nr. 8* einsetzte. Sicher hatte es jeder von denen gesehen, die jetzt am Storm King Mountain eingesetzt waren. In *Situation Nr. 8* arbeitet eine Crew unter extrem trockenen Bedingungen an einem Hang oberhalb eines kleinen Feuers. Die Flammen entzünden die Gambels-Eichen und rasen dann – unterstützt vom Wind – bergauf. Wie durch einen Kamin jagen die Flammen das steile Gelände hinauf und die Werte über die Feuerintensität schießen nach oben: die klassische Explosion. Vier Männer werden überrollt, drei sterben. Der Überlebende erleidet furchtbare Verbrennungen. Er sagt, dass man sie vor der entscheidenden Drehung des Windes nicht gewarnt habe – eine Beschuldigung, die das BLM damals zurückwies. »Die Gegend ist die Hölle«, sagte ein Experte vom Forest Service über die mit Eichen und Pinien bewachsene Hügellandschaft Colorados. »Scheißgefährlich.«

Gegen 16 Uhr erreichten hohe Winde den Berg und trieben eine Flammenwand westlich von der Rinne in nördlicher Richtung den Berg hinauf. Die BLM Crew und die im oberen Abschnitt arbeitenden Prineville Hotshots bewegten sich am Grat entlang zum sicheren Landeplatz H-1. Weiter unten befahl Don Mackay seinen acht Feuerspringern, sich zu einer schon verbrannten Stelle unterhalb von H-1 zurückzuziehen.

Dann machte er sich quer über den Hang auf den Weg zu drei weiteren Feuerspringern, die der Neunergruppe der Prineville Hotshots zugeteilt waren. Niemand hatte sie darüber informiert, dass die Situation allmählich brenzlig wurde. In den wenigen Minuten, die Mackay brauchte, um die zwölf Feuerwehrleute zu erreichen, sprang das Feuer in östlicher Richtung über die Rinne. »Ich habe das per Funk gemeldet«, sagte Haugh. »Dann kam noch mal der Befehl, sich sofort zurückzuziehen.« Der Befehl kam von Butch Blanco, der von der Spitze des Grats aus die überstürzte Evakuierung leitete. »Die Warnung war wesentlich dringlicher als die erste«, erinnerte sich Haugh. »Ich habe meinen Helfer mit der Motorsäge nach oben geschickt und per Funk durchgegeben, dass ich nachkommen würde, sobald ich mit den weiter unten arbeitenden Prinevilles Sichtkontakt hätte.«

Plötzlich kam heftiger Westwind auf und trieb das Feuer – unsichtbar hinter dem dichten Gestrüpp – gefährlich nah auf die ahnungslosen Feuerwehrleute zu. »Die Crew hatte keine Ahnung, was sich in ihrem Rücken abspielte«, sagte Haugh. »Sie bewegten sich langsam. Sie hielten noch ihr Werkzeug in Händen und trugen die Ausrüstung auf dem Rücken.« Während Haugh sie beobachtete, tauchte ein Feuerspringer neben ihm auf. »Er hat gesagt, dass sein Schwager da unten in der Rinne ist und dass er ein Foto von ihm machen will.«

Der Feuerspringer hieß Kevin Erickson und sein Schwager war Don Mackay, der sich jetzt in höchster Gefahr befand. In dem Augenblick, als Erickson durch die Kamera blickte, explodierte unter ihm der ganze Hang. »Durch den Sucher konnte ich sehen, dass plötzlich alle anfingen zu rennen. Dahinter war nur noch Feuer«, sagte Erickson. »Ich hab auf den Auslöser gedrückt, dann hat mich Haugh gepackt und rumgerissen. Ich hab mich noch mal umgeschaut und hab die Feuerwand gesehen, wie sie den Berg hochrast.« Feuerspringer James Thrash und die hinter ihm herhastenden zwölf anderen Feuerwehrleute arbeiteten sich an Haugh und Erickson heran. Obwohl über Funk die brüllenden Stimmen von Blanco und anderen Männern zu hören waren – »Tempo! Tempo! Tempo!« –, blieb Thrash stehen und fing an, das Feuerzelt aufzustellen, in dem er sterben sollte. Eric Hipke hastete an ihm vorbei und rannte hinter Haugh und Erickson den Hügel hinauf. Die 100 Meter hohen Flammen, die ihnen auf den Fersen waren, hörten sich an wie ein Wasserfall, der über die Klippen donnert.

Bei einem Waldbrand zu sterben, schreibt Norman Maclean in seinem Buch *Junge Männer im Feuer*, sei eigentlich wie drei Tode zu sterben: zuerst versagen die Beine, dann verglühen die Lungen und schließlich verbrennt der Körper. Das entspricht ungefähr dem, was auch mit brennendem Holz passiert. Die Hitze presst das Wasser heraus; dann werden die Gase im Innern des Holzes überhitzt und entzündet; schließlich wird die Zellulose aufgebraucht. Am Ende bleibt nichts als Kohlenstoff.

Gewöhnlich läuft dieser Prozess langsam ab. Feuer, die mehr als einen Hektar pro Stunde verbrennen, sind selten. Das South Canyon Fire zum Beispiel verbrannte in den ersten drei Tagen nur 20 Hektar. Warum frisst es sich also urplötzlich in ein paar Stunden durch mehr als 800 Hektar? Warum explodierte ein ganzer Hang in einer Kettenreaktion, die so schnell ablief, dass sie Vögel vom Himmel holte?

Feuer breitet sich aus, indem es die vor ihm liegende Vegetation langsam aufheizt – erst trocknet, dann entzündet es sie. Diesem Prozess kann ein Feuerwehrmann normalerweise im Spazierschritt entkommen. Doch manchmal produziert das Zusammenwirken von Wind, Vegetation und Gelände eine Explosion, bei der das Feuer außer Kontrolle gerät. Eine Erklärung für die Explosion im South Canyon – die populärste in Glenwood Springs – lautete, es sei da oben so verdammt steil und trocken und der Wind so stark gewesen, dass der

Berg einfach in Flammen aufging. Eine einleuchtende Erklärung. Ähnliche Bedingungen bei anderen Bränden führten auch dort zu einem extremen Feuerverhalten. Eine andere Erklärung richtet ihr Augenmerk auf ein seltenes Phänomen, das man Überhitzung nennt.

Normalerweise werden durch Strahlungshitze wenige Minuten, bevor Pinien und Lärchen in Flammen aufgehen, flüchtige Gase – so genannte Terpene – aus dem Holz gepresst. Manchmal, wenn die von einem Feuer ausgehende heiße Luft einen steilen Hang hinaufsteigt, werden die Terpene einer komplett bewaldeten Bergflanke freigesetzt. Die Gase passen sich wie eine schwere Decke dem Hang an, und wenn nun die richtige Mischung aus Wind und Flammen auf die Gase trifft, explodieren sie. Es ist, als ob man den Gasherd aufdreht und nach ein paar Stunden ein brennendes Streichholz in die Küche wirft.

Eine Bergflanke, die jede Sekunde in Flammen aufgehen kann, stellt ein heikles Problem dar, das aber nicht notwendigerweise unentdeckt bleiben muss. Man weiß von Crews, die sich aus einem unheimlichen Canyon zurückzogen und dann dabei zugeschaut haben, wie er explodierte. Terpene sind nicht geruchlos. Möglicherweise erklärt das, warum einige der Überlebenden der Prineville Crew hinterher sagten, dass ihnen »irgendwas anders« vorgekommen war. Die Sommersonne hatte den ganzen Nachmittag auf den nach Westen gelegenen Hang gebrannt. Die Rinne hatte die heiße Luft angesaugt wie ein Ofenrohr. Zur heißesten Tageszeit, etwa um 16 Uhr, hatten kräftige Winde das Feuer durch die Rinne bergauf geblasen.

Es ist durchaus denkbar, dass die seit Stunden vor sich hin köchelnden Terpene die gesamte Flanke buchstäblich auf einen Schlag in Flammen setzten.

Als das Storm King Fire explodierte, lagen vor Haugh noch fast 50 unwegsame Meter durch eine steile Brandschneise. Obwohl er ein durchtrainierter Läufer und Bodybuilder war, schoss sein Pulsschlag nach oben und das Epinephrin, das seine Adrenalindrüsen in den Körper pumpten, hätte ausgereicht, um eine Hauskatze zu killen. Hinter ihm pressten Winde mit einer Geschwindigkeit von 80 Kilometern pro Stunde die Flammenwand flach auf den Hang. Das Inferno brauste über eine schon von Natur aus leicht entzündliche Vegetation, die zunächst durch Dürre, dann durch heiße Konvektionsluft und schließlich durch ein kleines, erst vor ein paar Tagen aufgeflackertes Grasfeuer zusätzlich ausgedörrt war. Der Feuchtigkeitsgehalt des feinen toten Gestrüpps wurde später auf hoch explosive zwei bis drei Prozent geschätzt. Während Haugh bergauf rannte, hörte er aus dem winzigen, an seiner Weste festgeklemmten Funksprechgerät panische Stimmen, die brüllten, man solle seine Ausrüstung wegwerfen und fliehen. Kurz schoss ihm ein Gedanke durch den Kopf: So ist das also, wenn man um sein Leben läuft. Danach dachte er nichts mehr, bis er den Grat erreicht hatte.

Die BLM Crew und die Prineville Crew, die sich ein Stück weiter oben befand, hatten die Hoffnung, H-1 zu erreichen, inzwischen aufgegeben und stolperten in nördlicher Richtung auf H-2 zu. Als sie auch diesen Weg blockiert fanden, kehrten sie um und stiegen hastig auf der Rückseite des Grats ab. Genau südlich von diesem Punkt, etwa 100 Meter unterhalb von H-1, krochen die acht Feuerspringer, denen Don Mackay eine Viertelstunde zuvor den Rückzug befohlen hatte, in Erwartung des näher kommenden Feuersturms in ihre Schutzzelte. Tief unten am Canyon Creek machte sich gerade eine frische Feuerspringer-Crew für den Marsch zur Brandstelle fertig. Entsetzt beobachteten sie, wie an der Bergflanke acht kleine Silberdreiecke aufblitzten. Währenddessen rannten – verborgen vom Rauch – Mackey, die Neunergruppe der Prineville Hotshots und die drei Feuerspringer einem Ziel entgegen, das außer Hipke keiner erreichen sollte.

Zwölf der Toten fand man an der unteren Brandschneise. Prineville Hotshot Scott Blecha war ebenfalls an Thrash vorbeigelaufen, verlor sein Rennen aber 30 Meter vor dem Ziel. Die anderen lagen in zwei Gruppen unterhalb eines Baums. *Der* Baum, wie man ihn später nennen sollte, *der* Baum, von dem Haugh losgelaufen war. Ein paar lagen so dicht nebeneinander, dass sich ihre Körper berührten. Die Feuerspringer Thrash und Roger Roth hatten zwar als Einzige ihre Feuerzelte aufgestellt, doch die Folie hielt der mörderischen Hitze nicht stand. Kathi Beck starb neben Thrash. Sie lag halb unter seinem Zelt. Es sah so aus, als hätte Thrash in seinen letzten qualvollen Sekunden noch versucht, sie ins Zelt zu ziehen. Außerdem starben mit Richard Tyler und Robert Browning zwei Männer, die man zur Koordinierung der Hubschraubereinsätze noch vor den anderen abgesetzt hatte. Sie lagen nördlich von Landeplatz H-2, keine 100 Meter von einer felsigen Stelle entfernt, die ihnen vielleicht das Leben hätte retten können.

Für die neun Prinevilles endete die Flucht auf den Grat nach 100 Metern. Schon drei oder vier Sekunden, bevor Haugh über den Grat hechtete, rollten die Flammen über sie hinweg. Über sein Funkgerät hörte er die Schreie. Um die letzten verzweifelten Sekunden der Opfer rekonstruieren zu können, würden Psychologen stundenlange Gespräche mit den Überlebenden führen müssen.

Der Tod im Feuer ist oft weniger ein Prozess des Verbrennens als des Erstickens. Die Toten am Storm King Mountain litten wahrscheinlich intensiv, aber kurz. Weder in der Lunge noch in den oberen Luftwegen fanden die Pathologen Kohlenstoff. Das heißt, dass die Opfer nicht mehr geatmet haben, als das Feuer über sie hinwegbrauste. Die Lungen enthielten Flüssigkeit, die Luftröhren waren aufgrund von Kehlkopfkrämpfen verschlossen (als Reaktion auf die überhitzte Luft), das Blut enthielt Kohlenmonoxid in toxischer Konzentration. Während des Verbrennungsvorgangs verdrängt Kohlenmonoxid den Sauerstoff im Blut, was sehr schnell zum Tod führt.

»Nach zwei, drei Atemzügen waren sie tot«, sagte Rob Kurtzman, ein Pathologe am Grand Junction Community Hospital. »Hat wahrscheinlich keine dreißig Sekunden gedauert. Alle Veränderungen an der Leiche – der verkohlte Corpus, die Muskelkontraktionen, die Knochenbrüche – sind danach eingetreten.«

Gegen halb fünf taumelten Haugh, Erickson und Hipke auf den Interstate Highway 70. Erst vor einer Stunde hatten sie sich am Berg eine wohlverdiente Pause gegönnt, und jetzt waren 14 Menschen tot. Im Moment wussten sie allerdings nur, dass der Einsatzleiter Butch Blanco über Funk Namen aufrief und viele Leute nicht antworteten.

Haugh und Erickson legten Hipke neben einen Streifenwagen in den Schatten und bespritzten ihn mit Wasser, um die Körpertemperatur zu senken und somit einem Schock vorzubeugen. Blanco kletterte wieder den Hang hinauf, um nach weiteren Überlebenden zu suchen, fand aber keine. Die acht Feuerspringer, die ihre Schutzzelte unterhalb von H-1 aufgestellt hatten, krochen zitternd, doch unverletzt heraus. Ihr Überleben hatten sie nicht den Zelten, sondern der Tatsache zu verdanken, dass sie sie auf schon verbranntem Untergrund aufgestellt hatten. Das immer noch wütende Feuer bedrohte nun Glenwood Springs. Die Flammen rasten entlang der oberen Hügelkämme in östlicher Richtung. Die Einsatzzentrale des BLM am Canyon Creek forderte die Bewohner auf, ihre Häuser zu verlassen.

Haughs BLM Crew hatte überlebt. Die anderen Prineville Hotshots – die, die weiter oben gearbeitet hatten – waren ebenfalls davongekommen. Sie hatten sich auf der Ostflanke des Grats durch ein höllisches Labyrinth aus Einzelfeuern und explodierenden Bäumen bis nach unten durchgeschlagen. Zwei von ihnen hatten versucht, ihre Feuerzelte aufzustellen, waren jedoch von ihren Kollegen weitergezerrt worden.

Schnell sickerte die Nachricht, dass am Storm King Mountain etwas Fürchterliches passiert war, zu den BLM-Beamten in Grand Junction durch. Mike Mottice, der Gebietsleiter der Behörde, hatte vom Wagen aus die Explosion gesehen und erreichte etwa um 17 Uhr sein Büro in Glenwood Springs. Als wenige Minuten später die ersten Crews vom Berg zurückkamen, hörte Mottice zum ersten Mal von den verschollenen Männern. »Ich hatte gehofft, dass sie in den Feuerzelten überlebt haben könnten«, sagte er. »Noch am selben Abend konnten ein paar Feuerspringer bestätigen, dass es Tote gegeben hatte.«

Für die überlebenden Mitglieder der Prineville Crew wurde die Vermutung, dass einige ihrer Kollegen gestorben waren, erst später am Abend zur Gewissheit. Man hatte sie zunächst zum Büro nach Glenwood Springs und dann zum Two Rivers Park in der Stadtmitte gefahren, wo gerade ein Open-Air-Konzert lief. Sie setzten sich in ihrer Feuerwehrmontur auf den Boden und sahen den brennenden Berg vor sich, während die jugendlichen Zuhörer nur die Musik wahrnahmen. Etwa um neun tauchten die Sozialarbeiterin Carol Kramer und der Leiter der Prineville Crew, Brian Scholz, im Park auf. Kramer sollte die Crew ins Ramada Inn bringen. Man hatte auf die Schnelle einen provisorischen Konferenzraum eingerichtet, wo sie unter sich sein konnten und Kramer ihnen beibringen sollte, dass neun ihrer Freunde gestorben waren.

»Als wir im Hotel ankamen, waren sie fix und fertig«, sagte Kramer. »Sie wussten jetzt, was los war. Sie flehten uns an, mit der Wahrheit herauszurücken. Je schneller, desto besser. Ich hab ihnen gesagt, dass zwölf tot sind und fünf vermisst werden.«

Die Männer reagierten prompt und heftig. Einige schluchzten, andere trommelten mit den Fäusten auf den Tisch. Einer stürzte aus dem Zimmer und übergab sich. Zwei verließen sofort den Raum. Scholz folgte ihnen, um sie im Auge zu behalten. Als Leiter der Crew fühlte er sich immer noch im Dienst. Er wehrte sich dagegen, vor den Augen seiner Männer die Fassung zu verlieren. Nach und nach wurde eine Liste der Überlebenden erstellt.

»Eine Zeit lang kam es zu heftigen Gefühlsausbrüchen«, sagte Kramer. »Dann folgten zwei, drei Stunden, in denen nur noch ab und zu einer anfing zu schluchzen. Schließlich starrten sie bloß wie in Trance vor sich hin. Sie saßen einfach stumm da. Am nächsten Morgen haben sie dann eine Kleinigkeit gegessen. In so einer Situation ist man auch mit wenig zufrieden.«

Einige der am schlimmsten Traumatisierten nahmen psychologische Hilfe in Anspruch. Sie brauchten jemanden, dem sie das Erlebte erzählen konnten. Ein Mann schilderte unerträglich minutiös die Schreie, die er gehört hatte, als er über den Hügel flüchtete. Binnen 36 Stunden wurden die elf Überlebenden der Prineville Crew zurück nach Oregon geflogen – zum einen, damit sie so schnell wie möglich ihre Familien in die Arme schließen konnten, zum andern, um sie vor der aus dem ganzen Land herbeigeeilten Pressemeute zu schützen. Das Ramada Inn hatte sich in ein Haifischbecken mit beißwütigen Journalisten verwandelt. Das Letzte, was die Überlebenden brauchen konnten, waren jetzt Fernsehkameras, die nach Tränen und Schmerz gierten.

Am Montag, den 11. Juli wurde in Glenwood Springs ein Gedenkgottesdienst abgehalten. Vor der Kulisse des schwelenden Storm King Mountain überflog eine Hubschrauberformation die Trauernden, die mit Tränen in den Augen den Klängen von »Amazing Grace« lauschten. Präsident Clinton telefonierte von Bord der Air Force One mit Gouverneur Roy Romer. Überall im Land hatten die Regierungsgebäude halbmast geflaggt. Im Morgengrauen des folgenden Tages wurden die Särge mit den neun Toten der Prineville Crew zum Grand-Junction-Flugplatz Walker Field gebracht und mit DC-3-Maschinen des Forest Service nach Oregon geflogen. Die sterblichen Überreste landeten auf vier verschiedenen Flugplätzen und wurden auf dem Rollfeld mit militärischen Ehren den Angehörigen übergeben.

Noch bevor die Glut am Storm King Mountain erkaltet war, wurde ein zehnköpfiges Ermittlungsteam zusammengestellt, dem man 45 Tage Zeit gab, die Brandstelle zu untersuchen und Ergebnisse vorzulegen. Das Team bestand aus ehemaligen Feuerwehrleuten sowie Experten für Feuerverhalten, Metereologie und Sicherheitsausrüstung. Die Schuldfrage sollte allerdings nicht berührt werden, gefragt war eine streng analytische Untersuchung darüber, was wann passiert war.

Die meisten Mitarbeiter der Bundesbrandschutzbehörden und auch die meisten Überlebenden des South Canyon Fire vertraten die Meinung, dass aufgrund der apokalyptischen Ausmaße der Dürre in den westlichen Bundesstaaten solche gewaltigen Brände einfach zwangsläufig seien. Bei derartigen Feuern würden nun mal Menschen sterben und in der Tat gibt es jedes Jahr einige Todesfälle. »Ich würde mit jedem, der da draußen war, sofort wieder in einer Brandschneise arbeiten«, sagte Mike Hayes vom BLM. »Mit den Ressourcen, die uns zur Verfügung standen, haben wir das Bestmögliche getan. Immerhin hatten wir an dem Tag 50 Brände in unserem Bezirk.«

In Glenwood Springs machte sich Wagenburgmentalität breit. Die Schuldfrage auch nur aufzuwerfen wurde als Mangel an Respekt vor den Feuerwehrleuten und sogar vor den Toten aufgefasst. Am Montag, den 11. Juli erschien in der *Glenwood Post* ein Artikel mit der Überschrift »Glenwood-Einsatzleiter: Fluchtpläne waren korrekt« – eine gewagte Einschätzung angesichts 14 Toter. Butch Blanco hatte tags zuvor dem *Grand Junction Daily Sentinel* erzählt, dass zu dem Zeitpunkt, als einer der überlebenden Feuerspringer (Hipke) losgerannt sei, sich die unglückliche Prineville Crew vor ihm befunden habe. Daraus folgerte er, dass sie genug Zeit gehabt hätten, sich in Sicherheit zu bringen. »Keine Ahnung, ob sie [die Prineville Crew] die Lage nicht ernst genommen haben«, sagte er.

Die Ersten, die die Toten zu Gesicht bekamen, waren die Feuerspringer, die ihre Schutzzelte unterhalb von H-1 aufgestellt hatten. »Ich bin sofort bergab gegangen zu der Stelle, wo die eine Leichengruppe lag, und hab dann den Hubschrauber angefunkt«, sagte Feuerspringer Anthony Petrilli. »Sie haben gefragt, ob wir einen Ambulanzhubschrauber bräuchten. Ich hab gesagt, dafür wär's schon zu spät. Dann bin ich bergauf gegangen und da lagen noch sechs.«

Eine Stunde später setzten Hubschrauber 26 Feuerspringer ab, die die Suche fortsetzen sollten. In der einsetzenden, künstlich wirkenden Dämmerung bahnten sich die Männer ihren Weg an den verkohlten Leichen entlang. Sie meldeten elf Tote und drei Vermisste. Keine Stunde später war Gouverneur Romer vor Ort. Er sagte den Feuerspringern, dass er die Leichen so schnell wie möglich vom Berg entfernt sehen wolle. Die Männer widersprachen. Die Leichen müssten wie am Tatort eines Verbrechens so lange liegen bleiben, bis man sie untersucht habe. Romer beugte sich. Am nächsten Morgen begannen die Ermittler damit, Dinge zu vermessen, den dynamischen Kräften des Bergs nachzuspüren und den Toten ihre Geheimnisse zu entlocken.

Die erste Frage lautete, wie schnell sich das Feuer bewegt hatte. Haughs Schätzung, dass es die letzten 100 Meter in etwa zwölf Sekunden zurückgelegt habe, erwies sich als ziemlich nah an der Wirklichkeit. Die Ermittler stellten am Ende fest, dass das Feuer den 400 Meter langen Hang in etwa zwei Minuten hinaufgerast war. Die Höchstgeschwindigkeit von 30 Kilometern pro Stunde erreichte es, als es sich durch die ausgedörrten Gambels-Eichen gefressen hatte.

Bei der nächsten Frage ging es um das Warum. Das Feuerverhalten ergibt sich aus dem extrem komplizierten Zusammenwirken von Vegetation, Geländebeschaffenheit und Wärme. Mathematische Modelle beschreiben dieses Zusammenwirken. (Die Modelle sind in Palmtops gespeichert, die heutzutage fast jeder Einsatzleiter bei sich trägt.) Die tödliche Bergflanke lag nach Westen, das Gefälle betrug zwischen 33 und 50 Prozent und die Vegetation verfügte über Brandcharakteristika, die in einem Brandklassifizierungsmodell als Typ 4 bezeichnet werden. Der Feuchtigkeitsgehalt des niedrigen toten Gehölzes am Storm King Mountain betrug etwa drei Prozent. Die noch lebenden Gambels-Eichen, die bei früheren Bränden nur zum Teil verbrannt waren, waren um ein Mehrfaches trockener als normal. Bei leichtem Wind hätten diese Typ-4-Bedingungen sieben Meter hohe Flammen produziert, die sich mit einer Höchstgeschwindigkeit von 200 Metern pro Stunde ausbreiten.

So ein Brand ist beherrschbar oder zumindest so langsam, dass man ihm zu Fuß entkommen kann. Bei stärkerem Wind kann sich die Lage jedoch dramatisch verändern. Am Dienstag um 19.20 Uhr, also weniger als 24 Stunden vor der Explosion, hatte der National Weather Service für die Gegend um Glenwood Springs »Feuerwarnung Rot« herausgegeben. Für den folgenden Morgen rechnete man mit trockenen Gewittern, denen aus Südwest Winde von bis zu 50 Kilometern pro Stunde folgen würden. Für den Nachmittag war eine Kaltfront angesagt, die die Windrichtung auf Nordwest drehen würde.

Füttert man das Brandklassifizierungsmodell Typ 4 mit der Windgeschwindigkeit 55 Kilometer pro Stunde, dann ergibt das 20 Meter hohe Flammen, die den Berg pro Sekunde viereinhalb Meter hinaufjagen. In dem extrem trockenen Gambels-Eichen-Waldstück können die Flammen doppelt so schnell gewesen sein – deutlich schneller, als dass ein Mensch ihnen hätte entkommen können. Die in dem Video *Situation Nr. 8* zusammengefassten Lehren aus dem Battlement Mesa Fire hatten nichts gefruchtet: Ein kleines Feuer an einem Steilhang mit extrem trockener Vegetation war einmal mehr auf mathematisch vorhersehbare Weise explodiert – mit erneut tragischen Folgen.

Der 226 Seiten starke Untersuchungsbericht der Bundesbrandschutzbehörden kam zu dem Schluss, dass so ziemlich jedem vor Ort auf die eine oder andere Art Fahrlässigkeit anzulasten war. Die Crews am Boden waren fahrlässig gewesen, weil sie die Brandgefahr sträflich unterschätzt hatten. Ihre Vorgesetzten hatten die Vegetations- und Dürreverhältnisse vor Ort ignoriert und das Western Slope Fire Coordination Center hatte es versäumt, wichtige Wetterinformationen an die Crews am Berg weiterzugeben. »Das extreme Feuerverhalten wäre vorhersehbar gewesen, hätte man sich Wetterprognosen und Informationen zunutze gemacht, die man mühelos vom Bezirksbüro des BLM in Grand Junction hätte beziehen können«, lautete eine von vielen ähnlich lautenden Feststellungen.

Die schrecklichste Schlussfolgerung des Berichts war, dass zwölf der Opfer leicht aus dem Tal hätten entkommen können, wenn sie beim ersten Anzeichen der extremen Gefahr losgerannt wären. Stattdessen gingen sie langsam bergauf; manche hielten noch die Werkzeuge in Händen, als sie starben. Das bedeutete zweierlei: Der Befehl zum Totalrückzug war viel zu spät gegeben worden und die Opfer hatten sich instinktiv dagegen gesträubt, den Ernst der Lage anzuerkennen. »Wenn du die Motorsäge fallen lässt, schießt dir die Panik wie 'n Messer ins Hirn«, sagte Feuerspringer Petrilli, der sich erst, als er die Werkzeuge wegwarf, der Tatsache stellte, dass er um sein Leben rannte. Die Motorsäge oder die Schaufel zurückzulassen ist für einen Feuerwehrmann der allerletzte Ausweg. Also tut er es verständlicherweise nur widerwillig, weil das nämlich bedeutet, dass er in Lebensgefahr schwebt.

»Tief in meinem Innern weiß ich«, sagte Haugh, »dass die zwölf Menschen, die in diesem Abschnitt gestorben sind, sich überhaupt nicht darüber im Klaren waren, was da ablief.« In dem Augenblick, als die neun aus der Pineville Crew und die drei Feuerspringer das Grauen auf sich zurasen sahen – der Augenblick, als sich die riesige Flammenwand über die ausgedörrten Gambels-Eichen hermachte und panische Stimmen aus den Funkgeräten kreischten, sie sollten sich aus dem Staub machen –, da hatten sie noch 20 Sekunden zu leben. Als sie starben, war ihre Verwirrung wahrscheinlich fast so groß wie ihre Angst.

Walfänger

1995

Den vielleicht letzten lebenden Harpunier weckt der Wind. Der bläst jetzt seit zwei Wochen, peitscht die große hässliche See und hindert ihn am Auslaufen. Auf den von diesen kräftigen, zuverlässigen Winden begünstigten Handelswegen überquerten einst europäische Sklavenschiffe den Atlantik und brachten 15 Millionen Afrikaner in die Neue Welt. In den letzten, düsteren Minuten vor Anbruch der Dämmerung schleicht einer ihrer Nachfahren durch sein Haus und wünscht sich, der Wind möge abflauen.

Der Mann heißt Athneal Ollivierre. Er ist 1,80 Meter groß, 74 Jahre alt und steht wie der Stützpfahl eines Landungsstegs kerzengerade und kraftvoll da. Der aschgraue Haarschopf reckt sich senkrecht in die Höhe und der dünne dreieckige Schnauzbart erinnert an einen französischen Offizier aus dem Ersten Weltkrieg. An seinem linken Bein glänzt die Narbe von einem Seilbrand, der das Fleisch bis auf den Knochen verätzte. Die vom Alter und grellem Sonnenlicht blutunterlaufenen Augen starren über meine Schulter auf einen etwa 800 Kilometer entfernten Punkt. In der Ecke des Wohnzimmers lehnt eine zehn Kilogramm schwere eiserne Handharpune mit einem Schaft aus Zimtbaumholz.

Ollivierre geht vor die Tür, um sich den Tagesanbruch anzuschauen. Die Fensterläden klappern. Es ist Trockenzeit; ein einziger Regenschauer und auf den Hügeln würden die Poui-Blumen aus dem Boden schießen, dass man meinen könnte, es hätte geschneit. In den Büschen vor dem Haus hängen Hemden zum Trocknen. Ober- und Unterkiefer eines Buckelwals bilden einen Torrahmen, hinter dem sich der Rest von Ollivierres Welt ausbreitet – 18 Quadratkilometer Vulkangestein, das steil ins türkisfarbene Meer abfällt. Bequia liegt im südlichen Teil des Karibischen Meers und ist eine von 32 Inseln, die den Staat St. Vincent und die Grenadinen bilden. Im Osten wölbt sich die Friendship Bay, im Westen ragt der in den Fels planierte neue Flughafen aus dem Riff. Immer mehr Touristen und Kreuzfahrtschiffe kommen nach Bequia. Flugzeuge brummen tief über die Insel und fast jeden Abend geht in der Bucht ein funkelndes Schiff vor Anker. Doch im Augenblick interessiert das Ollivierre nicht. Er steht barfuß im Tropengras, kneift die Augen zusammen und beobachtet einen unruhigen Punkt in der Meerenge. Beim Blick durchs Fernglas entpuppt sich der Punkt als kleines Holzboot, das sich mühsam in Richtung der Insel Mustique durch die Meerenge kämpft. Es taucht hinter einer riesigen grünen Welle auf, verschwindet, taucht wieder auf.

»Leute aus Bequia, mutige Männer«, sagt er und schüttelt den Kopf. Er spricht ein Patois, das sich wie Französisch mit irischem Einschlag anhört. »Viel zu mutig.«

Ollivierre geht mit einem acht Meter langen Holzsegelboot, das *Why Ask* heißt, auf Buckelwaljagd. Für ihn persönlich sind die Tage als Harpunier gezählt. Aber er macht weiter, bis er die Ausbildung eines Jüngeren, des 43-jährigen Arnold Hazell, abgeschlossen hat. Ansonsten würde die Tradition – und damit das letzte Überbleibsel der alten Yankee-Walfangindustrie – mit ihm aussterben. Wenn sie auf Walfang gehen, rudern Ollivierre und seine fünf Mann Besatzung durch die Brandung der Friendship Bay und setzen dann das Segel, sodass sie sich unbemerkt an die Wale heranpirschen können. Ollivierre steht im Bug seines Boots und schleudert die Harpune in die Flanke eines Tieres, das fünfhundertmal so viel wiegt wie er. Er ist bewusstlos geschlagen, unter Wasser gezogen, verstümmelt und betäubt worden und einmal fast ertrunken. Wenn er Erfolg hat, gibt man den Kindern schulfrei, die Geschäfte werden zugesperrt und ein Großteil der 4800 Inselbewohner strömt zur Walstation, um zuzuschauen oder mit anzupacken, sobald der Wal zerlegt, ausgenommen und eingepökelt wird.

»Ist ja das einzige bisschen Spaß, was die Leute hier haben«, sagt der verwitwete Ollivierre, dessen einziger Sohn kein Interesse am Walfang hat. »Wenn ich einen Wal harpunier, hältste keinen mehr im Haus. Hatte eigentlich schon vor ein paar Jahren Schluss gemacht. Aber den Leuten ist was abgegangen, also hab ich wieder angefangen. Und jetzt zeig ich Hazell die Tricks. Wenn ich mal mit dem Walfang fertig bin, dann bin ich auch mit dem Meer fertig.«

Wenn man einen Wal gefangen hat, dann wird er an ein Motorboot festgemacht, zu einer kleinen, verlassenen Insel namens Petit Nevis geschleppt und mit einer Winde auf den Strand gezogen. Die per Hand betriebene Winde ist ein altes verrostetes Stück Eisen, das mit Bolzen im Fels verankert ist. Ein 40-Tonnen-Tier zu zerlegen ist harte, blutige Arbeit – Arbeit, die weltweit von Umweltschützern verdammt wird. Die Walfänger bieten jedem, der ihnen hilft, bergeweise Frischfleisch an. Ein Teil des Fleisches, das wie blutiges Roastbeef schmeckt, wird gleich am Strand gekocht, der Rest wird für später eingelagert. Die riesigen Kieferknochen werden für etwa 1000 Dollar an Touristen verkauft. Das Fleisch und der Speck werden zu gleichen Teilen unter der Mannschaft aufgeteilt. Jeder verkauft oder verschenkt seinen Anteil, wie er es für richtig hält. »Wer verkauft, verkauft; wer verschenkt, verschenkt«, wie Ollivierre sagt. In Port Elizabeth bringt das Fleisch zwei Dollar je Pfund.

Wenn es eine Walart gibt, die die Menschen sofort mit dem Wort *Wal* gleichsetzen, dann ist es wahrscheinlich der Buckelwal. Der Wal, den Ollivierre jagt. Der Wal, der für Meeresbiologen singt und den Touristen in Ausflugsbooten Kunstsprünge vorführt. In den letzten 100 Jahren hat man fast 90 Prozent der Buckelwale ausgerottet. Mindestens die Hälfte der 11 000 noch lebenden Tiere verbringt den Sommer in ihren Jagdgründen im Nordatlantik und zieht im Dezember nach Süden. In den warmen Gewässern der Karibik paaren sie sich, kalben und ziehen ihre jeden Tag 50 Kilogramm schwerer werdenden Jungen auf, bis die stark genug sind für den Rückweg nach Norden.

Mit Genehmigung der in Cambridge, England, ansässigen Internationalen Walfang-Kommission (IWC) darf Ollivierre pro Jahr zwei Wale fangen. Zwar trat 1986 ein weltweites Moratorium zum kommerziellen Walfang in Kraft, doch gibt es Ausnahmen, die »eingeborenen Völkern auf Dauer das Recht zusichern, in für die Erhaltung ihrer Kultur und Versorgungsgrundlage angemessenem Umfang Walfang zu betreiben«. Ein paar andere Völker in Grönland, Alaska und Sibirien dürfen zwar auch noch Wale jagen, doch ist Ollivierre der Einzige, der immer noch mit Segelboot und Handharpune arbeitet. Die 100 Jahre alten Techniken stammen von den ehemaligen Yankee-Walfängern und gelangten – abgesehen von kleinen Verbesserungen wie Riemengabeln oder Schäkelbolzen – unverändert nach Bequia zurück.

»Die Leute sind zurückgekommen und haben etwas von ihrer Geschichte mitgebracht. Und die ist heute immer noch da«, sagt Herman Belmar, ein Historiker, der gleich um die Ecke von Ollivierre wohnt. Belmar ist ein ruhiger, redegewandter Mann, dessen Leidenschaft der Geschichte des Walfangs gilt. Er versucht auf der Insel ein Walfang-Museum einzurichten. »Wenn Sie die Burschen aus Melvilles *Moby Dick* in Athneals Boot packen würden, die wüssten genau, was sie zu tun hätten.«

Eines Tages im Morgengrauen fahre ich raus zu Ollivierre. Sein Haus, ein kleiner weiß gestrichener Kasten aus Holz und Beton, liegt an einem Hügel und ist von einer Hecke umgeben. Abgesehen von dem Bogen aus Walknochen sieht es aus wie jedes andere Haus auf der Insel. Ich öffne das kleine Holztor und gehe durch den Vorgarten, wo ein Außenbordmotor und ein einzelner Walwirbel von der Größe eines Barhockers liegen. Es ist Mitte Februar, Walfangzeit. Ollivierre sitzt auf einer Bank und blickt hinaus auf die Meerenge. Als ich ihm die Hand entgegenstrecke, nimmt er sie, ohne mir in die Augen zu sehen.

Auf Bequia ist Ollivierre ein berühmter Mann. Schon viele haben so vor ihm gestanden und wollten seine Geschichte hören. Dennoch überrascht mich seine Reaktion etwas. Kein Wort, kein Lächeln – nur der tranceartige Blick eines Menschen, der versucht, am Horizont ein winziges Pünktchen aufzuspüren. Verlegen stehe ich ein paar Minuten da und stelle ihm schließlich die Frage, die sich als genau richtig erweist: »Könnte ich mir Ihre Sammlung mal anschauen?«

Egal, wie lange man in Port Elizabeth herumspaziert, irgendwann wird einem ein Taxifahrer mit dem unvermeidlichen Angebot kommen. »Los, ich bring Sie zu dem einzig wahren Harpunier. Schütteln Sie ihm die Hand, schauen Sie sich sein Museum an.« Es ist zwar kein Museum, aber das größte Zimmer im Haus ist vollgestopft mit Elfenbein- und Muschelschnitzereien, Gemälden und Harpunenkanonen, an deren Spitzen man Sprengladungen montierte. Die Gemälde stammen von einem einheimischen Künstler und erinnern an einige von Ollivierres Großtaten. Eins heißt *Athneal bezwingt den Wal*. Während er mir seine Lebensgeschichte erzählt, taut er langsam auf und schlägt mir schließlich vor, doch seiner Mannschaft, die oben auf dem Hügel wohnt, einen Besuch abzustatten.

Der steile Weg führt an einem weiteren niedrigen Haus aus Holz und Beton vorbei. Poröse Abflussrohre verlaufen vom Dach zu einer großen Zisterne aus Beton, die aber fast trocken ist. (Auf Bequia muss während der Regenzeit jeder Tropfen Trinkwasser aufgefangen werden.) Auf der Hügelkuppe steht neben ein paar vom Wind gebeugten Büschen ein schräges, nach Süden zum Meer ausgerichtetes Sonnendach aus Stroh und Bambus. In seinem Schatten sitzen vier Männer, die auf die Meerenge hinausblicken. Sie kauen auf Kartoffeln herum, schauen abwechselnd durch ein Fernglas, nuckeln an Grashalmen, beobachten den heller werdenden Himmel. In der Ferne ragt eine Kette von Riffen aus dem Wasser, die früher mal der Rand eines riesigen Vulkans war. Gute zehn Kilometer entfernt liegt die Insel Mustique. Wenn der Wind es zulässt, segeln die Walfänger dorthin, um nach Buckelwalen Ausschau zu halten.

»Hallo. Athneal hat mich geschickt«, sage ich etwas verlegen.

Die Männer schauen sich an. Der Walfang ist in letzter Zeit ins Kreuzfeuer der Kritik geraten, es hat sogar ein Touristenboykott gedroht. Die vier wissen, wie heikel das Thema ist. Einer der Älteren winkt mich mit dem Fernglas heran. »Sie können über alles mit uns reden«, sagt er. »Aber tun können wir nur was, wenn Dan mitmacht, unser Captain.«

Laut Ollivierre ist Dan Hazell – ein entfernter Verwandter von Arnold Hazell – der Älteste seiner Mannschaft. Er ist der Kapitän, der das Boot nach Ollivierres Anweisungen steuert. Einer der Jüngeren, Eustace Kydd, sagt, dass er Dan und ein paar andere zusammentrommelt und wir uns dann in der Bar in Paget Farm treffen. Paget Farm ist die Siedlung, wo die Walfänger wohnen, gleich beim Flugplatz. Baufällige Häuser; kleine, auf die Felsen gezogene Boote; im Schatten sitzende Männer, die Rum trinken. Die meisten Männer auf der Insel leben vom Netzfischen. Ich nicke und marschiere den Hügel wieder hinunter. Ollivierre sitzt immer noch vor dem Haus, schaut ab und zu durch sein Fernglas aufs Meer, unterhält sich mit einem jungen Burschen aus der Nachbarschaft. Sie werfen mir einen Blick zu und reden dann weiter. Der Wind hat abgeflaut und aus dem Karibischen Meer taucht mit unglaublicher Geschwindigkeit die Sonne auf.

Unglücklicherweise für Olliviere haben ihn seine antiquierten Fangmethoden nicht davor bewahrt, in die kontroverse

Debatte verwickelt zu werden. Als Erstes wurde bekannt, dass er Mutter-Kalb-Paare harpunierte, eine von der IWC verbotene Praxis. Zudem ließ Japan nach Inkrafttreten des internationalen Walfang-Moratoriums 1986 St. Vincent und mehreren Nachbarinseln einige 10 Mio Dollar Wirtschaftshilfe zukommen. Das Geld diente angeblich der Förderung örtlicher Fischereibetriebe. Amerikanische Umweltschutzgruppen behaupteten jedoch, Japan kaufe damit nur Stimmen in der IWC. Ein Verdacht, für den es gute Gründe gab: St. Vincent, die Dominikanische Republik und Grenada, die alle aus Japan beträchtliche Summen erhielten, stimmten ein ums andere Mal für die Interessen der japanischen Walfang-Industrie.

Die Situation spitzte sich zu, als die IWC 1994 den Antrag einbrachte, rund um die Antarktis ein riesiges Walschutzgebiet zu schaffen. Die Zone sollte als Rückzugsgebiet dienen, da das internationale Moratorium angesichts wachsender Walbestände Schritt um Schritt aufgehoben wurde. Die in Massachussets beheimatete International Wildlife Coalition unter Führung von Dan Morast drohte damit, einen Touristenboykott gegen jedes Land zu organisieren, das sich gegen den Antrag aussprach. Am Ende stimmte lediglich Japan dagegen. St. Vincent, die Dominikanische Republik und Grenada enthielten sich der Stimme und der Antrag für das Antarktis-Walschutzgebiet wurde verabschiedet.

Doch der Streit um Bequia birgt mehr Stoff für Emotionen als nur eine Abstimmung. Ollivierre ist zur Zielscheibe für Dutzende von Umweltlobbyisten geworden, die jede seiner Taten mit Symbolwert befrachten. Als Erstes war da Olliviers Wankelmut: 1990 gab er seinen Rückzug aus dem Walfang bekannt und ein Jahr später stieg er wieder ein, setzte sich wieder auf seinen Hügel und hielt nach Walen Ausschau. Die Umweltschützer, die den Walfang auf Bequia schon abgehakt hatten, tobten. Ihr Zorn steigerte sich noch, als Ollivierre versuchte, das Eiland Petit Nevis mit der seit drei Generationen in Familienbesitz befindlichen winzigen Walstation zu verkaufen: Das 5-Millionen-Dollar-Angebot eines japanischen Geschäftsmannes brachte die Umweltschützer zum Kochen. Natürlich ist Ollivierres persönlicher Einfluss auf den Walbestand kaum der Rede wert. Morasts Kritik scheint weiter zu greifen: dass nämlich der Landverkauf nur eine andere Form der Bestechung sei, um die Vertreter St. Vincents zu einem Abstimmungsverhalten zu ermutigen, das den Interessen des Walfangs dient.

Anders als Morast glaubt, würde sich Ollivierre liebend gern zurückziehen. Seine Gelenke schmerzen und er sieht nur noch verschwommen: Er ist ein alter Mann. Wale zu harpunieren ist gefährlich, und einen Lehrling zu bekommen fast aussichtslos. Vor einigen Jahren ging sein Neffe Anson Ollivierre bei ihm in die Lehre. Doch bevor noch das erste Walblut an seinen Händen klebte, machte der sich schon selbstständig. Jetzt baut er gerade seinen eigenen Walfänger und Ollivierre fürchtet, dass Anson und seine Mannschaft dabei draufgehen werden. Also hat Ollivierre im letzten Jahr einen weiteren Versuch mit Arnold Hazell gestartet. Hazells Urgroßvater gehörte zur Mannschaft von Ollivierres Urgroßvater und nun, 100 Jahre später, beginnt diese Verbindung von neuem. Mangels Walen für praktische Übungen hängt Hazell nur in Ollivierres Haus rum, hört sich die alten Geschichten an und saugt das Wissen in sich auf.

Wenn Hazell seinen ersten Wal getötet hat, hört Ollivierre auf. Und die Anti-Walfang-Gemeinde hat ein neues Gesicht, dem sie die Maske des Schurken überstülpen kann.

Kurz nach meinen Treffen mit Ollivierre und seiner Mannschaft sitze ich im Wagen und fahre nach Paget Farm, um mich um meinen Platz auf dem Walfänger zu kümmern. Unterwegs komme ich an einem neuen Fischmarkt vorbei, der zu einem 6-Mio-Dollar-Hilfspaket der japanischen Regierung gehört. Wenn man den Japanern glaubt, ein Zeichen der Verbundenheit mit den Fischern von Bequia, an das keinerlei Bedingungen geknüpft sind. Hinter dem Markt biege ich in eine schmale Zementstraße ein, die sich an einem elend steilen Hügel in die Höhe schraubt. Das eine Ende der Straße markiert der Himmel, das andere die See. Auf halber Höhe liegt die Bar, die wir als Treffpunkt ausgemacht hatten. Ich halte an, blockiere die Räder und betrete das eingeschossige Zementgebäude. So sauber und einfach, wie es von außen ausgesehen hat, ist es auch innen: ein grober Holztresen, ein halbes Dutzend Stühle, keine Tische, ein großer Ventilator. Das Türkisblau der Wände taucht den Raum in das kühle Licht eines Korallenriffs. An einer Wand hängt ein zerfetztes Plakat mit der Aufschrift »Rettet die Wale« und hinter dem Tresen steht eine monumentale Frau, die gerade ein paar Softdrink-Dosen aufmacht. Am anderen Ende des Raums stehen nebeneinander fünf Männer in T-Shirts und ausgebeulten Hosen. Einer hält ein Messer in der Hand. Captain Dan steht schüchtern da, sagt kein Wort und schaut aus dem Fenster in die Mittagshitze. Arnold begrüßt mich mit einem Lächeln und kommt zur Sache.

»Hier auf Bequia haben wir nicht die Möglichkeiten, die ihr in den Staaten habt«, sagt er. »Wir sind mit dem Meer aufgewachsen, wir leben vom Meer. Selbst wenn wir die nächsten zehn Jahre keinen einzigen Wal erwischen, macht's doch Sinn, weiterzumachen. Einfach, um unser Erbe hochzuhalten. Die Japaner und die Norweger, die töten die Wale tausendfach. Und die könnten sich's leisten, was anderes zu machen. Die haben Öl, die haben Industrie, für die wär's leichter, aufzuhören damit.« Er macht eine Pause. »Also, Folgendes. Wir können schon mit dir rausfahren. Wir erzählen dir was und du machst deine Fotos. Aber für uns ist es immer noch ein ganzer Arbeitstag. Wir wollen schon was dafür haben.«

Glücklicherweise war ich darauf vorbereitet. Das Sagen hat die Tourismusindustrie. Sonne, Wasser, Strände – alles ist käuflich. Für die Walfänger gibt es keinen Grund, sich anders zu verhalten. Ein junger Mann mit Rastalocken tritt ruhig in die Bar und lehnt sich an den Tresen. Er hört leicht amüsiert zu; er hat das alles schon mal gehört.

»Vor ein paar Jahren waren mal Franzosen da«, sagt Eustace. »Wollten einen Film machen. Haben uns tausende Dollars geboten. Wollten das einfach so hinblättern. Aber wir haben abgelehnt. Wir haben gewusst, dass die mit dem Film ein paarmal so viel machen. Warum sollen wir die Arbeit machen und die das Geld?«

Nachdem sie ihren Standpunkt klar gemacht haben, kommen die Verhandlungen allmählich voran. Einige vorsichtige Formulierungen, hier und da eine zweideutige Bemerkung, schließlich einigen wir uns. Treffpunkt Friendship Bay, morgen früh vor Tagesanbruch. »Noch was«, sagt Captain Dan, der den Blick nicht eine Sekunde vom Horizont abgewendet hat. »Mach dich auf was gefasst – die *Why Ask* kann fliegen.«

Vor langer Zeit lebte auf den meisten der karibischen Inseln das friedliebende Volk der Arawak. Viel weiß man nicht von ihnen, da der größte Teil getötet und der Rest durch die Kariben von den Inseln vertrieben wurde. Karibe war in der Sprache der Arawak das Wort für Kannibale. Unglücklicherweise für die Kariben wurde, nur wenige Jahre nachdem sie die Vorherrschaft übernommen hatten, die blutrünstige kleine Insel von Kolumbus entdeckt. 200 Jahre später waren auch die meisten Kariben verschwunden. Das trockene, winzige und arme Bequia war einer ihrer letzten Zufluchtsorte. Als sich schließlich die Franzosen hier niederließen, fanden sie in den Hügeln Menschen, die Mischlingsnachfahren von Kariben und Afrikanern waren. Die Afrikaner, so stellte sich heraus, waren 1675 von der *Palmira*, einem auf Grund gelaufenen Sklavenschiff, an Land geschwommen.

1763 trat Frankreich Bequia an die Briten ab, was unweigerlich zur Folge hatte, dass die so genannten Schwarzen Kariben als Sklaven auf den Zucker- und Baumwollplantagen eingesetzt wurden. Nur mit kostenlosen Arbeitskräften warf der karge Boden genügend Profit ab. Deshalb brach auch die Wirtschaft der Insel zusammen, als die Briten 1838 die Sklaverei abschafften. Die Oberschicht Bequias floh und die Inselbewohner besannen sich, um überleben zu können, erst wieder auf Ackerbau und Fischfang – und schließlich auf den Walfang.

Der erste Inselbewohner, der einen Wal erlegte, war Bill Wallace, der Sohn eines weißen Großgrundbesitzers. Er war mit 15 zur See gegangen und 20 Jahre später mit einer aus New England stammenden Braut und einem Haufen Harpunen zurückgekehrt. Während seiner Kindheit auf Bequia hatte er die Buckelwale beobachtet, die in den Wintermonaten vor der Küste ihre Fontänen in die Luft bliesen. Warum sollte man nicht vom Strand aus mit einem Boot rausfahren und sie töten können? Die Mannschaften könnten auf den Hügelkuppen Position beziehen und wenn sie eine Fontäne entdeckten, die Boote zu Wasser lassen. Er engagierte die kräftigsten jungen Männer, die er finden konnte, und errichtete 1875 in der Friendship Bay die erste Walstation.

Wallace war beileibe kein Wohltäter. Er war ein zäher alter Seebär, der vor allem auf seinen eigenen Vorteil aus war. Kurz bevor er die Insel verlassen hatte, war sein Vater gestorben und er war in einem Gewerbe aufgewachsen, das selbst für damalige Verhältnisse als brutal galt. Die Mannschaften von Walfängern verbrachten ohne Unterbrechung drei oder vier Jahre auf See, unter Verhältnissen, bei denen sich Kriegsgefangenen die Haare gesträubt hätten. Die Machtbefugnis der Kapitäne über die Männer war uneingeschränkt und es kam vor, dass unbotmäßige Matrosen zu Tode gepeitscht wurden. Die Mannschaften waren auch nicht besser. Oft bestanden sie überwiegend aus Kriminellen und Säufern sowie rotbäckigen jungen Burschen, die direkt von der Farm an Bord kamen. Man kann sich leicht vorstellen, wessen Gewohnheiten in vier Jahren auf See auf wen abfärbten.

Was ein derartiges Unternehmen zusammenhielt, waren lediglich die unbeschreiblichen Gefahren, die die Männer zu bestehen hatten, und der finanzielle Lohn, wenn sie lebend davonkamen. Der größte Wal der Erde – der Blauwal – kann 190 Tonnen wiegen und bis zu 30 Meter lang werden. Das Herz ist so groß wie ein Ölfass und der Penis fast drei Meter lang. 1839 attackierte ein wütender Pottwal – die Spezies, die Herman Melville in *Moby Dick* verewigt hat – einen Dreimaster und versenkte ihn. Das Harpunieren eines solchen Tiers könnte man mit dem Versuch vergleichen, von einer Autobahnbrücke aus einen darunter fahrenden Sattelschlepper harpunieren zu wollen. Die Leine kann Feuer fangen, so schnell schießt sie durch die Holzklampen. Bei dieser Geschwindigkeit kann eine verheddere Leine einem Mann den Arm aus dem Schultergelenk reißen oder ihn gleich ganz vom Boot katapultieren. Eine schlaffe Leine ist noch schlimmer: Das bedeutet, dass der Wal getaucht ist und jetzt direkt unter dem Boot wieder aufsteigt. Das von Walen hervorgerufene Entsetzen hatte auf Menschen ganz unterschiedliche Wirkungen. Manche faszinierte das Risiko und das Geld und sie gingen auf Walfang, bis sie zu alt dafür waren oder getötet wurden. Andere sprangen aus dem Longboat, wenn sie den Feind zum ersten Mal zu Gesicht bekamen.

Es ist vier Uhr morgens und die Luft weich wie Seide. Ich rase mit einem gemieteten Jeep über dunkle Landstraßen und gehe nur vom Gas, um unbeschadet über die mörderischen Rüttelschwellen zu kommen. Der Norden Bequias ist fast völlig unbesiedelt. Die tiefen, mit dichtem Gestrüpp überwucherten Täler enden an Felsenriffen aus schwarzem Vulkangestein – Shark Bay, Park Bay, Brute Point, Bullet. Zwischen den Landzungen erstrecken sich weiße Sandstrände, an die sich Kuhweiden und Kokosnusswäldchen anschließen. Die Straße führt an einer schwelenden Müllkippe vorbei, windet sich zum Kamm der zentralen Hügelkette hinauf und schlän-

gelt sich dann hinunter nach Port Elizabeth. Außer ein paar
Dockarbeitern, die bei Flutlicht einen kleinen verrosteten In-
selfrachter beladen, regt sich um diese Stunde noch kein Leben. Die Straße frisst sich einen Hügel hinauf, erklimmt die
Kuppe oberhalb von Lowerbay – Lowby, wie die Einheimischen sagen – und fällt dann wieder ab, um unten in die Friendship Bay zu münden.

Ein trockener Wind bläst durch die Dunkelheit und die Brandung vor Semples Cay und St. Hilaire Point ist fast einen Kilometer weit zu hören. In der Nähe von Ollivierres Haus stelle
ich den Wagen am Straßenrand ab und gehe vorsichtig die
steile Zementtreppe zum Wasser hinunter. Die gegen die vor-
gelagerten Riffe brandende See leuchtet weiß; alles andere ist
in jenes Blauschwarz getaucht, das für die Tropen kurz vor
Anbruch des Tages typisch ist. Die Männer kommen nach zehn
Minuten – wie ausgemacht. Im Gänsemarsch gehen sie über
den Strand auf mich zu. Wortlos verstauen sie die Ausrüstung
und stemmen sich mit den Schultern gegen beide Seiten der
Why Ask; schwerfällig rumpelt das Boot über vier Zimtbaum-
stämme ins Wasser. Der Wind ist so weit abgeflaut, dass man
problemlos zu dem bevorzugten Ausguck auf Mustique segeln kann. Ansonsten hätten wir uns mit der Hügelkuppe
oberhalb von Ollivierres Haus behelfen müssen.

Minuten später sind wir unterwegs: mit Captain Dan am
Ruder, Olliviere im Bug und Biddy Adams, Eustace Kydd, Arnold Hazell und Kingsley Stowe mittschiffs. Sie kämpfen sich
mit den fünf Meter langen Riemen durch die Brandung. Als
wir das Riff hinter uns haben, setzen sie den Mast, spannen
die Wanten und befestigen Spriet und Baum. Olliviere brüllt
vom Bug her seine Kommandos und die Männer mühen sich
ab, in der lästigen Enge des Boots ihre Arbeit zu tun.

Einmal unter Segel, gleitet die *Why Ask* mit atemberauben-
der Anmut dahin. Sie gleicht so sehr einem Meereslebewesen
wie die Tiere, zu deren Tötung sie entworfen wurde. Als sie
am Strand gebaut wurde, diente der Horizont als Wasser-

waage und Ollivierres Gedächtnis als Bauplan. Um Walboote aus dem 19. Jahrhundert zu beschreiben, haben Bootsbauer immer wieder Worte wie »federleicht« oder »elegant und beschwingt« verwendet. Worte, die auch die *Why Ask* treffend beschreiben.

Das Boot erreicht schnell Mustique, wo die Mannschaft die Hälfte des Tages damit verbringt, von einer Hügelkuppe aus die Meerenge zu beobachten. Oberhalb von Ollivierres Haus auf Bequia ist ein älterer Walfänger namens Harold Corea mit einem Walkie-Talkie postiert, sodass sich die kontrollierte Meeresfläche verdoppelt. Zusätzlich erhalten sie Hinweise von Fischern, Piloten oder Leuten, die zufällig im richtigen Augenblick aus dem Fenster schauen. Wenn die Jagd erfolgreich verläuft, erhalten diese Leute als Entlohnung einen Anteil von der Beute.

In den frühen Tagen des Walfangs zwischen 1880 und 1920 gab es in den Grenadinen neun Walstationen, davon sechs auf Bequia, von denen man insgesamt hunderte Quadratmeilen Ozean überblicken konnte. In einem guten Jahr brachten sie es pro Jahr auf bis zu fünfzehn Wale, die einen unermesslichen Segen für die heimische Wirtschaft darstellten. 1920 waren auf Bequia 20 Prozent der männlichen Erwachsenen in der Walfangindustrie beschäftigt.

Fünf Jahre später änderte sich alles: Vor der Küste von Grenada wurde erstmals ein norwegisches Fabrikschiff eingesetzt, das in den folgenden 18 Monaten den Buckelwalbestand vernichtete. Zwischen 1925 und 1948 erlegten die Inselbewohner fast keine Wale und in den acht Jahren darauf keinen einzigen mehr. Eine Walstation nach der andern musste schließen und im Jahr 1950 war dann nur noch die Ollivierre-Familie übrig.

Heute hat sich der Walbestand wieder etwas erholt – die IWC klassifiziert die Spezies Buckelwal unter »gefährdet«, nicht mehr unter »vom Aussterben bedroht« –, doch werden sie vor der Küste Bequias nach wie vor selten gesichtet. Ein einziges Mal lief im letzten Jahr ein Walfänger aus und in dieser Fangsaison warten sie immer noch auf die erste Fontäne.

Am Nachmittag kehrt das Boot unverrichteter Dinge aus Mustique zurück. Die Männer zucken nur mit den Achseln: Das Warten gehört zum Walfang wie das Schleudern der Harpune.

Wenn Ollivierre das Glück widerfährt, von Mustique aus einen Wal zu entdecken, merkt er sich die Stelle, segelt hinaus und wartet. Bei Windstille legen sich die Männer mit voller Kraft in die Riemen, die mit Stoff umwickelt sind, damit sich das Boot der Stelle so leise wie möglich nähern kann. Im Allgemeinen tauchen Buckelwale zehn bis fünfzehn Minuten, bevor sie zum Luftholen wieder an die Oberfläche kommen. Bei jedem Auftauchen manövriert Ollivierre näher an den Wal heran. Die in einer Holzscheide steckende Harpune ruht in einer Gabel auf dem Vordeck. Wenn Ollivierre die Harpune aus der Scheide zieht, schmiegt sie sich perfekt in die Beuge zwischen Oberschenkel und Hüftknochen.

Eine Harpune ist eine schwere und grausam simple Waffe. Am hinteren Ende des dicken Schafts aus Zimtbaumholz befindet sich das Wurfeisen. Die Spitze ist aus Messing gearbeitet und so scharf geschliffen wie ein Filetiermesser. Sie steckt auf einem Zapfen, der mit einem dünnen Scherbolzen aus Holz gesichert ist. Wenn die Harpune in den Körper des Wals dringt, bricht der Scherbolzen ab, die Messingspitze klappt im 90°-Winkel aus und bohrt sich tief ins Fleisch. Die Konstruktion ist seit 150 Jahren unverändert. Die Harpune hängt an einem 16 Meter langen Nylonseil, das wiederum mit dem 72 Meter langen Hauptseil aus Hanf verbunden ist. Das Seil läuft über eine Kerbe im Bug durch die gesamte Länge des Boots, wird am Heck zweimal um einen Poller gewickelt und dann feinsäuberlich in einer Holztonne aufgerollt. Der Poller ist ein schwerer Holzblock, der für ausreichend Reibungswiderstand sorgt, damit der Wal nicht die ganze Leine aus der

Holztonne auslaufen lassen kann. Wenn ein Wal die Leine auslaufen lässt, schöpft Eustace Meerwasser in die Tonne, da andernfalls die Reibungshitze den Poller in Brand setzen würde. In der Zwischenzeit nimmt Ollivierre seinen Platz im Bug ein und gibt Captain Dan mit tiefer, strenger Stimme seine Kommandos. Vor allem gilt es, dem Schwanz nicht zu nahe zu kommen: In ihm steckt so viel Kraft, dass er den Buckelwal in voller Länge aus dem Wasser katapultieren und das Boot binnen einer Sekunde zerschmettern kann. Ollivierre stemmt sich mit einem Bein gegen die Gabel, die Männer lehnen mit geweiteten Augen am Schandeck und schmecken den scharfen Geruch der ihnen ins Gesicht schlagenden Ausdünstungen des Wals. Ollivierre hat die Harpune aus der Scheide gezogen und hält sie mit durchgebogenem Oberkörper hoch in die Luft. Die rechte Hand umschließt das dicke Endstück, die linke stützt den Schaft. Eine Harpune wirft man nicht in hohem Bogen, man jagt sie durch die Luft, stößt sie mit Unterstützung des Körpergewichts so kraftvoll wie möglich schräg nach unten, und zwar kurz bevor der Holzboden des Boots über den Rücken des Wals schrappt.

»Macht keinen Muckser, der Wal, wenn er getroffen ist. Klatscht nur mit dem Schwanz aufs Wasser und ist weg«, sagt Ollivierre. »Dan lässt alles andere fallen und schnappt sich mit beiden Händen das Seil. Der Wal hat's jetzt mit ihm zu tun.«

Ein harpunierter Wal peitscht ein paar Mal kräftig mit dem Schwanz aufs Wasser und versucht dann zu fliehen. In diesen Sekunden herrscht vollkommenes Chaos: Die Leine schießt kreischend durch die Klampe am Bug; die Mannschaft versucht den Mast niederzuholen; der Mann am Ruder wickelt die Leine um den qualmenden Poller. Manche Männer erstarren, andere erreichen einen Zustand äußerster Klarheit. »Wenn die Harpune im Wal steckt, sind Angst und Feigheit wie weggeblasen«, sagt Harold Corea, der mit 63 Jahren einer der Älteren ist. »Sind einfach nicht mehr da. Man wird plötzlich unheimlich mutig.«

Mut hin oder her, manchmal geht die Sache extrem übel aus. Um 1970 – Ollivierre kann sich an das genaue Jahr nicht mehr erinnern – klatschte die Schwanzflosse eines Wals mit voller Wucht auf das Boot, riss ein Loch in die Seite und schlug Ollivierre bewusstlos. Als er wieder zu sich kam, sah er, dass sich sein Bein zwischen Seil und Poller verfangen hatte. Das Seil schnitt bis auf den Knochen durch das Fleisch, zerstörte die Arterien und riss ihm außerdem fast die Hand ab. Weil er den Wal nicht entkommen lassen wollte, kappte er nicht das Seil. Das besorgte schließlich der Wal selber mit seiner von Entenmuscheln verkrusteten Schwanzflosse. Das Boot kehrte zurück, und Ollivierre humpelte ohne fremde Hilfe, aber mit offen liegendem Schienbeinknochen und zementschweren Füßen über den Strand. Bei seinem Anblick fielen zwei Männer in Ohnmacht.

Es gibt keine Waljagd ohne Zwischenfälle. Per Definition endet sie als Katastrophe oder Fast-Katastrophe. Sobald die Harpune fest im Leib des Wals sitzt, legt die Mannschaft den Mast um und Dan macht die Leine am Poller fest, damit der Wal gezwungen ist, das Boot zu ziehen. Das Wasser schießt über das Vordeck, die Männer drängen sich im Heck und das mit 20 Knoten dahinjagende Boot zieht eine schäumende, sich ausbreitende Kielwasserschleppe hinter sich her. Ist das Boot zu schnell, taucht es unter; ist es zu langsam, rollt der Wal die ganze Leine aus. (Eine Geschichte erzählt von einem Blauwal, der – gegen den Widerstand eines mit Vollgas im Rückwärtsgang laufenden Motors mit Zwillingsschraube – ein 30 Meter langes Schnellboot 50 Meilen weit gezogen hat, bevor ihm die Kräfte ausgingen.) Jedes Mal wenn der Wal nachlässt, fangen die Männer an, Leine einzuholen. Der Sinn der Sache ist, dass Ollivierre nah genug an den Wal herankommt, um entweder die Handharpune oder die 22,5-Kilogramm-Harpunenkanone einsetzen zu können. Die in den 70er Jahren des 19. Jahrhunderts entwickelte Harpunenkanone feuert eine Schrotpatrone ab, auf die eine mit Dynamit gefüllte, 15 Zentimeter lange Messingröhre geschraubt ist, die von einem Zünder mit zehn Sekunden Verzögerung zur Explosion gebracht wird. Ollivierre fabriziert diese Geschosse selbst und setzt sie mit äußerster Vorsicht ein.

Die Alternative zur Harpunenkanone ist eine leichte Lanze, deren abgerundeter Kopf sich nicht im Fleisch des Wals festhakt. Vom Bug aus schleudert Ollivierre die Lanze so lange, bis er das Herz trifft. »Alles bei der Sache ist gefährlich, aber wenn man ganz nah ran geht und ihm den Rest geben will, dann wird's richtig gefährlich«, sagt er. Ollivierre ist dafür bekannt, dass er auf den Wal springt, sich auf den Rücken setzt, die Beine um die Harpune schlingt und mit dem Speer auf den Wal einsticht. Manchmal taucht der Wal, dann taucht Ollivierre mit ihm; wenn der Wal zu tief taucht, lässt sich Ollivierre von der Mannschaft wieder ins Boot ziehen. Wenn der Speer das Herz getroffen hat, schießt das dunkle Blut der Arterien aus dem Luftloch. Das riesige Tier hört auf, um sich zu schlagen, und spreizt die weißen Seitenflossen ab. Dann gehen zwei Mann über Bord, stoßen eine Harpune in den Kopf und binden mit einem Seil das Maul zu, weil sonst Wasser in die Eingeweide dringen und der Wal untergehen würde.

Trotz aller Gefahren ist bislang nur ein Bewohner Bequias in einem Walboot umgekommen: ein Harpunier namens Dixon Durham, der 1885 vom Hieb einer Schwanzflosse geköpft wurde. Der Schlag hatte ihn so exakt getroffen, dass keiner der andern Männer auch nur berührt wurde. Als sich 1992 die Leine an der Ruderbank verfing und das Boot unter Wasser gezogen wurde, kam Ollivierre nur haarscharf dran vorbei, als Zweiter in diese Statistik einzugehen. Er und seine Mannschaft befanden sich, ohne ein anderes Boot in der Nähe, meilenweit von Bequia entfernt; ohne ihr Boot, das war Ollivierre klar, würden sie alle ertrinken. Er umklammerte den Bug und wurde hinuntergezogen in die stille grüne Tiefe. Alle möglichen Ausrüstungsgegenstände kamen ihm entgegen: Riemen, Seile, Holzfässer. Er klammerte sich an den Bug und

zerrte verzweifelt an dem Messer, das in seinem Gürtel steckte. Wundersamerweise riss das Seil und der ganze Krempel
– Boot, Harpunen, Harpunier – schwebte zurück in die Welt.

Zwischen den auf den Wellen schaukelnden Wrackteilen
fand Ollivierre sein VHF-Funkgerät und rief Hilfe. Mehrere Tage später hörten ein paar Fischer in Guayana im Ufer-
schlamm vor ihrem Dorf ein verzweifeltes Klatschen. Ollivierres Wal war gestrandet. Er schlug noch ein paar Mal mit
den Flossen und starb.

Am nächsten Tag sitzen Ollivierre, Hazell und Corea wieder
auf Beobachtungsposten und suchen das Meer ab. Corea, den
im Alter von 19 Jahren eine Welle fast zum Krüppel machte,
ist einer der letzten Walfänger alter Schule. Hazell ist die Zukunft des Walfangs auf Bequia – wenn es sie denn geben sollte.
Sie sitzen den ganzen Morgen auf der Hügelkuppe, ohne dass
sich draußen auf dem Meer irgendwas rührt. Kein Mensch
weiß, wo die Wale sind. Verspätet sich die Wanderung gen Süden? Haben sie eine andere Route gewählt? Sind sie ganz einfach verschwunden?

Ein paar Stunden später reicht es Ollivierre und er macht
Schluss für heute. Wenn einer eine Fontäne sieht, soll er einfach zu seinem Haus runterkommen und Bescheid sagen. Mehr
als alles andere ist er eins: müde. 37 Jahre Walfang. Es reicht.
Endgültig. Er verabschiedet sich und geht langsam den Hügel
hinunter. Corea schaut ihm hinterher und lässt dann einmal
mehr den Blick über die Meerenge schweifen.

Hazell, der das halbe Leben noch vor sich hat, hockt im
Schatten auf einem Felsen. Er ist weder alt noch jung, ein
Mann zwischen zwei Welten, zwischen zwei Generationen. Da
unten sitzt ein alter vernarbter Mann, der all sein Wissen an
ihn weitergeben will; und auf der anderen Seite des Ozeans
sitzt eine Länderkommission, die spielt Tauziehen mit einem
acht Meter langen Segelboot. Wenn er könnte, würde Hazell
die beiden miteinander versöhnen. Aber er kann nicht. Also

bleibt ihm nur eins: sich vorzustellen, wie das sein wird, wenn er seinem ersten Wal ins Auge blickt.

Gemächlich rollende Winterdünung. Sonnenstrahlen, in denen die Gischt diamanten glitzert. Er steht im Bug, drückt den Oberschenkel gegen das Vordeck, hält die Harpune hoch über den Kopf. Vergangenheit und Zukunft fallen von ihm ab. Politik, Boykotte und Journalisten sind vergessen. Es gibt nur noch den Mann, der eine antiquierte Waffe hält, dem das Herz bis zum Hals schlägt.

Flucht aus Kaschmir

1996

Kurz vor Einbruch der Dunkelheit erschienen die Guerillas auf dem Grat und gingen den nackten Hang hinunter ins Camp der Amerikaner. Sie machten sich erst gar nicht die Mühe, ihre Gewehre in die Hand zu nehmen. Die hageren, dunkelhäutigen Männer trugen alles, was sie brauchten, am Leib: um die Schultern Pferdedecken, über der Brust Patronengurte, an den Füßen alte Tennisschuhe. Die meisten waren sehr jung, nur einer mit harten Zügen um die Augen war mindestens 30 – »ein Killertyp«, wie einer der Zeugen später sagte. Jane Schelly, eine Lehrerin aus Spokane, Washington, sah sie kommen. »Es waren zehn oder zwölf«, sagt sie. »Nach ihrer Kleidung zu urteilen, zogen sie schon lange umher. Sie haben nicht mit den Gewehren auf uns gezielt oder so. Sie haben uns nur befohlen, uns hinzusetzen. Unsere Führer haben gesagt, dass sie nach Israelis suchen.« Schelly und ihr Mann Donald Hutchings waren erfahrene Trekker Anfang vierzig, die jeden Sommer für einen Monat auf große Reise gingen: in die slowakische Tatra, zum Annapurna-Massiv, nach Bolivien. Der Neuropsychologe Hutchings war ein versierter Bergsteiger, der Expeditionen in Alaska und den Cascades im Westen Amerikas geleitet hatte. Er kannte sich aus mit Höhenkrankheit und mit Kletterseilen und fühlte sich in Fels und Schnee wie zu Hause. Das Paar hatte ursprünglich weiter östlich in Nepal klettern wollen, entschied sich dann aber für das Zanskar-Gebirge in der indischen Provinz Jammu und Kaschmir. Jahrhundertelang hatten sich britische Kolonialherren und Mitglieder des indischen Königshauses hierher zurückgezogen, um der Hitze des Sommers zu entfliehen. In den letzten 20 Jahren war das Gebiet zum Mekka für Trekker aus dem Westen geworden, die sich die höher gelegenen Regionen im Himalaya nicht zutrauten. Ein überwältigend schönes Land mit Pinienwäldern und Gletschern – und einem gärenden Bürgerkrieg, seit 1990 indische Polizeikräfte bei einem Massaker in der Hauptstadt Srinagar 30 bis 40 Demonstranten getötet hatten.

Inzwischen war der Tourismus wegen des Konflikts stark zurückgegangen. Da jedoch 1995 von offizieller Seite in Delhi wiederholt versichert wurde, dass das Hochland und Teile von Srinagar für westliche Besucher wieder sicher seien, machten sich Schelly und Hutchings im Juni ohne sonderlich große Bedenken auf den Weg. Sogar das US-Außenministerium, auf dessen Liste mit gefährlichen Reisezielen zu dieser Zeit auch Kaschmir stand, wird einräumen, dass die Wahrscheinlichkeit, bei einem Autounfall zu sterben, für einen Amerikaner größer war, als in der Kaschmirregion einem Terroranschlag zum Opfer zu fallen. Das Paar heuerte zwei einheimische Führer sowie zwei Männer mit Pferden an und wanderte ins Zanskar-Gebirge. Zehn Tage später, am 4. Juli, kampierten sie im Lidder Valley in 2400 Meter Höhe.

Die Kämpfer, deren Köpfe mit Tüchern umwickelt waren, sicherten Schellys und Hutchings' Camp, sammelten noch einen Japaner und zwei Schweizerinnen ein, die ganz in der Nähe kampierten, ließen eine Wache zurück und marschierten weiter das Lidder Valley hinauf. Zwei Kilometer entfernt befand sich eine weite Grasebene – Kaschmirs Yellowstone Park, wie Schelly sich ausdrückte –, wo garantiert reiche Beute in Form von Trekkern aus dem Westen wartete. Tatsächlich kehrten die Kämpfer zwei Stunden später mit einem 42-jährigen Amerikaner namens John Childs, seinem einheimischen Führer und zwei Engländern, Keith Mangan und Paul Wells, ins untere Camp zurück. Childs – getrennt lebend, zwei Töchter – reiste ohne Familie.

Wie Schelly später erfuhr, hieß der Anführer der Gruppe Abdul Hamid Turki. Er war ein kampferprobter Guerilla, der in Afghanistan gegen die Russen gekämpft hatte und jetzt Feldkommandeur einer von Pakistan aus operierenden Separatistengruppe namens Harkat-ul-Ansar war. Er befahl den Geiseln, sich vor dem Eingang eines Zelts auf den Boden zu setzen. Der nervöse Childs schaute nach unten und vermied jeden Augenkontakt. Er war überzeugt, dass die Guerillas ihn töten würden, und dachte angestrengt über eine Fluchtmöglichkeit nach. Kalter Regen setzte ein. Turki ließ die Pässe einsammeln. Die Kämpfer hielten die Dokumente verkehrt herum, als sie versuchten die Schrift zu entziffern. Dann verkündeten sie, dass alle Männer mitkommen müssten, um mit ihrem Oberkommandierenden zu reden. Der Fußmarsch zum Dorf Aru würde drei Stunden dauern, sagten die Kämpfer. Sie würden über Nacht eingesperrt und am nächsten Morgen freigelassen. Schelly sollte mit einem ihrer Führer zum oberen Camp gehen.

»Als ich gegangen war, sagte man den Männern, dass sie sich auf den Boden legen und die Jacken über die Köpfe ziehen sollten. Wenn sie einen Blick riskierten, würde man sie erschießen«, sagt Schelly, die die Einzelheiten später von Childs' Führer erfuhr. »Die Kidnapper haben die Zelte durchsucht und ein paar Sachen mitgenommen. Dann haben sie die Männer weggebracht. Um zehn war ich mit der Frau und der Freundin der beiden Engländer wieder zurück im unteren Camp. Wir hatten immer noch Angst und haben uns alle in ein Zelt gequetscht. Am nächsten Morgen um vier war ich wieder wach. Ich hab die ganze Zeit nach draußen geschaut, weil ich gedacht hab, dass sie jeden Moment kommen müssten. Dann war's halb sieben, dann sieben, dann neun. Und da ist mir dann flau im Magen geworden.«

Schließlich kam Childs' Führer. Er hatte eine Nachricht für die »amerikanische Frau« dabei. Auf dem Zettel stand »Nur für die amerikanische Regierung« und darunter eine Liste mit den Namen von 21 in indischen Gefängnissen einsitzenden Kämpfern, deren Freilassung sie forderten. Die ersten drei waren Harkat-ul-Ansar-Kämpfer.

Die entführten Männer marschierten fast die ganze Nacht. Man hatte sie nicht zu dem »Oberkommandierenden« gebracht, den es gar nicht gab, sondern nur tief in die Berge geführt. Das Täuschungsmanöver erinnerte John Childs daran, wie die Nazis die Menschen in die Gaskammern gelockt hatten. Er war jetzt entschlossener denn je, zu fliehen. Im Gänsemarsch durchquerten sie dunkle Pinienwälder, gingen dann bergauf, passierten die Baumgrenze und erreichten die höheren Regionen des weitläufigen Zanskar-Gebirges – wildes, unbeherrschbares Gebiet, das die indische Armee nicht mal versuchte zu kontrollieren. Childs war sich sicher, dass niemand sie je finden, geschweige denn retten könnte. Sie waren auf sich allein gestellt.

»Ich war überzeugt, dass sie uns erschießen würden. Ich war entschlossen, mich beim ersten Geräusch einer klickenden Patrone in die Büsche zu schlagen«, sagt Childs. »Einmal haben wir einen Bach überquert. Es war Schneeschmelze und die Bergbäche waren wilde reißende Ströme. Da hab ich kurz dran gedacht, reinzuspringen und mich einfach wegspülen zu lassen. Aber ich hätte keine Sekunde überlebt.«

Childs hielt Augen und Ohren offen und wartete. Als Chemotechniker für eine Munitionsfabrik war er geübt, für Probleme auch Lösungen zu finden. Aber wie entkommt man 16 Männern mit Maschinengewehren? Sicher gab es Charakterzüge, Eigenarten, Zerwürfnisse in der Gruppe, die er sich zunutze machen konnte. Er ging etwas langsamer, um zu testen, ob er die Reihe etwas auseinander ziehen konnte; er merkte sich Besonderheiten des Geländes; er versuchte, Schwachpunkte innerhalb der Gruppe aufzuspüren. »Flucht ist eine mentale Sache«, sagt er. »Man muss drauf vorbereitet sein, eine Gelegenheit zu nutzen oder eine Gelegenheit herbeizuführen, das macht schon 90 Prozent aus. Ich wusste, dass ich es schaffen würde. Ich brauchte nur Zeit.«

Spätnachts stießen sie auf drei Blockhütten, in denen eine Nomadenfamilie übernachtete. Das Oberhaupt der Familie trat aus einer der Hütten in die Dunkelheit und umarmte Turki. Dann quetschten sich die Kämpfer mit ihren Geiseln in die Hütten und schliefen erschöpft ein. Ein paar Stunden später, als es hell wurde, setzte sich Childs auf und lugte durch eine Ritze in der Wand: nichts als Felsen und kahles Hochgebirge. In bewaldetem Gebiet hätte er vielleicht eine Chance gehabt, aber 500 Meter durch offenes Gelände zu laufen wäre Selbstmord. Keine 20 Schritte und die Kugeln würden ihn niedermähen.

Das hastige Frühstück bestand aus *chapati* genanntem Fladenbrot, Reis und *lassi*, einem einheimischen Joghurtgetränk. Danach machten sie sich wieder in Reih und Glied auf den Weg. So verliefen auch die folgenden Tage: bei Morgengrauen aufstehen, den ganzen Tag marschieren, in Nomadenhütten übernachten. Was sie an Lebensmitteln brauchten, kauften die Kämpfer von den Nomaden – oder sie nahmen es sich einfach. Außer einer Decke und ihrer Waffe brauchten sie nichts zu tragen. Sie erzählten den Geiseln, dass man sie in Pakistan ausgebildet hätte, in der Nähe der Stadt Gilgit, und dass sie zu Fuß über die Grenze gekommen seien. Sie seien jetzt schon seit Monaten zusammen in den Bergen und bereit, für ihre Sache zu sterben. Als Hutchings versuchte, sie in ein Gespräch über ihre Familien zu verwickeln, tätschelte ein Kämpfer sein Gewehr und sagte: »Das ist meine Familie.«

Indien und Pakistan hatten wegen Kaschmir schon drei Kriege geführt. Turkis Gruppe stellte die jüngste Facette in dem seit 50 Jahren schwelenden Konflikt dar. Ziel der Harkat-ul-Ansar (HUA) ist es, die indische – sprich: hinduistische – Regierung in Kaschmir zu stürzen und das Land in die Islamische Republik Pakistan einzugliedern. Seit 1990 führt die Rebellenbewegung mit Automatikgewehren, Handgranaten und anderen leichten, aus Pakistan gelieferten Waffen einen Guerillakrieg gegen die indischen Machthaber. Turki nannte seine Gruppe Al-Faran, eine Referenz an einen Berg in Saudi-Arabien, der in der Nähe des Geburtsorts des islamischen Propheten Mohammed liegt. Am 4. Juli 1995, als sie aus den Bergen kamen und in Schellys und Hutchings' Camp marschierten, machten die Kämpfer der Al-Faran zum ersten Mal auf sich aufmerksam.

Tagsüber führten die Kämpfer ihre Geiseln in nördlicher Richtung durch Schneefelder und über hohe Pässe. Childs hatte den Eindruck, dass sie nicht vom Fleck kamen, dass sie sich nur im Hochland bewegten, weil sie auf den größeren Straßen in den Tälern Gefahr liefen, indischen Soldaten zu begegnen. Gegen Abend verblasste die Sorge, entdeckt zu werden, und ihre Wachsamkeit ließ etwas nach. Turki selbst blieb zwar mürrisch und unnachgiebig, doch die Jüngeren tauten auf. Sie nannten Hutchings *chacha* – »Onkel« – und nutzten jede Gelegenheit, ihr Schulenglisch auszuprobieren. Sie bedrohten oder misshandelten die Geiseln nicht, sondern taten im Gegenteil alles, damit sie bei guter Gesundheit blieben. Sie verbanden ihre wund gelaufenen Füße, gaben ihnen vom Essen nur das Beste und achteten darauf, dass sie bei Nacht nicht froren. Die Geiseln konnten nicht nur die Freilassung von 21 in indischen Gefängnissen verfaulenden Separatisten ermöglichen, sie waren auch der einzige Schutz der Al-Faran vor dem indischen Militär. Sie waren eine Handelsware von Wert und als solche wurden sie behandelt.

»Die waren wie eine Pfadfindertruppe mit AK-47-Gewehren«, sagt Childs. »Der jüngste Kämpfer war so um die 16, ein Kaschmiri-Bürschchen, das man für die heilige Sache angeworben hatte. Er war mit der Ausbildung noch nicht durch, deshalb durfte er keine Waffe tragen. Aber er verfügte über eine gewisse Bildung, war intelligent und sprach gutes Englisch. Turki war allerdings todernst, die anderen Kämpfer konnten mich mit ihrer ganzen Kumpanei nicht zum Narren halten. Wenn Turki einem von ihnen befohlen hätte, jemanden von uns zu erschießen, hätte der Angesprochene keine Sekunde gezögert. Die waren einfach zu gut gedrillt.«

Schon ab dem zweiten Tag war Childs eine interessante und gleichzeitig schreckliche Dynamik aufgefallen. Die zu Tode verängstigten Geiseln suchten untereinander Trost und Unterstützung. Sie redeten über ihre Familien, ihr Zuhause, ihre Ängste. Andererseits waren sie in eine Art rücksichtslosen Wettbewerb verwickelt. Ihnen war klar, dass die Kämpfer, sollten sie ihre Entschlossenheit beweisen müssen, eine der Geiseln erschießen würden. Aber wen würde es treffen? Einen Amerikaner? Einen Engländer? Einen, der schlecht zu Fuß war? Einen Mutigen? Einen Feigling?

Da die Geiseln die Antwort nicht kannten, hielten sie sich an das Naheliegendste: Sie versuchten, sich so unauffällig wie möglich zu verhalten. Sie beklagten sich nicht; sie jammerten nicht; sie taten nichts, womit sie irgendwie auffallen konnten. Sie passten sich an, so gut es irgend ging, und hofften, dass im Fall des Falles der Mann mit dem Gewehr sie nicht beachten würde.

Childs erkannte schnell, dass er bei diesem Wettbewerb auf verlorenem Posten stand.

»Ich war wirklich in beschissener Verfassung. Meine Schuhe waren noch nicht eingelaufen, ich hatte schon Blasen an den Fersen, bevor sie uns geschnappt haben«, sagt er. »Nach ein paar Tagen war die Haut buchstäblich bis auf den Knochen runter. Am vierten Tag bin ich schon nicht mehr richtig mitgekommen.« Weil sie US-Bürger waren, glaubte Childs, dass er und Hutchings die wertvollsten Geiseln seien. »Aber wenn sie einen von uns abknallten, dann hatten sie immer noch einen Amerikaner übrig.«

Zwar diskutierten die Geiseln gelegentlich die Chancen einer gemeinsamen Flucht, doch kamen sie zu dem Schluss, dass sie damit ein höllisches Risiko eingehen würden. Besonders Keith Mangan war davon überzeugt, dass die Entführung wahrscheinlich friedlich ausgehen würde. »Ist doch meistens so, dass bei solchen Sachen nichts Schlimmes passiert«, sagte er einmal. Childs war sich da nicht so sicher. Er glaubte nicht nur, dass Turki keine Sekunde zögern würde, sie zu töten, er hatte auch das Gefühl, dass man ihn als erstes Opfer ausgesucht hatte. Sein Elend wurde noch dadurch verschärft, dass er fürchterlich unter Durchfall litt. Schon gegen Abend des ersten Tages musste er einmal pro Stunde abseits vom Weg die Hose runterlassen. Jedes Mal folgte ihm einer der Kämpfer und gab ihm eine Kohletablette. Bald entfernte sich Childs gar nicht mehr von der Gruppe, sondern erleichterte sich vor aller Augen mitten auf dem Weg. Es dauerte nicht lange und sie scheuchten ihn angeekelt weg, wenn er sich hinhocken wollte. »Könnte noch mal ganz nützlich sein«, dachte er sich. »Keine Ahnung wie, aber irgendwas wird sich schon ergeben.«

Jane Schelly brauchte sechs Stunden, bis sie Pahalgam, einen der Ausgangspunkte für Trekkingtouren ins Hochland von Kaschmir, erreichte. Am Ende hatte sie die gesamte Trekkergemeinde des Tals – 60, 70 Leute – im Schlepptau. Als sie schließlich vor dem Polizeirevier in Pahalgam ankamen, brach totales Chaos aus. Nachdem Schelly einem Polizisten erzählt hatte, dass man ihren Mann entführt habe, wurde sie zum Verhör in ein Hinterzimmer geführt. »Auf dem Zettel stand ›Nur für die amerikanische Regierung‹«, sagt sie. »Ich musste mich also entscheiden, ob ich Ihnen die Nachricht geben sollte oder nicht. Ich hab meinen Führer angeschaut und er hat genickt. Ich hab mir also gedacht: Wenn die mir helfen sollen, muss ich die Sache ins Rollen bringen. Also hab ich ihnen den Zettel gegeben, die haben die Namen aufgeschrieben und ich bin zu dem UN-Posten gegangen. Das war um acht Uhr abends. Die haben dann die amerikanische Botschaft angerufen und so kamen die Dinge in Bewegung.«
Seit 1949 sind die Vereinten Nationen in Kaschmir präsent – seit Großbritannien formal seine Herrschaft über die

indischen Kolonien beendet hatte und daraufhin der Subkontinent im ethnischen Chaos versunken war. Als letzte administrative Handlung zog die britische Regierung eine Grenze durch Kaschmir, die die moslemische Mehrheit der pakistanischen und die Hindu-Mehrheit der indischen Seite zuschlug, was zur Folge hatte, dass sechs Millionen Menschen in die eine oder andere Richtung flohen. Hindu-Mobs griffen Züge mit Moslems an, die auf die pakistanische Seite wollten, und Moslems überfielen Hindu-Züge, die in die andere Richtung unterwegs waren. Von den Türen der zwischen Amritsar und Lahore verkehrenden Züge tropfte das Blut auf die Gleise.

Während eine halbe Million Menschen abgeschlachtet wurden, schwankte die halbautonome Provinz Kaschmir, ob sie sich Indien oder Pakistan anschließen sollte. In Kaschmir lebten hauptsächlich Moslems, regiert wurde es jedoch von einem Hindu-Maharadscha. Das veranlasste eine Armee aus pakistanischen Banditen, die Grenze zu überschreiten und einen Blitzangriff auf Kaschmirs Hauptstadt Srinagar zu starten. Das Tempo des Vormarschs wurde jedoch durch ausgiebige Plünderungen verlangsamt, sodass die indische Armee rechtzeitig einrücken und die Stadt verteidigen konnte. Zwischen Indien und Pakistan brach Krieg aus und die noch in den Kinderschuhen steckende UN-Organisation sah sich gezwungen, Kaschmir zu teilen und entlang der Grenze eine entmilitarisierte Zone einzurichten. In den folgenden 40 Jahren flackerten immer wieder Kämpfe auf und 1990 brachten massive, von Pakistan unterstützte Guerilla-Aktivitäten die zwei Länder wieder an den Rand eines Krieges. Diesmal allerdings ging es um mehr: Indien hatte 100 000 Soldaten in Kaschmir stationiert und beide Länder verfügten angeblich über einsatzfähige Atomwaffen. Diplomaten entschärften die Krise, doch amerikanische Abgesandte in Delhi hielten Kaschmir weiterhin für den Krisenherd der Welt, wo die Gefahr eines Atomkriegs am größten sei.

Zwischen 1992 und dem Zeitpunkt, als Jane Schelly und Donald Hutchings in Srinagar ankamen, waren 30 000 Einwohner der Stadt getötet worden und Kaschmir hatte sich de facto in einen Polizeistaat verwandelt. Es hieß zum Beispiel, dass die Sicherheitskräfte ganze Familien auslöschten, wenn nur ein einziges Familienmitglied Kontakt zu den Kämpfern hatte. Die brutale Vorgehensweise der indischen Armee hatte der Region zwar ein gewisses Maß an Stabilität gebracht, doch in den Bergen wütete der Krieg weiter. 1994 waren zwei Engländer entführt worden, um sie gegen etwa 20 in Indien einsitzende HUA-Guerillas auszutauschen. Die indische Regierung lehnte Verhandlungen ab und nach 17 Tagen gaben die Kämpfer auf und ließen ihre Geiseln frei. Sie schenkten ihren Gefangenen als Andenken an das Abenteuer sogar ein paar Wanduhren aus einheimischer Produktion.

Die erste Nacht außerhalb der Berge verbrachte Schelly in dem UN-Posten. Am nächsten Tag zog sie in einen sicheren Gebäudekomplex der indischen Regierung um. Mit der Nachmittagsmaschine aus Delhi trafen hochrangige britische, deutsche und amerikanische Botschaftsangehörige ein und am 7. Juli lief die diplomatische Maschinerie auf vollen Touren. Aus London, Bonn und Washington wurden – von der Presse unerwähnt – Terrorismusexperten eingeflogen. Den indischen Behörden wurden Spezialisten für Verhandlungsführung und Geiselbefreiung zur Verfügung gestellt. Wie verlautete, wurden Überwachungssatelliten eingesetzt, die die Kämpfer am Boden aufspüren sollten. Die Delta Force, eine Abteilung der US Special Forces, befand sich vor Ort und bereitete sich auf einen möglichen Einsatz vor. Indische Sicherheitskräfte bearbeiteten ihre Informanten in den Separatistengruppen. Agenten, die die Urdu-Sprache beherrschten, begannen mit einer Verhandlungstaktik, die sich an brutal simple Vorgaben hielt: kein Lösegeld, kein Gefangenenaustausch. Man befürchtete, dass jedes Zugeständnis an die Guerillas weiteren Entführungen Vorschub leisten könnte.

Dennoch hegte man die Hoffnung, die Al-Faran vorsichtig in Richtung eines Kompromisses bewegen zu können. Kommuniziert wurde mittels Nachrichten, die über ein undurchdringliches Netzwerk aus einheimischen Journalisten, Kämpfern und in den Bergen lebenden Nomaden übermittelt wurden. Behindert von einer indischen Regierung, der die Situation mit Pakistan als Sündenbock nicht gänzlich ungelegen kam, und einer US-Politik, die Zugeständnisse an Terroristen ausschloss, verfügten die Verhandlungsführer nach eigener Aussage kaum über Spielraum. Sie konnten nicht mehr tun, als Botschaften an die Al-Faran zu übermitteln, in denen sie auf den unermesslichen Schaden hinwiesen, den die Entführungen der Sache Kaschmirs zufügte. Wenn sie ihre Glaubwürdigkeit wiederherstellen wollten, so die Verhandlungsführer, müsste die Al-Faran die Geiseln freilassen. Die amerikanische Regierung stützte diese Taktik, indem sie die Verhandlungsführung den Indern überließ – schließlich war es deren Land – und anfingen, ihre Beziehungen in der islamischen Welt spielen zu lassen. Sie brachten einen saudischen Geistlichen dazu, die Entführungen als unislamisch zu verdammen, und sie versuchten vorsichtig, einige ihrer Kontaktpersonen in Pakistan zu bearbeiten.

»Fest steht, dass die Al-Faran ein Ableger der HUA ist. So weit uns bekannt ist, ist die HUA aber nicht gerade hierarchisch geordnet«, sagt eine Quelle aus amerikanischen Regierungskreisen, die die Ereignisse genau verfolgte. »Es ist absolut möglich, dass die Al-Faran gar nicht daran dachte, mit dem HUA-Hauptquartier in Kontakt zu treten. Wenn wir es mit einer nur andeutungsweise straff hierarchischen Organisation zu tun gehabt hätten, dann wären die Verhandlungen viel einfacher gewesen. Die Entscheidungsprozesse bei den Leuten waren schwach und primitiv. Die hatten sicher keinen Plan B in der Tasche.«

Am Abend des dritten Tages konnte Childs kaum noch gehen. Die Kämpfer schienen sie immer tiefer in die Berge zu führen. In Wirklichkeit drehten sie sich nur im Kreis und gingen dem indischen Militär aus dem Weg. Um nicht völlig zu verzweifeln, plante Childs in jeder wachen Minute seine Flucht. Er wusste, dass der einzige Vorteil der Kämpfer ihre unglaubliche Beweglichkeit war. Verlören sie diesen Vorteil, wäre es nur eine Frage der Zeit, bis die Armeepatrouillen sie aufspürten. Was bedeutete, dass sich die Kämpfer, wenn eine ihrer Geiseln flüchtete, nicht lange mit der Verfolgung aufhalten konnten. Sie müssten schnell weiterziehen.

»Mein erstes Ziel war, 50 Meter von ihnen wegzukommen«, sagt Childs. »Dann 500 Meter, dann fünf Kilometer. Mit jedem Meter, den ich mich absetzen könnte, würde sich die Fläche, die sie absuchen müssten, im Quadrat zur Entfernung vergrößern. Dieser Turki würde seine Leute nicht in alle Himmelsrichtungen in die Botanik schicken, um mich zu finden. Er konnte es sich einfach nicht leisten, länger als sechs Stunden nach mir zu suchen. Wenn ich sechs Stunden schaffte, dann konnten mir nur noch die Nomaden gefährlich werden.«

Das würde bedeuten: tagsüber verstecken und nachts gehen. Das wiederum sprach eindeutig für eine Flucht nach Einbruch der Dunkelheit. Sein Glück war, dass er einen hieb- und stichfesten Grund hatte, während der Nacht immer wieder aufzustehen: Immer noch wütete in seinen Eingeweiden der Durchfall. Die Kämpfer stellten bei Einbruch der Dunkelheit zwar eine Wache auf, aber die Geiseln wurden nicht gefesselt, wenn sie sich zum Schlafen hinlegten. Wenn Childs aufstand, um sich zu erleichtern, war das inzwischen ein ganz normaler Vorgang.

Im Gegensatz zu Childs schien es den anderen Geiseln leidlich gut zu gehen. Die zwei Engländer – Wells, 24, und Mangan, 34 – waren zwar deprimiert, aber körperlich in guter Verfassung. Und Hutchings war ohnehin in seinem Element.

Als Mangan einmal unter Höhenkrankheit litt, brachte ihn Hutchings mit speziellen Atem-und Bewegungsübungen wieder auf Vordermann; als sie mal in einem Schneetreiben die Orientierung verloren, führte er sie wieder zurück auf den Weg. Einmal flüsterte Wells, dass er sich liebend gern eine Handgranate schnappen und die Kämpfer allesamt in die Luft jagen würde. Hutchings hingegen war stets hilfsbereit und freundlich. »Fällt schwerer, einen umzubringen, der immer lächelt«, sagte er. Hutchings hatte Jahre psychologischer Ausbildung hinter sich; wenn einer manipulieren konnte, dann er.

Erst am vierten Tag, als sie zum x-ten Mal ein Tal durchquerten, machten die Kämpfer den ersten Fehler: Sie kamen an einen Ort, den einer der Entführten kannte. Das war zwar nicht viel, aber alles, woran sich Childs klammern konnte.

»Das war das Tal mit der Amarnath-Höhle, ein Pilgerort für die Gläubigen«, sagt Childs. »Don hat gewusst, wo wir waren; er war schon mal da gewesen. Er sagte: ›Okay, da unten im Tal liegt Pahalgam und da oben ist die Höhle.‹«

Childs dachte den ganzen Tag darüber nach. Lange würde er der Gruppe nicht mehr folgen können und Turki würde nicht zögern, ihn erschießen zu lassen. Das würde nicht nur die Gruppe entlasten, es wäre auch eine Botschaft an die Behörden, die den Kämpfern offensichtlich noch keine Zugeständnisse gemacht hatten. Wenn er fliehen wollte, dann möglichst bald.

»Bleiben wir über Nacht hier?«, fragte Childs Turki, als sie nachmittags eine Pause machten. Er kannte die Antwort, doch er wollte Turkis Begründung hören. »Nein, zu gefährlich«, sagte Turki und deutete nach unten ins Tal – indisches Militär. *Sie würden es nicht wagen, lange nach jemandem zu suchen*, hieß das für Childs.

Sie übernachteten an einem östlichen Seitenarm des Lidder River in ein paar Steinhütten, die normalerweise den pilgernden Gläubigen auf ihrem Weg zur Amarnath-Höhle als Schlafplatz dienten. Childs lag eingerollt in eine Pferdedecke auf dem Lehmboden einer Hütte und überdachte seinen möglichen Fluchtweg. Sie befanden sich an einer Stelle, wo sich zwei riesige Täler zu einem vereinigten, das nach Pahalgam führte. Childs' Plan sah vor, *bergauf* zu verschwinden und nicht, wie die Kämpfer vermuten würden, in die entgegengesetzte Richtung. Er würde sich bis zum Morgengrauen und den ganzen folgenden Tag in den Schneefeldern verstecken und sich dann im Schutz der Dunkelheit auf den Weg Richtung Pahalgam machen. Er rechnete mit einem Fußmarsch von drei Tagen. Er hatte nichts zu essen, keine Decken und das Tal wimmelte von Nomaden, die ihn an die Kämpfer verraten konnten. Er hatte allenfalls eine minimale Chance, aber die war immer noch größer, als wenn er blieb.

Dann forderten vier Tage strammen Marschierens ihren Tribut und Childs schlief ein.

»Es hätte sicher noch andere Gelegenheiten zur Flucht gegeben, aber man weiß natürlich nie, welcher Zeitpunkt der richtige ist«, sagt Childs. »Man sitzt nicht im Kino und weiß, wann Schluss ist. Dauernd fragt man sich: Ist das jetzt der richtige Moment oder gibt's später noch einen besseren, mit geringerem Risiko? Es war unheimlich anstrengend, sich zusammenzureißen und zu sagen: Okay, jetzt geht's los. Du bist müde, du fühlst dich beschissen, aber du musst das jetzt tun.«

Mitten in der Nacht wachte Childs auf. Außer dem Schnarchen der andern und dem Rauschen des Flusses war nichts zu hören. In seinen Eingeweiden rumorte es. Er tastete im Dunkeln nach seinen Wanderstiefeln, stieß dabei einen Drahtkorb um und ging gebückt nach draußen. Normalerweise begrüßte ihn der Wachposten und begleitete ihn ein Stück. Diesmal rührte sich nichts – anscheinend war er eingeschlafen. Childs entfernte sich von den Hütten, erleichterte sich, ging zurück, kroch wieder unter die Pferdedecke und fragte sich, was er jetzt tun sollte.

»Man kann passiv bleiben und sich um die vielleicht lebensrettende Entscheidung herumdrücken«, sagt er. »Oder man akzeptiert die Möglichkeit, dass man sterben kann. Das war die Crux bei der Sache.«

Childs lag eine Stunde wach, bereitete sich innerlich vor und stand dann wieder auf. Wenn ihn jemand aufhalten würde, könnte er sagen, dass sich sein Durchfall wieder gemeldet hätte. Er dachte daran, die anderen Geiseln zu wecken, sah aber keine Möglichkeit, wie er das geräuschlos bewerkstelligen sollte. Außerdem hatten die andern keinen Vorwand, aufzustehen. Childs trat vor die Hütte und wartete darauf, dass ihn jemand ansprach. Nichts. Er schlich sich langsam aus dem Schein des Lagerfeuers in die Dunkelheit hinter den Hütten. Immer noch nichts. Es war natürlich möglich, dass ihn jemand heimlich beobachtete – oder sogar mit dem Gewehr auf ihn zielte. Das Risiko musste er eingehen. Einen Augenblick stand er regungslos da, erstarrt angesichts der Tatsache, dass es jetzt kein Zurück mehr gab. Und dann lief er los.

»Die ganze Zeit hab ich gedacht, sie hätten mich im Fadenkreuz«, sagt er. »Es ist wie im Traum, wenn man läuft und läuft und nicht vorwärts kommt, weil man bis zu den Knien im Schlamm steckt. Dauernd hab ich damit gerechnet, dass hinter mir einer Krach schlägt. Aber ich hab nie wieder einen von ihnen gesehen.«

Childs stieg einen zwischen den beiden Tälern gelegenen Grat hinauf. Er lief auf Strümpfen, die Stiefel hingen über der Schulter, um den Kopf hatte er sich eine Fleecehose gewickelt. Ansonsten hatte er außer langen Unterhosen, Gore-Tex-Hose und Wollhemd nichts am Körper. Er marschierte oder lief so schnell er konnte, bis das Gelände zu steil wurde und er seine Stiefel anziehen musste. Er wusste, dass die Kämpfer früh aufstehen würden, um zu beten. Bis dahin musste er so weit wie möglich weg sein. Die nächsten drei Stunden stapfte er ohne Unterbrechung bergauf. Als es dämmerte, kroch er in eine Felsspalte, deckte sich mit Steinen zu und wartete. Als es heller wurde, fiel ihm auf, dass jemand, der über den Grat ging, direkt auf ihn stoßen würde. Er ließ den Vorsatz, nur bei

Nacht zu gehen, sausen und kletterte weiter bergauf. Er befand sich jetzt jenseits der Schneegrenze in extrem zerklüftetem Gelände. Das nächste Versteck, das er sich aussuchte, schien perfekt zu sein, doch dann merkte er, dass er auf blankem Eis lag. Also stolperte er weiter, bis er an einem Hang auf eine kleine Moosflechte stieß. Um ihn herum ragten Gletscher und Gipfel auf. Er war sich sicher, dass ihm in diese Höhe keiner mehr folgen würde. Childs war jetzt auf mindestens 3500 Meter.

Im Lauf des Vormittags setzte Schneeregen ein. Immer wieder eindösend, harrte Childs ein paar Stunden auf seinem Fleckchen Moos aus. Dann hielt er es nicht mehr aus und machte sich auf den Weg Richtung Pahalgam. Er war bis fast auf die Talsohle eines Seitencanyons abgestiegen, als er einen Hubschrauber hörte. Das Geräusch der Rotorblätter wurde mal lauter, mal leiser und schien schließlich direkt auf ihn zuzukommen. Da er in den vergangenen fünf Tagen kein einziges Mal ein Flugzeug oder einen Hubschrauber gehört hatte, war sein erster Gedanke, dass man eine Freilassung der Geiseln erreicht hatte und er jetzt allein im Hochgebirge festsaß – ohne Essen und ohne die Möglichkeit, sich bemerkbar zu machen.

»Ich stand einfach da und war sprachlos«, sagt er. »Dann hab ich mir die Fleecehose vom Kopf gerissen und sie wild hin und her geschwenkt. Der Hubschrauber hat direkt über mir gekreist. Ich konnte einen Soldaten erkennen, der sein Gewehr auf mich richtete. Ich hab völlig fertig ausgesehen. Ich hatte seit fünf Tagen nicht mehr gebadet, war von oben bis unten verdreckt. Hab wahrscheinlich ausgesehen wie ein Yeti. Der Hubschrauber hat mit einer Kufe den Boden berührt, ich bin hingerannt und ein Soldat hat gefragt: ›Sind Sie Deutscher?‹ Ich: ›Nein, Amerikaner. Bin gerade von den Kämpfern abgehauen.‹ Und er: ›Das ist ein Wunder Gottes.‹ Dann hat er mich an Bord gezogen.«

Wie von Childs vorausgesehen, hatten die Kämpfer, als sie sein Verschwinden bemerkten, talabwärts gesucht. Sie fanden ihn zwar nicht, stießen aber auf zwei andere Trekker, den Deutschen Dirk Hasert und den Norweger Hans Christian Ostro. Die waren kurz darauf als vermisst gemeldet worden und die Hubschrauber-Crew hatte eigentlich nach ihnen gesucht. Laut Informationen aus Kreisen der islamischen Rebellen in Srinagar soll sich Ostro gegenüber den Kämpfern von Beginn an aggressiv verhalten haben. Er hätte ihr Verhalten als unislamisch und feige bezeichnet, hätte ein Messer bei sich getragen und versucht, es zu benutzen. Es ist zwar unmöglich, diese Aussagen zu verifizieren, allerdings kann man wohl davon ausgehen, dass Ostro sich nicht gerade kooperativ verhalten hat.

Childs wurde im Triumph nach Srinagar gebracht, wo er im Beisein von britischen und amerikanischen Botschaftsangehörigen umgehend Bericht erstatten musste. Es war die erste von zahllosen Befragungen, die in den kommenden Tagen folgen sollten. »Die vom amerikanischen Außenministerium haben mich länger gefangen gehalten als die Kämpfer«, sagte er später. Danach wurde Childs in einem sicheren Gästehaus untergebracht, wo er Jane Schelly kennen lernte. Für Schelly war die Gelegenheit, mit jemandem zu sprechen, der noch vor wenigen Stunden mit ihrem Mann zusammen gewesen war, eine unglaubliche Erleichterung.

»Haben sie genug zu essen und zu trinken?«, wollte sie wissen. »Haben sie genug Kleidung? Wissen sie, dass es ihren Frauen gut geht?«

Childs konnte nur Erfreuliches berichten. Sie würden nicht misshandelt und die Umstände glichen denen der friedlich ausgegangenen Entführungen vor einem Jahr. Für den Krisenstab – G4 genannt, weil vier westliche Staaten daran beteiligt waren – gab es keinen Grund zu der Annahme, dass diese Entführung nicht auch friedlich enden würde. Während die indischen Sicherheitskräfte den Dialog mit der Al-Faran aufrecht erhielten, setzte der G4-Stab weiterhin Pakistan unter Druck, damit es seinen Einfluss auf die HUA geltend machte. (Die pakistanische Regierung beharrte stur darauf, dass der Zwischenfall von Indien angezettelt worden sei, um Pakistan als Sündenbock hinzustellen.) Eine Geiselbefreiung hielt man für zu gefährlich; sogar die indischen Armeepatrouillen wurden aus den Gebieten, wo sich die Kämpfer möglicherweise aufhielten, abgezogen. Jeder – einschließlich der Geiseln – fürchtete, dass eine Kommandoaktion in einem Feuergefecht enden würde.

Childs flog zwei Tage nach seiner Flucht nach Delhi und gab trotz des Widerstands von Botschaftsangehörigen, die ihn schnell in ein Auto verfrachten wollten, den am Flughafen wartenden Journalisten Interviews. Ein paar Tage später stieg er in Bradley Field, Connecticut, aus dem Flugzeug, wo er vor laufenden Fernsehkameras seine beiden kleinen Töchter in die Arme schloss. Die kurze Woche, die zwischen den Bergen Kaschmirs und seiner Heimatstadt Hartford lag, hatte ihn ins Grübeln gebracht. »Hätte nur ein bisschen anders zu laufen brauchen, dann wär ich jetzt tot«, sagt er. »Man glaubt, man hat eine ganz normale Zeitspanne für sein Leben, doch in einer Sekunde kann alles vorbei sein. Damals hab ich gedacht, dass ich meine Kinder nie wiedersehen würde. Jetzt ist jeder Atemzug etwas, woran ich nicht mehr geglaubt hatte.«

Während Childs zu Hause in die Kameras blickte, war Jane Schelly noch in Srinagar und kämpfte verzweifelt um die Freilassung ihres Mannes. »Ich bitte Sie, lassen Sie Donald frei«, sagte sie auf einer Pressekonferenz mit tränenerstickter Stimme. Dabei umklammerte sie die Hand von Keith Mangans Frau Julie. »Im Namen Gottes, lassen Sie unsere Männer frei.« Die Al-Faran reagierte darauf mit einer Erklärung, in der es hieß, dass sie Childs absichtlich hätten gehen lassen, dass man sie aber für den Fall, dass Indien die HUA-Rebellen nicht freilasse, zu »drastischen Maßnahmen« zwinge. Außerdem schickte sie ein Foto mit den fünf Geiseln, das in einer Steinhütte aufgenommen war. Sie saßen mit niedergeschlagenen Augen und hinter dem Rücken gefesselten Händen auf Pinienzweigen. Auf dem beiliegenden Tonband sagte Don Hutchings: »Ich wollte dir nur sagen, Jane, dass es mir gut geht. Ich weiß nicht, ob ich heute oder morgen sterben werde. Ich bitte die amerikanische und indische Regierung dringend um Hilfe.«

Der G4-Krisenstab beschloss, Schelly, die deutsche Frau und die beiden Engländerinnen aus Sicherheitsgründen wieder in das Gästehaus der britischen Botschaft in Delhi zu bringen. Während die Verhandlungen weiter auf der Stelle traten, trafen eine Woche später schlechte Nachrichten ein: Angeblich waren die Kämpfer einer indischen Armeepatrouille in die Arme gelaufen. Bei dem anschließenden Feuergefecht waren zwei der Geiseln verletzt worden. Die indische Regierung dementierte den Zwischenfall, worauf die Al-Faran ein paar Fotos von Hutchings präsentierte, auf denen er, den Unterleib mit blutigen Verbänden umwickelt, auf dem Boden eines Hauses liegt. Allerdings waren auf seiner Hose keine Blutflecke zu erkennen und er schien auch nur widerstrebend in die Kamera zu schauen – vielleicht, um anzudeuten, dass man ihn zu diesem Täuschungsversuch gezwungen habe. In der US-Botschaft war man übereinstimmend der Meinung, dass die Fotos gestellt seien. Eine Meinung, die Schelly teilte.

Auf der den Fotos beigelegten Tonbandkassette ersuchte Hans Christian Ostro die indische Regierung, auf die Forderungen der Al-Faran einzugehen, und wies darauf hin, dass es die Tourismusbehörde in Delhi gewesen sei, die ihm weisgemacht habe, Kaschmir sei sicher. »Ich habe sogar persönlich mit dem Leiter des Tourismusbüros von Srinagar gesprochen. Er hat mir seine Visitenkarte gegeben und gesagt, wenn irgendwas vorfalle, solle ich ihn anrufen«, sagte Ostro am Ende der Aufnahme. »Tja, Mr. Naseer, das tue ich hiermit.«

Es verging eine weitere Verhandlungswoche, ohne dass sich ein Durchbruch abzeichnete. Obwohl eine Rettungsaktion à la Entebbe kaum in Frage kam, wurde die in Kaschmir bereitstehende Delta Force der US-Armee durch den britischen Special Air Service und die deutsche Antiterroreinheit GSG 9 verstärkt. Die Behörden hatten keine Ahnung, wo sich die Al-Faran befand, und außerdem waren mit Indien noch heikle Souveränitätsfragen zu klären. Die Verhandlungsführer im G4-Krisenstab tendierten zu der Annahme, dass die Al-Faran wie die Verantwortlichen für die vorangegangenen Entführungen schließlich nachgeben würde.

Sie gaben nicht nach.

Am 14. August 1995 »haben wir uns im Haus des deutschen Botschafters mit den anderen Familien zum Mittagessen getroffen«, erinnert sich Schelly. »Ich hab mir nichts dabei gedacht, dass ab und zu einer der Botschaftsangehörigen nach draußen gerufen wurde. Kurz vor dem Nachtisch ist dann der Botschafter selbst rausgegangen. Es gab Vanilleeis mit flambierten Kirschen. Aber erst als ich gesehen habe, dass sein Eis schon völlig verlaufen war, habe ich angefangen, mir Gedanken zu machen.«

Während die Familien für den Kaffee ins Wohnzimmer gingen, standen mehrere Botschaftsangehörige in einer Ecke des Raums und unterhielten sich. Ihre Gesichter sahen besorgt aus. Schließlich berichtete einer von ihnen, dass man außerhalb von Srinagar, in einem Dorf namens Seer, die Leiche eines weißen Mannes gefunden habe. Ob es sich dabei um eine der Geiseln handele, wisse man nicht.

In Wirklichkeit wussten sie schon Bescheid. Autos kamen, um die Familien abzuholen. Das der Ostros traf als Erstes ein. Nachdem die Ostros abgefahren waren, legte der Botschafter den Arm um Schelly und sagte: »Es ist nicht Ihr Mann.« Erst jetzt, in diesem Augenblick, zog Jane Schelly erstmals die Möglichkeit in Betracht, dass sie ihren Mann vielleicht nie wiedersehen würde.

Die Leiche war die von Hans Christian Ostro. Die Guerillas hatten ihm den Kopf abgeschnitten, in Urdu die Worte »Al-Faran« in seine Brust geritzt und die Leiche an einem Bewässerungsgraben abgeladen. Den Kopf fand man 40 Meter weiter in einem Gebüsch. In seiner Hosentasche steckte ein Zettel mit der Nachricht, dass den anderen Geiseln das gleiche Schicksal drohe, wenn man die HUA-Gefangenen nicht binnen 48 Stunden freilasse. Den Angehörigen der andern Geiseln sagte man, dass Ostro schon tot war, als man ihm die Worte in die Brust geritzt hatte, dass er einen »friedlichen« Tod gestorben sei und dass man ihn nicht vor den Augen der andern Geiseln getötet habe. Woher die Beamten das wussten, bleibt allerdings ein Rätsel. Wie friedlich sein Tod auch war, er musste zumindest eine Ahnung gehabt haben: Die Gerichtsmediziner fanden einen Abschiedsbrief, den er in seiner Unterhose versteckt hatte.

Der G4-Krisenstab, der mittlerweile zu einem G3-Stab geschrumpft war, verlangte einen Beweis, dass die andern Geiseln noch lebten. Die Kämpfer übersandten ein Foto, auf dem die vier Geiseln eine aktuelle Zeitung in die Kamera hielten, und arrangierten außerdem ein Funkgespräch zwischen Donald Hutchings und einem indischen Regierungsbeamten. Am 21. August um 10.45 Uhr stellte einer der Verhandlungsführer über ein Armeefunkgerät den Kontakt zu den Guerillas her:

»Don Hutchings, hier ist one-zero-eight. Wenn Sie so weit sind, sagen Sie ›Eins, zwei, drei, vier, fünf.‹ Over.«

»Eins, zwei, drei vier, fünf.«

»Die erste Nachricht ist von Ihren Familien. Ich lese vor: ›Wir sind alle in Delhi. Unsere Liebe und unsere Gebete sind bei euch. Wir helfen uns gegenseitig. Seid stark, wir sind es auch.‹ Over.«

»Okay, verstanden.«

»Jetzt habe ich ein paar Fragen, deren Antworten nur Sie kennen. Haben Sie mich verstanden?«

»Ja.«

»Wie heißen Ihre Hunde? Ich wiederhole, wie heißen Ihre Hunde?«

»Meine Hunde heißen Bodie, B-O-D-I-E, und Homer.«
Damit war bewiesen, dass Hutchings lebte. Nachdem Hutchings auch die an die andern Geiseln gerichteten Fragen beantwortet hatte, beendete der Verhandlungsführer das Gespräch mit den Worten: »Vertrauen Sie auf Gott und Ihre eigene Stärke.« Schon wenige Tage später drohte die Al-Faran erneut damit, die Geiseln zu töten. Der Ton war so feindselig, dass einige Mitglieder des Krisenstabs hinter vorgehaltener Hand die Überlebenschancen nur noch auf fifty-fifty schätzten. So schleppte man sich durch den September und durch den Oktober. Dann fiel der erste Schnee. Nachrichten von Erfrierungen und Krankheiten unter den Geiseln trafen ein. Und dann, am 4. Dezember, geschah das Unvermeidliche: Die Al-Faran lief der indischen Armee in die Arme.

Die Guerillas kamen frühmorgens in das Dorf Mominabad, wo sie von einer zwölf Mann starken Armee-Patrouille, die sich auf dem Marktplatz befand, entdeckt wurden. Irgendjemand eröffnete das Feuer. Sprecher des indischen Militärs behaupteten, die Geiseln seien nicht bei ihnen gewesen und würden vermutlich ganz in der Nähe gefangen gehalten – eine Behauptung, die nicht belegt ist. Im Kugelhagel der Maschinengewehre sprangen die Kämpfer über einen Stacheldrahtzaun, hasteten durch einen seichten Bach und schlugen sich durch dichte Weidensträucher bis zu einem trockenen Reisfeld durch. Währenddessen flüchteten die Dorfbewohner in ihre Lehmhütten und verrammelten die Türen. Die Kämpfer schafften es über das Reisfeld und sammelten sich etwas weiter flussaufwärts in der Nähe eines kleines Dorfs namens Dubrin. Die Patrouille forderte Verstärkung an. Kurz darauf feuerten Dutzende von Soldaten auf die Kämpfer, die sich sechs Stunden lang wehrten, bevor sie bei Einbruch der Dunkelheit flohen.

Zurück blieben fünf tote Al-Faran-Kämpfer – darunter Turki. Drei Tage nach dem Feuergefecht erhielt der britische Botschafter in Delhi den Anruf eines Mannes, der sich als Al-

Faran-Kämpfer ausgab und neue Bedingungen für die Freilassung der Geiseln stellte: 1,2 Mio Dollar Lösegeld und freies Geleit nach Pakistan. »Wir haben die Geiseln behandelt wie Gäste, über fünf Monate lang«, jammerte er. »Ist doch klar, dass das einen Haufen Geld gekostet hat.« Der Botschafter verlangte Beweise, dass die Geiseln noch lebten. Der Mann rief nie wieder an.

Und dann nichts mehr. In den folgenden Monaten erzählten Nomaden immer wieder, dass sie die Geiseln in den Bergen gesehen hätten. Nachdem bekannt wurde, dass die Nomaden sich sowohl als Polizeiinformanten wie auch als Boten und Nachschublieferanten für die Entführer bezahlen ließen, nahm man solche Berichte jedoch eher skeptisch auf. Im April 1996 behauptete ein festgenommener HUA-Kämpfer, dass die Geiseln etwa eine Woche nach dem Feuergefecht bei Dubrin als Vergeltung für den Tod Turkis hingerichtet und die Leichen in einem Dorf namens Magam begraben worden seien. Daraufhin durchsuchte die indische Armee wochenlang die Wälder und Felder um Magam, fand jedoch nichts.

»Man will optimistisch bleiben. Das Herz sagt: Sei optimistisch. Aber der Verstand sagt: Idiot, du glaubst doch schon lange nicht mehr dran«, sagt Shelly. »Kurz vor Id-ul-Fitr, einem Festtag am Ende des Ramadans, hatten wir Vollmond und ein Freund von Don hat gesagt: ›Das ist der letzte Vollmond, bevor er zurückkommt.‹ Ich war so fest davon überzeugt, dass sie ihn zu Id-ul-Fitr freilassen, dass ich schon meine Taschen gepackt hatte und beim Friseur gewesen war. Einmal, als ich nach der Arbeit auf dem Nachhauseweg war, da musste ich rechts ranfahren und mich übergeben, so fertig war ich.«

Id-ul-Fitr kam und ging, der Jahrestag der Entführung kam und ging – keine Nachricht von der Al-Faran. Hin und wieder ließen die Nomaden zwar etwas von sich hören, konkrete Hinweise gab es aber nicht. Im Sommer 1996 fuhr Shelly wieder nach Kaschmir, um sich mit den Anführern der HUA zu treffen, und ein paar Monate später fuhr sie noch mal hin, um eine Kampagne auf die Beine zu stellen. In Zeitungsanzeigen, in Radiospots, sogar auf Streichholzschachteln bot sie Geld für Informationen. Die US-Regierung setzte ebenfalls eine Belohnung aus, worauf die indische Regierung nachzog.

»Schwer zu sagen, ob die Kampagne Erfolg hat«, sagte Len Scensny vom Südasienreferat des Außenministeriums. »Seit über einem Jahr hatten wir keinen Kontakt mehr zu den Geiseln und wir haben auch keine aktuellen Informationen über ihr Befinden. Das Thema ist in Pakistan wie in Indien bis in höchste Kreise hinein nach wie vor ein Streitpunkt.«

In der Zwischenzeit lebt John Childs wieder sein Leben in Amerika – er geht zur Arbeit, zum Joggen, spielt mit seinen Töchtern. Bekannte machen launische Rambo-Anspielungen, die ihm auf die Nerven gehen. Manche fragen ihn sogar, warum er den anderen nicht geholfen hat, ebenfalls zu fliehen. Eine Frage, die ihn immer noch quält. »Ich versuche, das rational zu erklären. Ich sage mir immer: Anders hätte ich es nie machen können. Aber weil ich's eben anders nicht versucht hab, kann ich mir auch nicht sicher sein«, sagt er. »Ich stelle mir immer die gleiche Frage: Hätte ich irgendwas anders machen sollen? Hier im Büro lässt sich leicht reden. Aber damals, als ich mich entschieden hab, da war ich müde, ich war körperlich angeschlagen, mir war elend und ich hatte Angst. Ich hab dabei was über meinen Charakter gelernt und ich bin mir nicht sicher, ob ich darauf stolz sein kann oder nicht.«

Jane Schellys Hoffnungen schwinden allmählich. Als sie im Herbst 1996 wegen der Kampagne in Kaschmir war, besuchte sie auch das Dorf Seer, wo man Ostros geköpfte Leiche gefunden hatte. Unter Zuhilfenahme eines Dolmetschers sprach sie mit den Dorfbewohnern und ging dann über den Feldweg, der durch die Reisfelder an dem Bewässerungsgraben entlangführte, wo zwei Frauen ein Jahr zuvor die Leiche entdeckt hatten. »Es war völlig absurd«, sagt Schelly. »Das Dorf lag an einem kleinen Pass. Als ich da war, war gerade Reisernte. Auf den Feldern lagen die Reisstrohballen und in der Ferne konnte man die Berggipfel sehen. Das war wahrscheinlich einer der schönsten Flecken, die ich je in meinem Leben gesehen habe.«

Falls Don Hutchings noch leben sollte, hat er wahrscheinlich ein ganz ähnliches Bild vor sich: eisengraue Berge, vereinzelte Lehmhütten und ein Dutzend Dorfbewohner, die auf den Feldern im Dämmerlicht Reis schneiden. Einer von ihnen weiß sicher, dass Hutchings da ist; einer von ihnen fragt sich sicher, ob er seine Familie gefährden würde, wenn er die Armee riefe. Er entschließt sich, den Mund zu halten. Und Don Hutchings lugt durch eine Ritze in der Wand und beobachtet ein weiteres Mal, wie sich die Nacht über sein Tal senkt.

Das Todestal im Kosovo

1998

Prekaz war nicht mal ein Dorf. An einem Feldweg entlang duckten sich vielleicht ein Dutzend Bauernhäuser zwischen die niedrigen braunen Hügel. Um sie herum die tote Winterlandschaft des Kosovo, in der Ferne die Berge Albaniens. Die Häuser hatten rote Dachziegel, dicke weiß getünchte Wände und die landestypischen Innenhöfe – ein Verteidigungsgrundriss, an dem sich wahrscheinlich in den letzten 800 Jahren kaum etwas geändert hat. Die Weiden erstreckten sich von der Straße hinauf bis zu den Kämmen der Hügel und endeten dort in dichtem Eichengestrüpp. Die Sorte Eichengestrüpp, die einem ins Gesicht schlug, wenn man hindurchrannte. Die Sorte Eichengestrüpp, in der man verschwinden konnte.

Am 5. März kurz vor dem Morgengrauen bezogen auf den Hügeln rund um Prekaz hunderte von Mitgliedern der serbischen Sonderpolizei Position. Granatwerferstellungen, Panzer, schwere Artillerie, 20-Millimeter-Geschütze, Dutzende von gepanzerten Mannschaftswagen mit schweren Maschinengewehren waren vor Ort. Es war der erste vorsätzliche Anschlag einer europäischen Regierung auf die eigene Bevölkerung, seitdem 1989 Nicolae Ceaușescu die rumänische Sicherheitspolizei auf seine Landsleute gehetzt hatte – was im Grunde die letzten Zuckungen eines sterbenden Regimes gewesen waren. Davor muss man bis zu den Nazis zurückgehen. Die serbische Provinz Kosovo liegt nur gut 300 Kilometer von Italien entfernt; im Winter kamen die Touristen zum Skifahren. Seit 1945 hatte es hier keinen Krieg mehr gegeben.

Und jetzt stand eines der Dörfer im Kosovo kurz davor, von der Landkarte zu verschwinden.

Der Angriff begann mit Artilleriesperrfeuer auf ein einziges Haus und eskalierte schnell zu einem Sturmangriff der Polizeikräfte auf das ganze Dorf. Aus gepanzerten Fahrzeugen sprangen schwarz uniformierte Männer mit geschminkten Gesichtern und liefen die glitschigen braunen Hügel hinunter. Sie feuerten mit Automatikwaffen und Panzerabwehrraketen und schossen mit Mörsergranaten die Häuser in Brand. Es hieß, in dem Dorf hielten sich separatistische Freischärler der Albaner versteckt. Die Serben gingen kein Riskio ein. Sie würden den Bastarden keine Chance bieten, sich zu ergeben, und sie würden ihnen auch keine Chance bieten, sich zu verstecken. Wenn nötig, würden sie jeden Einzelnen töten.

Die Frauen und Kinder verkrochen sich, bis sie merkten, dass ihr Tod nur eine Frage der Zeit war. Also gingen sie das Risiko ein und flüchteten durch den Kugelhagel in die Wälder. Die Männer hatten nicht so viel Glück. Manche schossen zurück, manche versteckten sich. Wie auch immer, sie starben alle. Sie starben, als die Häuser über ihnen einstürzten; sie starben, als die Kugeln der Automatikgewehre die Hauswände durchlöcherten; sie starben, als sie vor die Haustür traten, um sich zu ergeben.

»Die Soldaten haben gerufen, dass wir nacheinander nach draußen kommen sollten oder sie würden uns erschießen«, erzählte später die Tochter eines Mannes namens Šerif Jašari Vertretern einer Menschenrechtsgruppe. »Als mein Cousin Ćazim mit erhobenen Händen vor die Haustür trat, haben sie ihn sofort erschossen. Wir sind losgerannt und waren schon an der ersten Postenkette vorbei, als die Soldaten meinen Cousin Nazmi erwischten. Er hatte seiner Mutter Bahtije geholfen. Sie haben ihm die Frauenkleider runtergerissen, die wir ihm gegeben hatten, und haben ihm befohlen, sich auf den Boden zu legen und dann wieder aufzustehen. Immer wieder musste er sich hinlegen und aufstehen. Dann haben sie ihn in den Rücken und in den Kopf geschossen. Den Körper hat's hin und her gerissen von den Kugeln.«

Als Nächstes schossen die Serben auf Riad, den 17-jährigen Bruder des Mädchens. Er wurde von zwei Kugeln getroffen und brach zusammen. Seine Schwester und seine Mutter packten ihn an den Armen und schleiften ihn in Richtung Wald. »Wir sind durch die zweite Postenkette geschlüpft, die sich auf der Straße etwas weiter weg aufgebaut hatte. Die bewaffneten Soldaten hatten grüne Uniformen mit gelben und schwarzen Abzeichen an. Die Gesichter waren auch mit gelber und schwarzer Farbe beschmiert«, sagte Jašaris Tochter. »Wir haben uns erst mal im Gebüsch versteckt. Oben auf dem Hügel haben wir dann ein paar Bekannte getroffen, die meinen Bruder Riad an einen sicheren Ort schafften. Dann ist Sala gekommen und hat erzählt, dass man ihren Mann Bećir ins Bein geschossen habe. Er hatte ihr gesagt, dass sie bei den Kindern bleiben soll. Ein paar Tage später haben wir dann gehört, dass Bećir tot ist.«

Bećir Jašari stammte aus einer wohlhabenden albanischen Familie, von der es hieß, sie stände mit einer Unabhängigkeitsbewegung der Albaner im Kosovo in Verbindung. Obwohl 90 Prozent der Bevölkerung albanischer Abstammung sind, ist der Kosovo Teil der serbisch dominierten ehemaligen Republik Jugoslawien, die 1989 den autonomen Status der Provinz aufhob.

Seit im November drei maskierte albanische Freischärler bei der Trauerfeier eines Mannes aufgetaucht waren, der im Kreuzfeuer von serbischer Polizei und Guerilla getötet worden war, hatten die Spannungen in dem Gebiet stetig zugenommen. »Die Kosovo-Befreiungsarmee ist die einzige Kraft, die für die Befreiung und die nationale Einheit des Kosovo kämpft!«, brüllte einer der Männer, worauf die 20 000 Menschen, die den Trauerzug begleiteten, »UÇK! UÇK! UÇK!« skandierten. UÇK sind die albanischen Initialen der Kosovo-Befreiungsarmee. Die oppositionelle Bewegung im Kosovo wurde zwar von einem altbekannten Pazifisten namens Ibrahim Rugova angeführt, doch verfügte sie auch über einen bewaffneten Flügel, der den Kampf in die Berge Albaniens tragen wollte.

Kurz nach dem Zwischenfall bei der Trauerfeier begann die UÇK, aus Hinterhalten Streifenwagen und Kontrollposten der Polizei unter Feuer zu nehmen. Im Februar starben bei einem Feuergefecht nach einer Verfolgungsjagd vier Polizisten und fünf UÇK-Mitglieder. Ein schwer verletzter UÇK-Kämpfer soll sich in ein nahe gelegenes Dorf namens Likošane geschleppt und im Haus von Ahmet Ahmeti versteckt haben. Wie die Jašaris waren auch die Ahmetis eine wohlhabende Familie, der Verbindungen zur UÇK nachgesagt wurden.

Am 28. Februar schlugen die Serben zurück. Aus Kampfhubschraubern nahmen sie mit Maschinengewehren und Raketenwerfern Dörfer unter Beschuss und Polizisten in schwarzen Uniformen zerrten Menschen aus ihren Häusern und erschossen sie vor ihren Türen. 26 wurden getötet. Zeugen sagten aus, dass alle männlichen Familienmitglieder der Ahmetis, die über 15 Jahre alt waren, von den Frauen und Kindern getrennt, zusammengeschlagen und schließlich im Innenhof des Hauses mit Kopfschüssen aus Schrotgewehren hingerichtet wurden. Einem stach man die Augen aus. Journalisten, die sich den Schauplatz später anschauten, berichteten, dass auf dem Boden Zähne und Haare herumlagen und in einem Busch neben dem Haus der Kieferknochen eines Menschen hing.

Während die Menschen ihre Toten begruben, herrschte ein paar Tage lang trügerische Ruhe. Dann rückte die Polizei in Prekaz ein, das nur wenige hundert Meter von einer alten Munitionsfabrik entfernt lag, die jetzt als Kaserne für Einheiten der serbischen Sonderpolizei diente. Am Morgen des 5. März öffnete sich das Kasernentor und die Polizisten griffen an. Ein paar Scharfschützen machten sich nicht mal die Mühe, das

Kasernengelände zu verlassen. 55 Menschen starben, davon allein 30 aus der Familie Jašari.

Eine der wenigen überlebenden Jašaris war die elfjährige Besarte, die sich unter der schweren Steinplatte versteckte, auf der ihre Mutter immer das Brot gebacken hatte. Sie erinnert sich, dass stundenlang die Kugeln in die Wände gekracht waren und dass ihr Onkel Adem – »damit wir nicht den Glauben an das Leben verlieren« – Volkslieder gesungen hatte. Als das Trommelfeuer endlich aufhörte, kauerte Besarte inmitten entstellter Leichen, die mal ihre Verwandten gewesen waren. 24 Stunden später – nach einer weiteren Nacht der Belagerung – stürmten mehrere Polizisten ins Haus, um nach Überlebenden zu suchen. Einer blieb vor Besarte stehen, die sich tot stellte. Er legte die Hand auf ihre Brust und spürte den Herzschlag. Er hob die am ganzen Körper mit Blut besudelte Besarte hoch und trug sie in die Munitionsfabrik. Die ganze Zeit schrie Besarte, dass sie bei ihren Schwestern bleiben wolle.

An einem frostigen Märzabend, zwei Wochen nach dem Massaker, kam ich mit dem Auto im Kosovo an – zusammen mit meinem alten Freund Harald Doornbos, einem holländischen Journalisten, der seit 1992 in Sarajewo arbeitete. Aus naheliegenden Gründen erteilten die Serben keine Einreisevisa an Journalisten. Harald kannte jedoch eine abgelegene Grenzstation nach Montenegro, von wo man problemlos ins Kosovo weiterfahren konnte. Nichts scherte die montenegrinischen Grenzposten weniger als die Wünsche von Serben.

Am nächsten Morgen standen wir früh auf. Wir wollten uns in die Provinz Drenica durchschlagen, der in den Bergen gelegenen Hochburg der UÇK. Wir fuhren durch unbewohntes, braunes Flachland und verschwanden dann zwischen den Hügeln. Während an unseren Wagenfenstern kleine Ortschaften vorbeihuschten, ragten in der Ferne drohend die Berge an der albanischen Grenze auf. Über die Berge kamen die Gewehre ins Land; Albanien schwamm in Waffen und die

UÇK war vollkommen auf die Hilfe von jenseits der Grenze angewiesen. Angeblich hatte das serbische Militär Befehl, bei Sichtkontakt auf jeden zu schießen, den sie im Hochgebirge antraf. Regelmäßig lauerten die Soldaten Albanern auf, die über die Berge Waffen in den Kosovo brachten, und nahmen sie dann unter Feuer.

Es hieß, dass die UÇK Trainingscamps in Albanien unterhielt; aus diesem Grund hatten die Serben riesige schwer bewaffnete Truppenverbände an der albanischen Grenze stationiert – weit mehr, als nötig gewesen wären, um den Waffenschmuggel zu unterbinden. Man fürchtete, dass die serbische Armee die albanische Grenze überschreiten, die Camps dem Erdboden gleichmachen und sich dadurch die Situation so zuspitzen könnte, dass es zu einem Krieg zwischen Jugoslawien und Albanien käme. Ein derartiger Flächenbrand könnte Griechenland und die Türkei in den Konflikt verwickeln und so – die schlimmste aller Möglichkeiten – die Vereinten Nationen spalten. Eine andere Möglichkeit war, dass ein Krieg im Kosovo einen ähnlichen Krieg in Mazedonien, in dessen albanischer Minderheit es ebenfalls rumorte, auslösen könnte, was wiederum Griechenland und Bulgarien nutzen würden, um sich mazedonische Gebiete einzuverleiben, auf die sie schon seit langem Anspruch erheben. Um genau diese Art von Domino-Effekt zu verhindern, sind gut 300 amerikanische Soldaten in Mazedonien stationiert, Soldaten, die allerdings noch in diesem Sommer abgezogen werden sollen.

Die Ortschaften, durch die wir fuhren, sahen tot und verlassen aus. Ein halbfertiges Haus stand neben dem andern; verlassen von Albanern, denen das Geld ausgegangen war, weil sie ihre Jobs in den Geschäften und Betrieben der Serben verloren hatten. Nach einer halben Stunde bogen wir in einen Feldweg ein, dem wir folgten, bis er an einem Eisenbahntunnel einfach aufhörte. Wir hielten an. Ganz in der Nähe sahen wir einen Fluss. Wir schnappten uns unsere Notizbücher und gingen durch den Tunnel. Dahinter öffnete sich ein leeres braunes Tal, dessen Hänge von Gestrüpp überwuchert waren. Wir machten uns Sorgen wegen Heckenschützen der UÇK. Dummerweise waren wir wie die serbische Geheimpolizei ganz in Schwarz gekleidet. Noch größere Sorgen machten wir uns allerdings wegen serbischer Heckenschützen. Wir befanden uns im Herzen Drenicas, einer Gegend, die die serbische Polizei zwar abriegeln, aber nicht kontrollieren kann, einer Gegend, wo die UÇK zwar untertauchen, die sie aber nicht verteidigen kann. Es war Niemandsland. Je nachdem, wer einen als Erster aufspürte, konnten einem die Kugeln um die Ohren fliegen oder man konnte zum Tee eingeladen werden.

Nach einer Stunde Fußmarsch stießen wir auf ein Dutzend Albaner, die den Weg ausbesserten. Da die serbische Polizei die größeren Straßen kontrollierte, musste das Spinnennetz der Feldwege, das die Dörfer in Drenica miteinander verband, ständig intakt gehalten werden. Die Männer führten uns in eines ihrer Häuser und schickten jemanden los, der beim UÇK-Kommandeur im nächsten Dorf nachfragen sollte, ob wir unseren Weg fortsetzen durften. Wir saßen auf dem Boden, tranken türkischen Kaffee und schauten uns auf dem Satellitenfernseher einen amerikanischen Krimi an. Nach einer Stunde kam der Mann zurück und sagte bedauernd, dass die Antwort Nein lautete, wir dürften nicht weiter. Die UÇK sei nicht auf unseren Besuch vorbereitet.

Als wir aus dem Haus traten, hörten wir Granatfeuer. Die Serben beschossen ein paar Kilometer entfernt Dörfer. Das Dröhnen hallte über die Hügel wie ein Sommergewitter. In den Gesichtern der Bauern – grobe unrasierte Gesichter von Männern, für die das Leben aus nichts als harter Arbeit bestand – deutete nichts darauf hin, dass sie wussten, was ein richtiger Krieg wirklich bedeutete. Nichts zeigte an, ob sie wussten, dass sich Tragödien wie diese jeden Tag überall auf der Welt abspielten, dass höchstwahrscheinlich niemand zu ihren Gunsten eingreifen würde, dass wie die meisten Regie-

rungen auch die serbische Obrigkeit vor fast nichts zurück-
schrecken würde, um ihre Macht zu erhalten.

Die Legende besagt, dass dem serbischen Prinzen Lazar im
Jahr 1389 am Vorabend einer großen Schlacht gegen die Türken St. Ilija in Gestalt eines Falken erschien. Auf den Hoch-
ebenen des Kosovo hatte Lazar den Großteil der militärischen
Elite des Balkans um sich versammelt: bosnische Kriegsher-
ren, albanische Edelmänner und ungarische Reiter, die Scha-
manenknochen auf ihre Uniformen genäht hatten. Da die
Türken 18 Jahre zuvor eine serbische Armee bis auf den letzten Mann ausgelöscht hatten, machte sich Lazar verständlicherweise Sorgen und fragte sich, ob es nicht besser sei, sich
zurückzuziehen und es ein andermal zu versuchen. St. Ilija
ließ Lazar die Wahl zwischen einem Königreich auf Erden
und einem Königreich im Himmel. Der weise Lazar wählte
das Königreich im Himmel, zog in den Kampf und fand durch
die Hand der Türken den Tod.

Die Schlacht wurde bekannt als die Schlacht von Kosovo
Polje – die Schlacht auf dem Amselfeld – und versetzt die Psy-
che der Serben bis heute in fiebrige Erregung. Auf dem Amselfeld zog ein serbischer Führer zum ersten Mal den Tod der
Unterjochung vor; auf dem Amselfeld wurde die oberste Ma-
xime des serbischen Volkes – »Einzig die Einheit kann die Serben erlösen!« – zum ersten Mal in blutige, ruhmvolle Tat um-
gesetzt.

Fast 600 Jahre nach dieser Schlacht stand Slobodan Milošević, der Mann, der für die Entfachung des Balkankonflikts
verantwortlich war, auf dem alten Schlachtfeld und peitschte
eine Menge wutentbrannter Serben zu nationalistischer Rase-
rei auf. »Ohne den Kosovo gibt es kein Jugoslawien!«, brüllte
er und katapultierte sich damit schlagartig an die Spitze der
politisierten Massen. »Ohne den Kosovo zerbricht Jugoslawien!«

Der Kosovo ist allerdings nicht der Geburtsort des serbischen Volkes. Die ersten Serben wanderten im 6. Jahrhundert vor Christus aus Sachsen und dem Gebiet der heutigen Tschechischen Republik nach Süden und ließen sich auch in den folgenden 600 Jahren noch nicht dauerhaft im Kosovo nieder. Die Blütezeit der serbischen Herrschaft datiert aus den 1330er Jahren, als ein grausamer Adliger namens Stephan Dušan in einer Schlacht seinen eigenen Vater besiegte, erdrosseln ließ und dann seine Herrschaft auf den Kosovo und bis nach Griechenland hinein ausdehnte. Er erbaute zahlreiche griechisch-orthodoxe Klöster und Kirchen und ließ sich schließlich zum Kaiser der Griechen, Bulgaren, Serben und Albaner krönen.

Binnen weniger Jahrzehnte – noch zu Dušans Lebzeiten – zerbrach das Reich; die Serben wurden von den Türken auf dem Amselfeld besiegt und 300 Jahre später schlugen die Türken einen weiteren Aufstand so brutal nieder, dass die meisten Serben aus dem Kosovo flohen. Die Lücke füllten die Albaner. Das wilde Bergvolk kehrte in die Täler zurück.

Die traditionelle albanische Gesellschaft fußt auf einem in Bruderschaften und *bajraks* unterteilten Klansystem. In der *bajrak*-Ordnung wurde eine Art Dorfpatriarch bestimmt, der *bajrakar*, der dafür verantwortlich war, dass immer eine bestimmte Anzahl von kriegstüchtigen Männern bereitstand. In früheren Zeiten hätte man Männer wie Adem Jašari und Ahmet Ahmeti wohl als *bajrakars* bezeichnet. Diese Organisationsform existiert zwar nicht mehr, doch scheint die Klanordnung überlebt zu haben – hauptsächlich, um bei einer Blutfehde die Klanzugehörigkeit bestimmen zu können.

In diesem Teil der Welt brechen unweigerlich Blutfehden aus, wenn die Ehre des Mannes befleckt wird. Das heißt, wenn man ihn als Lügner bezeichnet, wenn man weibliche Mitglieder seiner Familie beleidigt, wenn man seine Gastfreundschaft missbraucht oder wenn man seine Waffen stiehlt. Die Tradition verlangt, dass solche Vergehen mit dem Tod eines männlichen Mitglieds der beleidigenden Familie gesühnt werden, was wiederum weitere Gewalttätigkeiten nach sich zieht. Bis zum Ende des 19. Jahrhunderts starb im Durchschnitt einer von fünf männlichen Erwachsenen bei einer Blutfehde; es heißt, dass es in Albanien auch heute noch verpflichtende Tradition ist, für jede Kugel im Körper eines toten Blutsverwandten einen Mann zu töten.

Angesichts dieses männlichen Ehrenkodex hat die serbische Polizei so ziemlich gegen jede existierende Blutfehderegel verstoßen – inklusive der Ermordung von Frauen, die eine alle anderen Vergehen bei weitem übersteigende Provokation darstellt. Kein Wunder, dass die Serben sich schwer tun, den Kosovo in den Griff zu bekommen.

Die den Kosovaren nach dem Zweiten Weltkrieg zugesprochene Autonomie wurde 1989 vom aufstrebenden Präsidenten Slobodan Milošević rückgängig gemacht. Das Friedensabkommen von Dayton 1995, das den Krieg in Bosnien und Kroatien beendete, ging auf den Status des Kosovo nicht ein. Das führte zwangsläufig zur Geburt einer Unabhängigkeitsbewegung, die von einer freiwilligen dreiprozentigen Einkommensteuerabgabe der albanischen Minderheit finanziert und auch von Gruppen in Albanien selbst unterstützt wurde.

Im Sommer 1995 wurde von ersten bewaffneten Zusammenstößen berichtet und zwei Jahre später war die UÇK stark genug, um eine Kolonne serbischer Panzerwagen zum Rückzug aus Drenica zu zwingen. Danach begannen die Serben, nach und nach Polizeikräfte und schwere Waffen in den Kosovo und an die albanische Grenze zu verlegen, was schließlich in dem Angriff auf Prekaz gipfelte.

Wenn das Massaker etwas bewirkt hat, dann war es die Radikalisierung der Jugend im Kosovo. Die Serben haben schon jetzt schätzungsweise mehr als 6 Mrd Dollar für die Kontrolle der Provinz ausgegeben. In mancherlei Hinsicht hätten sie sich kaum ein übleres innenpolitisches Problem aufhalsen können; in mancherlei Hinsicht sind sie der UÇK sogar in die Falle getappt.

Der nächste Morgen dämmerte kalt und grau. Ein ekliger Wind wehte Müll durch die Straßen. In den Cafés kein Mensch. Wir packten den Wagen und verließen den Ort auf einem anderen Weg als dem, den wir gekommen waren. Wir hofften, über Feldwege, die die Straßensperren vor Prekaz umgingen, weiter ins Innere von Drenica vordringen zu können. Wir wollten zu Dörfern, die unter Beschuss standen. Die serbische Regierung hatte sich dem internationalen Druck gebeugt und einer diplomatischen Lösung des Konflikts zugestimmt. Doch in der Zwischenzeit belegten sie die Dörfer mit einem Trommelfeuer aus Raketenwerfern und Artilleriegeschützen.

Die erste Straßensperre passierten wir ohne Probleme – nur die üblichen Gewehrläufe, die man uns ins Gesicht hielt. Bei der zweiten stürmte uns ein Polizist im Armee-Overall entgegen und befahl uns auszusteigen. Er war jung, glatt rasiert und auf eine für serbische Männer typische Art gut aussehend: schwarzes Haar, helle Haut, blasse, blaue Augen. »Ihr seid alle Spione, ihr Journalisten!«, brüllte er Harald an. »Für euch sind alle Serben Schweine! Wenn ich könnte, wie ich wollte, würde ich euch auf der Stelle die Haut abziehen!« Er riss Harald die Pässe aus der Hand und schaute sie sich genau an, ohne dabei seine Hasstiraden zu unterbrechen. Die Gewehre der uns umringenden Wachposten waren auf unsere Bäuche gerichtet. Schließlich kam ihr Vorgesetzter zu uns herüber und gab mir meinen Pass zurück. »Wir wissen, wo Sie wohnen«, sagte er geheimnisvoll. »Schreiben Sie die Wahrheit oder wir töten Sie.«

Was die Straßensperren anging, hätten wir es schlimmer treffen können – viel schlimmer. Albanische Dolmetscher waren an Straßensperren eingesperrt und verprügelt worden. Am Tag vor dem Überfall auf Prekaz waren Harald und drei andere Jounalisten geschlagen, in einen Bunker gezerrt und eine Stunde lang verhört worden. Als die Polzisten erfuhren, dass Harald in Sarajewo lebte, beschimpften sie ihn als Moslem – die meisten Albaner waren Moslems – und Harald musste sich zum Beweis des Gegenteils bekreuzigen. Dann gingen sie Haralds Notizbücher durch und wollten jedes einzelne Wort übersetzt haben.

Einer der Polizisten stolperte über den Namen Frenki Simatović, drehte sich zu seinem Kameraden um und sagte: »Hier, schau dir das an, da steht sogar der Name von unserm Boss drin.« Harald hatte keine Ahnung, wer Simatović war. Er hatte den Namen bei einer Pressekonferenz aufgeschnappt und notiert, um vielleicht später darauf zurückzukommen. Dann wollten sie wissen, ob einer von den Reportern schon mal in einem Dorf namens Prekaz gewesen sei. Immer wieder fragten sie danach. »Prekaz? Prekaz? Ist einer von euch Wichsern schon mal in Prekaz gewesen?«

Prekaz ist so winzig, dass sogar die Einwohner von Priština – eine Stadt, die nur eine halbe Stunde entfernt liegt – vor dem Massaker noch nie davon gehört hatten. Harald blieb dabei, dass er den Namen noch nie gehört habe. Nachdem die Serben ihn schließlich hatten gehen lassen, rief er sofort seine Leute in der Redaktion an und schärfte ihnen ein, dass sie die Ohren spitzen sollten. »Ich hab keinen Schimmer, wo das ist; steht nicht mal auf der Karte«, sagte er. »Aber irgendwas passiert da bald. Hängt euch ans Rohr und findet raus, was mit diesem Prekaz los ist.«

Am nächsten Morgen flogen die ersten Granaten.

Als 1991 Jugoslawiens Höllenfahrt in den Bürgerkrieg begann, stand der frisch gewählte Milošević vor einem heiklen Problem. Er wollte die Kroaten und Moslems aus weiten Teilen Jugoslawiens vertreiben, wagte aber nicht, die jugoslawische Armee damit zu beauftragen.

Er fand eine einfache Lösung. Als Erstes scharte er ein Trio fanatischer Nationalisten um sich: Jovica Stanišić, Radovan Stojičić und Frano »Frenki« Simatović, die unter dem Namen Vojna Linija – Militärische Front – bekannt waren. Die Vojna Linija unterhielt kaum Verbindungen zur serbischen Armee; sie führte ein undurchsichtiges Eigenleben innerhalb des serbischen Innenministeriums. Als die Vojna Linija bereitstand, begann Milošević, die serbischen Bewohner Kroatiens und Bosniens mit Waffen auszurüsten und paramilitärische Verbände auszubilden. Die Waffen besorgten Stojičić und Simatović aus Polizei- und Armeebeständen. Die paramilitärischen Verbände rekrutierte man aus freigelassenen Sträflingen.

Laut Marko Nicović, dem ehemaligen Polizeichef Belgrads, der sich später mit Milošević zerstritt, wurde den Sträflingen versprochen, dass ihre Urteile aufgehoben würden, wenn sie sich zur Front meldeten. Viele nahmen das Angebot dankend an. Die bekanntesten Gruppen waren die Weißen Adler von Vojislav Šešelj, einem bösartigen Konservativen, der später in die Belgrader Regierung berufen wurde, die Frenki-Boys von Frenki Simatović, die namenlosen Männer von Kapitän Dragan und die Tiger von Željko Ražnatović – die übelsten von allen. Ražnatović, der unter dem Namen Arkan bekannt war, wurde von Interpol wegen mehrerer überall in Europa verübter Banküberfälle und Morde gesucht.

Während sich 1992 die jugoslawische Armee offiziell aus Bosnien zurückzog, blieben die paramilitärischen Kräfte, darunter Simatović' Frenki-Boys, weiter im Einsatz. Im gleichen Jahr gingen Šešelj und Arkan in den Kosovo und begannen ihr Frieden stiftendes Terrorwerk. Sie richteten im Grand Hotel von Priština ein Rekrutierungsbüro ein, postierten auf den Dächern Heckenschützen und machten nebenbei noch ein kleines Vermögen auf dem örtlichen Schwarzmarkt.

Beide Männer tauchten 1993 in der Gegend von Srebrenica auf, wo sie die kleinen Städte im Osten Bosniens von Moslems »säuberten«. Nach dem Friedensabkommen von Dayton gab es für die paramilitärische Infanterie nicht mehr viel zu tun. Sie tauchten in die Belgrader Unterwelt ab oder schauten sich nach anderen Kriegen um; angeblich kämpften und starben einige im Dschungel von Zaïre während des Sturzes von Mobutu Sese Seko. Allerdings brauchten sie nicht lange auf den nächsten Krieg im eigenen Land zu warten: 1997 fing der Kosovo Feuer.

Harald und ich waren seit etwa einer Woche im Kosovo, als sich die Lage allmählich beruhigte; es war schon fast so weit, dass man sich bei den Polizisten an den Straßensperren einen Witz erlauben konnte. Trotzdem beschossen die Serben immer noch Dörfer im Herzen Drenicas. Wir entschlossen uns zu einem weiteren Versuch, ins Innere Drenicas vorzudringen. An einem herrlichen Frühlingstag machten wir uns auf den Weg. Haufenwolken zogen über die Hügel Drenicas und besprenkelten mit ihren Schatten die nackten Felder. Wir wollten nach Ačarevo. Das Gerücht ging, dass sich dort das Zentrum des UÇK-Widerstands befand.

Es gab zwei Wege dorthin: Man marschierte zehn Kilometer eine Eisenbahnstrecke entlang und hoffte, nicht beschossen zu werden; oder man fuhr mit dem Auto auf Feldwegen über die zentrale Hochebene und hoffte, nicht beschossen zu werden. Die Posten an den Straßensperren warnten uns, dass es auf der Straße jede Menge Feuergefechte gebe, und rieten uns zu kugelsicheren Westen. Wir dankten und fuhren weiter. Sobald wir außer Sichtweite waren, bogen wir in einen Feldweg ein, von dem wir glaubten, dass er nach Ačarevo führte.

Der Weg führte uns ins Hochland von Drenica. Wie ein riesiger langsamer Käfer, der über einen Esstisch kriecht, bewegten wir uns vorwärts. »Das gefällt mir ganz und gar nicht«, brummte Harald. Ich kurbelte das Fenster runter, damit wir so früh wie möglich hören konnten, wenn man uns unter Feuer nahm. Plötzlich verwandelte sich die Ebene auf magische Weise in eine Kriegslandschaft: Bunker, MG-Nester, Panzer auf weit entfernten Hügeln. Sie tauchten aus dem Nichts auf wie Fotografien aus der Entwicklerflüssigkeit. Wenn ich kurz wegschaute, hatte ich Schwierigkeiten, sie wiederzufinden.

Sie waren da, dann waren sie weg. »Verrückt«, sagte Harald. »Die ganze Scheiß-Serbenarmee hat uns im Visier.«

Er wendete den Wagen, gab Gas und jagte den abschüssigen Feldweg wieder hinunter auf die Hauptstraße. Man konnte sich kaum vorstellen, dass die UÇK in Gelände wie diesem in der Lage war, einen Partisanenkrieg zu führen. Es gab keine Wälder, in denen man sich verstecken konnte, keine Berge, in die man fliehen konnte, keine Sümpfe, die die Panzer aufhalten konnten. Nur offene Felder und von Gestrüpp überwucherte Hügel. Es wäre Selbstmord, den Serben auf derart offenem Terrain entgegenzutreten. Der UÇK bleibt nur ein Krieg der kleinen Nadelstiche, der die Serben vielleicht so viel Geld und Menschenleben kosten würde, dass sie sich schließlich zurückzögen.

Und die Serben haben nicht den Mumm für einen langwierigen Kampf gegen Bauernburschen, die plötzlich mit Granatwerfern und AK-47-Maschinengewehren aus dem Gebüsch springen. Mit einem Granatwerfer kann man leicht einen Panzer in die Luft jagen; ein Molotow-Cocktail im Luftansaugrohr hat den gleichen Effekt. Die serbische Bevölkerung bleibt von den Gräueln in Bosnien zwar verschont, ist aber demoralisiert durch die hohe Inflation und eine ruinierte Wirtschaft. Sie würde einen Krieg nicht mittragen, in dem man ihre jungen Männer bei lebendigem Leib röstet.

Der einzige Ausweg für das serbische Militär heißt Terror. Für jeden getöteten Polizisten eine ausgelöschte Familie. Für jede beschossene Patrouille ein dem Erdboden gleichgemachtes Dorf. Massaker anzurichten ist wesentlich leichter als Krieg zu führen – und billiger. Außerdem zwingt es die jungen Idealisten in der UÇK, darüber nachzudenken, ob sie das wirklich riskieren wollen. Für einen 24-jährigen Burschen ohne Zukunft und Bürgerrechte ist es ein Klacks, in einer Guerillabewegung sein Leben zu opfern; das passiert täglich. Aber den kleinen Bruder oder zwei Schwestern oder die Mutter zu opfern – das ist eine völlig andere Geschichte.

Harald und ich fuhren auf einer schmalen gepflasterten Straße weiter Richtung Norden. Als wir zum wiederholten Mal eine Hügelkuppe überquerten, sahen wir in der Ferne endlich Ačarevo. Es machte nicht viel her. Die weißen Häuser des kleinen Dorfs duckten sich zwischen die Hügel und flimmerten in der von den Feldern aufsteigenden Hitze. Wir fuhren weiter und stießen hinter der nächsten Kurve auf eine schwer bewachte Straßensperre. Granatwerfer standen am Straßenrand, in die Hänge hatte man Unterstände gegraben. Wir hielten an.

Ein Polizist mit einem Maschinengewehr im Arm kam auf uns zu. »Papiere«, sagte er. Während der Polizist die Pässe kontrollierte, saß ich schläfrig auf dem Beifahrersitz. Harald zündete sich eine Zigarette an.

Der Heckenschütze hatte regelrecht darauf gewartet, dass endlich ein Auto kam und den Polizisten zwang, auf die Straße zu gehen. Er hatte, völlig elektrisiert von seinem neuen Killerspiel, im Eichengebüsch gelegen und eine Zigarette nach der andern geraucht. Er hatte darüber nachgedacht, auf welchem Weg er verschwinden würde, wenn er schließlich die Nerven verlieren und das Feuer einstellen würde. Die Gegend wimmelte von Serben; ihm würden höchstens ein paar Minuten bleiben, um sich aus dem Staub zu machen.

Beim ersten Schuss schauten der Polizist und ich uns nur erstaunt an. Beim zweiten Schuss stürzten Harald und ich aus dem Wagen. Beim dritten sprangen wir – ich, Harald und der Polizist – kopfüber hinter den Wagen. Verblüffend, wie schnell die Feindseligkeit zwischen den Menschen verschwindet, wenn ihnen die Kugeln um die Ohren fliegen. Einer der Polizisten hantierte mit seinem Funksprechgerät herum, die andern rissen ihre Gewehre über die Sandsäcke und versuchten auszumachen, woher die Schüsse kamen. *Plop ... plop ... plop.* Der Kerl mit dem Funkgerät forderte brüllend Verstärkung an, während Harald und ich über die Straße in den Unterstand robbten. Der Polizist neben uns zog hastig seine kugelsichere

Weste an. Nach seinem resignierten Gesichtsausdruck zu schließen, tat er das mindestens einmal pro Tag.

Das Feuer hörte so plötzlich auf, wie es angefangen hatte. Einer der Polizisten scheuchte uns aus dem Unterstand.
»Schiebt euern Arsch hier raus«, sagte er. Wir stiegen ein und
fuhren los. Raus aus dem Hochland, vorbei an einer in Schutt
und Asche gelegten Ortschaft namens Lauša, vorbei am Hauptquartier der serbischen Polizei in Srbica, direkt vor das Tor
der Munitionsfabrik. Vor dem Tor kreuzt der Feldweg nach
Prekaz. Wir bogen ab und fuhren langsam weiter. Wir wollten keinesfalls den Eindruck erwecken, dass wir versuchten,
uns an jemandem vorbeizudrücken.

Die paramilitärischen Soldaten stoppten uns erst am Dorf-
rand. Sie kamen mit vorgehaltenen Maschinengewehren aus
einem getarnten Bunker. Ungläubig schauten sie uns an. Als
könnten sie nicht glauben, dass einer so dumm war, ihnen
Schwierigkeiten zu machen. Sie sahen aus, also würden sie sogar ein Polizeifahrzeug aufhalten; sie sahen aus wie Männer,
die ausschließlich ihren eigenen Befehlen folgten. Einer forderte brüllend unsere Papiere, während zwei andere ihre Gewehre auf uns richteten und den Wagen umkreisten. »Die UÇK
hat gerade auf uns geschossen«, sagte Harald durchs Seitenfenster. »Jetzt ist mir auch klar, warum ihr hier seid.«

Es funktionierte. Der Soldat sah sich unsere Papiere an und
winkte uns durch. Ich konnte mir nur einen Grund vorstellen,
warum das serbische Militär Journalisten nach Prekaz ließ –
einen Ort, der leicht abzuriegeln war und der vor Belastungs-
material strotzte. Jeder sollte erfahren, was einem drohte, wenn
man Widerstand leistete.

Harald fuhr langsam die breite Dorfstraße entlang, die an
einer Viehweide endete. Neben der Straße lag eine verwesen-
de Kuh. Alle Hausdächer waren weggesprengt worden, Fenster waren zerschossen, Mauern eingestürzt. Als ob eine riesige
Klaue die Eingeweide der Häuser aufgeschlitzt hätte, ergoss
sich der Inhalt der Zimmer auf die Straße. Granattreffer hat-

146

ten die Wände mit einem pockenartigen Muster überzogen, rußige Zungen leckten aus den Fenstern senkrecht nach oben. Wo sich jemand gewehrt hatte, lagen kleine Haufen glänzender Patronenhülsen.

Harald und ich gingen durch ein zerschossenes Holztor in den Innenhof eines Hauses. Zwei jetzt herrenlose Hunde, von denen einer am Rücken verletzt war, standen knurrend auf ein paar Steinen, die mal die Türschwelle ihres Zuhauses gewesen waren. Harald gab den Hunden etwas Wurst und machte eine Sardinenbüchse für sie auf. Dann gingen wir an den Hunden vorbei ins Haus. Auf Tischen lagen Schulbücher. An Wandhaken hingen unversehrte Jacken neben Kleidungsstücken, die völlig zerfetzt waren. Ein merkwürdiger Anblick.

Nach dem Überfall war genau dieses Haus als Außenposten für die Sonderpolizei genutzt worden. Die Polizisten hatten es Raum für Raum durchsucht, hatten alles umgekippt oder aufgebrochen. Bücher und Kleidungsstücke, Fotoalben und Lampen, alles lag auf dem Boden durcheinander. Auf einem Haufen lag ein serbisches Pornoheft, das die letzten Hausbewohner zurückgelassen hatten.

Wir gingen zu der Wiese oberhalb des Dorfes und machten den 55 Rechtecken aus frisch aufgeschütteter Erde unsere Aufwartung. Dann setzten wir uns in den Wagen und fuhren zurück in die Welt der Lebenden. Als wir an dem Bunker vorbeikamen, posierten die Männer gerade für ein Gruppenfoto – mit dem zerstörten Dorf als Hintergrund. Die Maschinengewehre klemmten senkrecht in den Armbeugen. Die Männer schauten uns breit grinsend an.

Einer der Männer trug kein Gewehr. Er hielt eine riesige doppelschneidige Axt.

Frontberichte von einem
toten Krieg

1999

Anmerkung des Herausgebers: *Nach dem von Griechenland unterstützten Staatsstreich rechts gerichteter griechischer Zyprioten im Juli 1974 sah die Türkei die Rechte der türkisch-zypriotischen Minderheit bedroht und besetzte das nördliche Drittel Zyperns. 25 Jahre danach ist Zypern immer noch eine geteilte Insel und kann nicht nur als Beispiel für die Verfestigung ethnisch begründeten Hasses dienen, sondern auch als Leitfaden für ein friedliches Zusammenleben in Gebieten wie dem Kosovo. Im Februar schickte* Harper's Magazine *Scott Anderson und Sebastian Junger in das Krisengebiet, um über die komplizierten Beziehungen zu berichten. Um zu entscheiden, wer welchen Teil übernehmen sollte, warfen sie eine alte griechische Münze, die auf einer Seite einen Männerkopf, auf der andern einen antiken Streitwagen zeigte. Die Münze fiel mit dem Streitwagen nach oben, was bedeutete, dass Anderson in die Türkische Republik Nordzypern ging und Junger auf die griechische Seite, in die Republik Zypern.*

Sebastian Junger

REPUBLIK ZYPERN

> *Hundert weise Männer können den Stein nicht*
> *wieder hochholen, den ein einziger Dummkopf*
> *ins Meer wirft.*
>
> Zypriotisches Sprichwort

Das gelbe Auto hat vier platte Reifen und rostet vor sich hin. Es steht an einer alten Steinmauer in der Pufferzone, direkt gegenüber von einem Zementbunker mit einer Maschinengewehr-Schießscharte. Die Tarnbemalung des Bunkers sieht aus wie ein Cartoon. Der einsame Soldat der griechisch-zypriotischen Armee zieht an seiner Zigarette und beobachtet uns.

Mit Murphy, einem Soldaten der britischen Friedenstruppe, bin ich die gesamte Pufferzone von Nikosia abgelaufen. Statt eines Gewehrs trägt Murphy einen Spazierstock mit Silberspitze, den er als Zeigestock benutzt. Wir sind von einem UN-Beobachtungsposten am Ostrand der Stadt gestartet und dann zwischen den beiden mehr oder weniger parallel verlaufenden Waffenstillstandslinien durch die Stadt gelaufen. Der trübselige Regen, der durch das dichte Blattwerk der Bäume im Niemandsland prasselt, läuft auf der Straße zu Pfützen zusammen. Murphy hat mir die Stelle gezeigt, wo 1989 ein griechisch-zypriotischer Soldat vor seinem 50 Meter entfernt postierten türkischen Widerpart die Hose runtergelassen und ihm den nackten Hintern entgegengestreckt haben soll, worauf der Türke ihn prompt erschoss. An der Stelle steht ein Schild mit der Aufschrift *Monument to the Moon**, das den patrouillierenden Soldaten heute als Orientierungspunkt dient. Ein Stück weiter befindet sich ein Abschnitt, wo die

---

* to moon = jemandem in der Öffentlichkeit in beleidigender Absicht das entblößte Hinterteil entgegenstrecken (Anm. d. Ü.)

Grüne Linie – wie die von der UN kontrollierte Zone in Nikosia allgemein genannt wird – auf die Breite einer schmalen Straße zusammenschrumpft. Die Balkone der beiden gegenüberliegenden Gebäude reichen bis auf drei Meter aneinander heran. Vor ein paar Jahren haben mal griechische und türkische Soldaten Messer an die Spitzen langer Stangen gebunden und damit über die Straße hinweg aufeinander eingestochen. An anderen Stellen bombardieren sie sich mit Steinen oder brüllen sich einfach Beleidigungen zu.

»Wenn wir es nicht selbst mitkriegen, können wir nichts machen«, sagt Murphy. »Klar, dass die Griechen sich beschweren. ›Hey, die türkischen Soldaten schmeißen mit Steinen nach uns.‹ Dann klingeln wir bei den Türken an und sagen: ›Wir haben Berichte vorliegen, dass Ihre Soldaten mit Steinen werfen!‹ Das Erste, was die sagen, ist: ›Ach ja, haben Sie's gesehen?‹ Darauf wir: ›Nein, haben wir nicht.‹ Tja, und das war's dann.«

Wir stehen jetzt im Regen vor dem alten gelben Auto, neben dem man ebenfalls ein Schild aufgestellt hat. GELBES AUTO. Das Auto, das jetzt den UN-Patrouillen als Orientierungspunkt dient, war früher mal Objekt heftiger Auseinandersetzungen zwischen Griechen und Türken. In der ursprünglichen Festlegung der Pufferzone wurde als türkisches Gebiet der Bereich zwischen der »Vorderseite« des gelben Autos und der Ecke eines Hauses bezeichnet. Mit »Vorderseite« meinten die UN die Seite des Autos, wo sich die Scheinwerfer befinden. Die Türken argumentierten, die Vorderseite des Autos sei die, die einem ihrer Beobachtungsposten am nächsten läge. Der sich daraus ergebende Unterschied im Verlauf der Waffenstillstandslinie würde das Gebiet der Türken um 4,6 Quadratmeter vergrößern.

»Sie haben sich schließlich auf einen Kompromiss geeinigt«, sagt Murphy. »Die Linie blieb, wo sie war, aber ein türkischer Soldat darf einmal pro Stunde fünf Minuten auf dem umstrittenen Dreieck Wache stehen.«

Die Grüne Linie wurde 1963 von einem britischen Kommandanten gezogen, der die Straßenkämpfe zwischen griechischen und türkischen Milizen unterbinden wollte. Angeblich nahm er einen grünen Stift und eine Karte von Nikosia, zog eine Linie durch die alte venezianische Festung und teilte die Stadt in zwei Hälften. Als elf Jahre später die türkische Armee ein Drittel von Zypern besetzte, wurde die Pufferzone über die ganze Insel ausgedehnt und misst jetzt 180 Kilometer. Ein paar Monate später überwachten die auf Zypern stationierten UN-Truppen (UNFICYP) die gewaltige, aber friedliche Abwanderung von 40 000 türkischen Zyprioten, die vom Süden in den Norden umsiedelten und den Platz von geschätzten 175 000 vertriebenen griechischen Zyprioten einnahmen, die zum großen Teil bereits während der Invasion in den Süden geflohen waren. Der Exodus wurde als freiwillig und vorübergehend bezeichnet, was natürlich beides nicht zutraf. Als der Norden 1983 seine Unabhängigkeit erklärte und die Türkische Republik Nordzypern ausrief, glaubten nur noch die optimistischsten Flüchtlinge daran, dass sie jemals in ihre Heimat würden zurückkehren können.

Heute markieren die 1974 gezogenen Waffenstillstandslinien die Grenze der beiden Staaten. Keiner der 190 000 türkischen Zyprioten im Norden und der 655 000 griechischen Zyprioten im Süden darf ohne Sondererlaubnis die Pufferzone zwischen den beiden Linien betreten. Nach Nord- und Südkorea ist Zypern das Land in der Welt mit den meisten Soldaten pro Einwohner: 35 000 türkische und türkisch-zypriotische Soldaten plus 14 500 griechisch-zypriotische Soldaten, die von 1200 UN-Soldaten überwacht werden. Und dennoch ist es eins der friedlichsten Länder. Entlang der Grenze sind seit 1974 nur 16 Menschen getötet worden. Griechische Zyprioten sprechen von der Pufferzone als Todeszone. Auf ihren Landkarten ist die Türkische Republik Nordzypern (TRNZ) als »Von türkischen Truppen besetztes Gebiet« verzeichnet. In Unterhaltungen hört man oft die Bezeichnung

»so genannte türkische Republik« oder einfach »Pseudo-Staat«. In der TRNZ gibt es keine Botschaften oder Konsulate – außer den türkischen, zu denen die UNO keine offiziellen diplomatischen Beziehungen unterhält. Am Ledra Palace, der am Westrand von Nikosia mitten in der Pufferzone liegt, gibt es den einzigen Übergang, den man aber nur mit ausländischem Pass von Süden nach Norden passieren kann und durch den man bis spätestens 17 Uhr desselben Tages auch wieder zurück muss.

In Nikosia fällt die Grüne Linie kaum auf. Ein paar verlassene Straßen, die an Backsteinmauern oder Zementwällen enden, mehr nicht. Hin und wieder ein Sandsackunterstand, in dem ein griechisch-zypriotischer Soldat hockt, der immer eine Zigarette raucht. Die Waffenstillstandslinie übt eine merkwürdige Anziehungskraft aus – wie eine Felsenklippe oder eine Stromschiene. Als ich in Nikosia ankam, war sie mein erstes Ziel. Ich brachte meine Taschen ins Hotel, ging durch die Ledra Street mit ihren teuren Geschäften und kam in eine Sackgasse, wo vor einer Betonwand ein Gerüst mit einer Eisentreppe aufgebaut war. Das ist die einzige Stelle an der Waffenstillstandslinie, wo man als Tourist einen Blick auf den Schutt im Niemandsland werfen kann. Als ich da oben stand, tauchte eine englische Familie auf und stapfte zur Plattform hinauf, um ihre Touristenpflicht zu erfüllen. Die Kinder schleckten Eis, die Eltern kasperten mit ihrem Camcoder herum. Sie schauten über das Gitter zu den vergammelten türkischen Stellungen, die etwa 30 Meter entfernt liegen, und sabbelten etwas von Schande. Dann ließen sie sich mit einem wachhabenden Soldaten fotografieren und gingen wieder einkaufen.

Der Soldat, der sich seine M-16 um den Hals gehängt hatte, sprach passables Englisch. Ich fragte ihn, ob er und seine Kumpels sich jemals mit den türkischen Soldaten auf der anderen Seite unterhielten. Er sagte, dass das die einzige Stelle an der Grünen Linie sei, wo die Türken keine Posten aufstellten. Manchmal ließen sich die Touristen auf der Plattform dazu hinreißen, irgendwas über den Zaun zu brüllen. Anscheinend wollten die Türken sich das ersparen. An den anderen Posten beleidigten sie allerdings ihrerseits die Griechen oder warfen ihnen Steine hinterher.

»Schreien Sie manchmal zurück?«, fragte ich den griechischen Soldaten.

»Nein«, sagte er lächelnd. »Wir achten drauf, dass wir sie nicht zu sehr provozieren. Wir sind die Schwächeren.«

Ein merkwürdiges Eingeständnis für einen Soldaten. Allerdings passte es zum allgemeinen Eindruck, den der Aussichtsposten vermittelte. Nebenan konnte man sich eine Fotoausstellung über die Zerstörungen während der türkischen Invasion anschauen. Auf einer Karte waren die täglichen Verschiebungen der Schlachtlinien eingezeichnet. Es gab sicher nur wenige Länder, die die Zeugnisse für ihre schlimmste Niederlage so deutlich zur Schau stellten. Die Ausstellung war aber nichts weniger als ein Denkmal für die militärische Stärke der Türken. Die Absicht bestand wohl darin, Zypern als Opfer der zügellosen Aggression eines in höchstem Maße militaristischen Regimes darzustellen. Und wenn die Welt nicht mit aller Entschiedenheit darauf reagierte, wer weiß, was als Nächstes passieren würde.

30 Jahre vor Ausrufung der TRNZ waren es die türkischen Zyprioten gewesen, die darauf achten mussten, niemanden zu provozieren. Die ersten ernsthaften Probleme tauchten Ende 1954 auf, als zwei Schiffe griechischer Waffenschmuggler Rhodos verließen und nach 250 Seemeilen an einem verlassenen Küstenabschnitt im Westen von Zypern landeten. An Bord waren ein paar hundert Kilogramm Sprengstoff und der ehemalige Nazi-Kollaborateur General George Grivas, Führer einer Partisanengruppe, die sich Griechisch-nationalistische Widerstandsorganisation nannte. Die unter der Abkürzung EOKA bekannte Gruppe hatte sich zum Ziel gesetzt, die Briten, die Zypern 1878 mit Billigung der Osmanen besetzt

hatten, zu vertreiben und die Insel wieder ins Mutterland Griechenland einzugliedern. Enosis – das griechische Wort für Anschluss – stellte für die türkische Minderheit, die 18 Prozent der Bevölkerung ausmachte, eine furchtbare Bedrohung dar. Die Türken Zyperns wollten unter keinen Umständen griechische Staatsbürger werden. Deshalb verfolgten sie mit großer Sorge, wie 20 000 britische Soldaten und 4 500 zypriotische Polizisten nicht in der Lage waren, die 300 mit Rohrbomben und selbst gebauten Maschinengewehren kämpfenden EOKA-Freischärler aus dem Troodos-Gebirge zu vertreiben. Als sie es bis 1959 immer noch nicht geschafft hatten, die EOKA auszuschalten, entließen die Briten Zypern in die Unabhängigkeit und bescherten damit dem Rest der Welt ein Problem.

Dem Westen war klar, dass General Grivas – wenn man seine Phrasen für bare Münze nahm – nicht aufgeben würde, bis er die Vereinigung Zyperns mit Griechenland erreicht hätte. Das würde jedoch die Türkei niemals zulassen. Die Südküste der Türkei ist nur 65 Kilometer von Zypern entfernt, die Präsenz griechischen Militärs so dicht vor der eigenen Haustür war undenkbar. Setzte sich die Enosis-Bewegung durch, würde die Türkei Zypern besetzen, Griechenland würde einschreiten und plötzlich hätte man auf dem Höhepunkt des Kalten Krieges einen ausgewachsenen Konflikt zwischen zwei NATO-Mitgliedern.

Um eine derartige Katastrophe zu verhindern, arrangierten die Briten in Zürich ein Treffen der beiden feindlichen Parteien. Die verständigten sich schließlich auf eine aberwitzig gedrechselte Verfassungskonstruktion mit einem griechisch-zypriotischen Präsidenten, einem türkisch-zypriotischen Vize-Präsidenten und einem überproportional großen Anteil türkischer Abgeordneter im Parlament. England behielt zwei Militärstützpunkte, Griechenland und der Türkei wurden kleine Truppenkontingente zugestanden. Falls sie die zypriotische Verfassung für bedroht hielten, waren England, Griechenland und die Türkei als Unterzeichner des Abkommens zur militärischen Intervention berechtigt. Am 16. August 1960 wurde die Republik Zypern geboren und Erzbischof Makarios III., ein ehemaliger Führer der EOKA, wurde zum Präsidenten gewählt. Fast von Anfang an entpuppte sich das Abkommen als Albtraum.

Die griechischen Zyprioten behaupteten, die türkisch-zypriotische Minderheit habe keinen Anlass, um ihre Sicherheit zu fürchten und der Hass zwischen den beiden Volksgruppen sei das Ergebnis türkischer Propaganda und britischer Machenschaften. (»Bis 1955 lebten Griechen und Türken friedlich wie Brüder zusammen« steht auf einer Tafel im Museum des Nationalen Kampfes in Nikosia zu lesen. »Vollkommene Harmonie prägte ihre Beziehungen. Niemals erhoben die Türken Anspruch auf die Insel.«) Die Wirklichkeit hatte allerdings nie so rosig ausgesehen. Obwohl sie sich über Jahrhunderte hinweg tolerierten, hatten Griechen und Türken auf Zypern weitgehend in getrennten Gemeinwesen gelebt. Und der Ruf nach Enosis trieb sie nur noch weiter auseinander. Anfang der 60er Jahre töteten griechisch-nationalistische Todesschwadronen regelmäßig türkische Zyprioten, die sich jedoch nicht um Schutz an die Regierung wandten, sondern sich selbst bewaffneten und in leicht zu verteidigende Enklaven zurückzogen. Im Gegenzug versuchten die griechischen Zyprioten, den türkischen Gemeinwesen durch Wirtschaftsblockaden die Luft abzudrehen, worauf sich die Spannungen in Straßenschlachten entluden. Selbst nach der Teilung Nikosias durch die Grüne Linie Ende 1963 hörten die Kämpfe nicht auf, sodass Erzbischof Makarios schließlich die UNO um Hilfe bat. Eine mehrere tausend Mann starke Friedenstruppe rückte ein, die über ein 90-Tage-Mandat verfügte, das beliebig oft verlängert werden konnte. Zu dieser Zeit hatten die türkischen Zyprioten jedoch bereits jede Beziehung zur Regierung Zyperns gekappt und Kämpfe zwischen den Milizen waren an der Tagesordnung.

Wie bei einer schlechten Ehe war die Trennung nur eine Frage der Zeit. Ende der 60er Jahre ließ Erzbischof Makarios den Anschluss an Griechenland als politisches Ziel fallen und im Juli 1974 beschuldigte er das griechische Militär, seine Amtsgewalt zu untergraben. Eine Gruppe rechts gerichteter Offiziere, die Verrat an der hellenistischen Sache witterten, stürmte den Präsidentenpalast und zwang Makarios unterzutauchen. Hunderte von moderaten griechischen Zyprioten, die man verdächtigte, mit den Kommunisten zu sympathisieren oder gegenüber den Türken zu nachgiebig zu sein, wurden getötet. Wenige Tage später wurde Makarios durch den EOKA-Kämpfer Nikos Sampson ersetzt, der seinen Patriotismus schon zehn Jahre vorher bei den Auseinandersetzungen an der Grünen Linie bewiesen hatte, als er 700 türkisch-zypriotische Zivilisten als Geiseln nahm. Keine 48 Stunden später entsandte die Nixon-Regierung einen hochrangigen Diplomaten namens James Sisco, der den Kriegseintritt der Türkei verhindern sollte. Doch es war schon zu spät. »Wir werden den Fehler, den wir vor zehn Jahren gemacht haben, nicht wiederholen«, sagte der türkische Premierminister am 19. Juli zu Sisco. Am nächsten Morgen landeten bei Kyrenia, einem Küstenstädtchen im Norden Zyperns, türkische Truppentransportschiffe mit 6000 Soldaten.

Scott Anderson

TÜRKISCHE REPUBLIK NORDZYPERN

Ich werde Ihnen was erzählen über Zypern. Es gab mal eine Schlange, und die Schlange ist eines Tages in das Haus eines Mannes gekrochen, der einen Sohn hatte. Die Schlange hat den Sohn des Mannes gebissen und der Sohn ist gestorben. In seinem Kummer hat der Mann ein Messer genommen und der Schlange den Schwanz abgeschnitten. Am nächsten Tag ist die Schlange wiedergekommen und hat zu dem Mann gesagt: »Also, das war's, jetzt lass uns Freunde sein.« Da hat der Mann gesagt: » Wir können nie Freunde sein, weil du meinen Sohn getötet hast. Das ist ein Schmerz, der wird für immer in meinem Herzen bleiben. Ich hab dir den Schwanz abgeschnitten, und das ist ein Schmerz, der wird für immer in deinem Herzen bleiben.« Deshalb werden wir in Zypern nie Frieden haben.

Eine alte türkisch-zypriotische Frau

Ein alter Mann und ein verdreckter weißer Hund stehen wie in Gedanken versunken am Rand eines leeren Swimmingpools und schauen hinunter in das Loch. Der Pool ist außergewöhnlich tief, etwa viereinhalb Meter. Die Wände sind mit Rissen überzogen, den Boden bedeckt ein Teppich aus totem Laub. Der Mann hebt den Kopf, sieht mich hinter dem Törchen stehen und winkt mich mit dem Finger herein.

»Miese Arbeit«, brummt der Mann, als ich neben ihm stehe. »Macht nur Scherereien.«

Ich frage, ob er den Pool reparieren will.

»Nein, nein.« Er gluckst vor sich hin. »Der sieht schon seit 25 Jahren so aus. Gehört zum Museum.« Er schaut zu dem dreistöckigen Haus auf der anderen Seite des Pools. Von den gemauerten Balkonen und den Fenstern des verwinkelten Gebäudes hat man einen weiten Blick übers Meer. »Alles, was Sie hier sehen, ist ein Museum. 1974 hat hier der Arzt von Präsident Makarios gewohnt. Jetzt ist es den Märtyrern der Friedensmission gewidmet.«

In einer kleinen Bucht an der Nordküste Zyperns, etwa fünf Kilometer westlich von diesem Haus, betrat in den frühen Morgenstunden des 20. Juli 1974 eine Vorhut türkischer Landungstruppen die Insel. Damit begann, was die türkischen Zyprioten bis heute die Friedensmission nennen. Sicher eine Frage der Definition, da die Mission binnen kürzester Zeit den Tod von 4000 Soldaten und Zivilisten, die Vertreibung von 200 000 Menschen und eine internationale Krise zur Folge hatte, die fast zu einem regionalen Krieg geführt hätte. Aber ich bin nicht hier, um mich in Spitzfindigkeiten zu ergehen. Der alte Mann geht jetzt auf das Haus zu und ich folge ihm.

Es war kalt und bewölkt, als ich mich von Kyrenia aus, einem Urlaubsort an der Nordküste, Richtung Westen auf den Weg gemacht hatte, um die angrenzenden Strände zu erkunden. Hier waren 1974 die ersten türkischen Soldaten an Land gegangen. Ich hielt an einer schlichten, auf einem Felsen hoch über dem Meer angelegten Gedenkstätte. Vor einer abstrakten Skulptur aus gebogenem schwarzen Metall befanden sich die Gräber von über 70 türkischen Soldaten. Daneben gab es noch eine andere Art Friedhof: Umrahmt von Blumenbeeten und Bäumen standen fein säuberlich aufgereiht vielleicht zwei Dutzend alte Panzer und gepanzerte Mannschaftswagen. Der Großteil schien aus den 50er Jahren zu stammen und hatte zum schwächlichen Arsenal gehört, das damals die griechischen Zyprioten gegen die türkische Armee aufboten. Die Verwüstungen durch Kampf und Plünderungen hatten sie in leere Hülsen verwandelt. Ich spazierte gerade zwischen den Panzern herum, als mir der Mann und der Hund am Swimmingpool aufgefallen waren.

Vor dem Eingang bleibt der Mann stehen und macht mich auf die Risse in den Steinplatten der Hauswand aufmerksam. »Hier haben sie Karaoglanoglu getötet«, sagt er und meint damit den Kommandeur der türkischen Bodentruppen, der kurz nach der Landung umgekommen war. Der Mann zeigt auf eine Baumgruppe. »Die Griechen hatten sich da versteckt. Karaoglanoglu geht friedlich auf die Tür zu und dann – *plop!* – ein Granatwerfer.« Der Mann schüttelt traurig den Kopf, öffnet die Tür und winkt mich herein.

Die Rückseite des Hauses besteht nur aus Fenstern. Direkt dahinter wogt das Mittelmeer, das an diesem stürmischen Tag aus nichts als weißen Schaumkronen und donnernden Wellen besteht. Im Erdgeschoss stehen ausschließlich Schaukästen mit erbeuteten griechischen Waffen, zersplitterten Geschosshülsen und Granaten. An allen Wänden der vier Räume im ersten Stock hängen Schwarzweißfotografien von jungen Männern in strenger Haltung: türkische Soldaten, die während der Friedensmission getötet wurden. Einige der Fotos sehen aus, als wären sie bei Schulabschlussfeiern aufgenommen worden. Lächelnde Teenager in Zivil. Andere könnten Vergrößerungen aus Ausweispapieren der Armee sein. Düstere Gesichter unter rasierten Schädeln. Vereinzelte gläserne Schaukästen mit Paradeuniformen und persönlichen Gegenständen gefallener Soldaten: kleine Porträtfotos von Ehefrauen, Kindern, Freundinnen; auf dünnem Papier geschriebene Heimatbriefe; Orden.

Abgesehen davon, dass die türkische Invasion 1974 nicht gerade eine Friedensmission war, war die erste Phase auch militärisch nicht gerade ein Triumph. Sie war sogar eher ein ziemliches Fiasko. Eine Tatsache, die von der türkischen Regierung zwar vertuscht wird, die sie aber unbeabsichtigt bestätigt durch die direkte Nachbarschaft des Ufermuseums, wo zahllose Fotografien von »Märtyrern« an den Wänden hängen, zu dem Panzerfriedhof, wo sie das veraltete Kriegsmaterial des Feindes zur Schau stellt.

Am ersten Tag war es für die türkischen Soldaten noch ziemlich glatt gelaufen. Die 6000 Mann starke Vorhut war bei ihrer Landung im westlichen Teil des Five Mile Beach nur auf geringen Widerstand getroffen und hatte bis zum Abend den Küstenstrich besetzt. Für den nächsten Morgen hatten die Kommandanten die Überquerung des Kyrenia-Gebirges geplant, um sich dann der Fallschirmjägereinheit anzuschließen, die außerhalb von Nikosia – oder Lefkosa, wie die Stadt bei den Türken heißt – gelandet war. Bei Einbruch der Nacht begannen die Dinge jedoch schief zu laufen.

Unglaublicherweise kehrten die Flotte, die die Vorhut an der zypriotischen Küste abgesetzt hatte, und auch die Düsenjäger, die die Truppen tagsüber aus der Luft unterstützt hatten, in der Abenddämmerung in die Türkei zurück. Noch unglaublicher war, dass es zwischen den Landetruppen auf der Insel und dem Oberkommando auf dem Festland praktisch keinerlei Kommunikation gab. Unterstützt von Soldaten aus Griechenland nutzten griechisch-zypriotische Kämpfer die Gunst der Stunde und attackierten die türkischen Linien. Sie schlossen die Fallschirmjägereinheit außerhalb von Lefkosa ein und verließen die Höhlen in den Bergen oberhalb des Five Mile Beach, um über die Landungseinheiten entlang der Küste herzufallen. Die ganze Nacht hindurch tobten erbitterte Gefechte. In chaotischem Nahkampf, der durch verheerende Buschfeuer noch chaotischer wurde, überrannten die Angreifer Stellungen, die die Türken zurückeroberten und dann wieder verloren.

Als im Morgengrauen die türkische Luftwaffe wieder am Himmel auftauchte, verwandelte sich der hin und her wogende Kampf in eine Schlächterei. Türkische Flugzeuge bombardierten griechisch-zypriotische Stellungen überall auf der Insel, rissen große Lücken in die in freiem Gelände vorrückenden Panzerwagenkolonnen und brannten die befestigten Stellungen in den Bergen mit Napalm aus. Bis zur Ausrufung des Waffenstillstands am nächsten Tag hatte die türkische Armee eine schmale Enklave geschaffen, die bis an die türkisch-zypriotischen Viertel von Lefkosa heranreichte.

Doch die Friedensmission war noch nicht vollendet. Parallel zu den verzweifelten diplomatischen Bemühungen zur Beilegung der Krise erhöhte die Türkei ihre Truppenstärke auf Zypern in den folgenden drei Wochen nach und nach auf über 30 000 Mann. Als die Friedensgespräche schließlich scheiterten, waren die Türken bereit zum großen Schlag. Von ihrem Brückenkopf schwärmten sie aus, eroberten in nur drei Tagen mehr als ein Drittel der Insel und zogen die Grenze, die sie bis heute halten.

Wenn man vor Ort ist, kann man sich kaum ein Bild davon machen. Aus der Nähe betrachtet, kommt einem die Türkische Republik Nordzypern eher wie eine verschlafene, leicht angeschmuddelte Touristenenklave vor. Die einst hübschen Dörfer an der Nordküste haben sich in Ansammlungen billiger Hotels und Fischrestaurants verwandelt, deren sonderbarer Mischmasch aus künstlichem Tudor- oder Bavaria-Stil vorwiegend britische und deutsche Urlauber anlockt. Wer das Herumlungern am Strand satt hat, kann Wanderungen in die Hügel unternehmen, Burgruinen besuchen oder in schäbigen Straßencasinos die Spielautomaten füttern. Außer als Touristenziel hat sich die TRNZ einen Namen als internationales Steuerparadies gemacht. »Ein idealer Ort für ausländische Geschäftsleute«, wie es in Regierungsbroschüren ermunternd heißt. Das stattliche Aufgebot dubioser Offshore-Banken versteckt sich in den Seitenstraßen von Lefkosa.

Abseits davon lauert ein Paralleluniversum: das der Märtyrer. In den vergangenen 25 Jahren haben die türkischen Zyprioten und ihre türkische Schutzmacht auf dem Festland die Landschaft mit Monumenten, Friedhöfen und Museen zu Ehren der Gefallenen vollgepflastert. Die Botschaft all dieser Gebäude und Gedenkstätten ist an die Dorfbewohner in den Hügeln und die Touristen gleichermaßen gerichtet: Dieses Land wurde geschaffen mit Blut und verteidigt mit Blut; kein Weg führt zurück in die Vergangenheit.

Die Geschichte ihres Daseins sehen die türkischen Zyprioten als ein Epos aus Unterdrückung und Fremdherrschaft. Sie lesen ihre Geschichte als einen 400 Jahre andauernden Belagerungszustand, bei dem die griechischen Zyprioten mit Waffengewalt und Heimtücke unablässig versucht haben, sie unter das unerträgliche Joch Griechenlands zu zwingen oder sie ganz von der Insel zu vertreiben. In keinem Punkt unterscheiden sich türkischer und griechischer Mythos radikaler als in der Betrachtungsweise der Zwischenkriegszeit von 1964 bis 1974, der Zeit zwischen dem Zusammenbruch der Republik und der Ankunft der türkischen Truppen.

Für die Griechen war das das goldene Zeitalter der Insel, eine idyllische Zeit, in der die beiden Volksgruppen in Harmonie zusammenlebten. Für die Türken war es die Zeit, in der sich die Schlinge um ihren Hals immer enger zog, in der sie sich in winzige, verwundbare Enklaven zurückziehen mussten und in der das Verlassen des »Ghettos« ständige Schikane oder Schlimmeres durch die griechisch-zypriotischen Behörden bedeutete. Nach dem blutigen EOKA-Putsch gegen Makarios im Juli 1974 sahen sich die türkischen Zyprioten, wenn die moderaten Kräfte unter den Griechen erst mal ausgeschaltet wären, als nächstes Opfer und betrachteten deshalb die türkische Friedensmission als berechtigten Akt der Selbstverteidigung.

Diese Einstellung bringt das Monument oberhalb der kleinen Bucht am Five Mile Beach, wo die türkischen Soldaten an Land gegangen sind, deutlich zum Ausdruck. Unterhalb einer großen Betonplatte, die in steilem Winkel aus dem Boden ragt und ihr den Spitznamen »Die Türkische Erektion« eingetragen hat, befinden sich sieben Betonstelen, auf denen in kurzen, grob gemeißelten Worten die vermeintliche Geschichte des modernen Zypern erzählt wird.

Die ersten beiden Stelen lehnen sich stark an Picassos *Guernica* an: verzweifelte, von Flammen umzüngelte Menschen und Tiere. Auf der dritten Tafel naht Hilfe: Hohlwangige türkische Soldaten, feierlich geleitet von flatternden Friedenstauben, durchschreiten mit gezogenen Schwertern glutrotes Ödland. Auf den restlichen Stelen schreiten die Friedenskämpfer stramm voran, die Flammen werden nach und nach erstickt und zu den Friedenstauben gesellen sich erblühende Blumen und hübsche, wenn auch etwas hohlwangige Mädchen.

Weitere Huldigungen an die türkisch-zypriotische Version einer von Märtyrern gespickten Geschichte finden sich überall in der TRNZ. Das frühere griechische Fischerdorf Ayios Yeoryios wurde zu Ehren des dort getöteten Oberst in Karaoglanoglu umbenannt und der Five Mile Beach heißt jetzt offiziell Strand des entschlossenen Aufstands. Neben der al-

ten venezianischen Mauer in Famagusta befindet sich ein kleiner Friedhof, an dessen Eingang ein Schild mit einem Text in
türkischer, englischer und deutscher Sprache steht: *Für die
Enosis haben bewaffnete griechische Zyprioten und griechische Schläger versucht, alles Türkische auszulöschen. Auf
diesem Friedhof liegen Türken, die – unbewaffnet und wehr-
los – von griechischen Zyprioten und Griechen zu Tode ge-
martert worden sind.* Vielleicht, um mit dem Museum des
Nationalen Kampfes im griechischen Teil der Stadt gleichzu-
ziehen, hat die Regierung in Lefkosa ebenfalls ein Museum
des Nationalen Kampfes gebaut.

Zumindest in einem Punkt des Museumswettstreits haben
sich die türkischen Zyprioten als überlegen erwiesen. Das
Museum der Barbarei am Mehmet-Akif-Boulevard ist ein ein-
geschossiges weißes Gebäude, das in einem verwilderten Garten mit Blumen und Obstbäumen steht. Es ist umringt von
wesentlich neueren und höheren Häusern: Autohäusern aus
Chrom und Glas, fünfstöckigen Bürogebäuden. Das Museum
widmet sich den Auswüchsen griechischer Barbarei aus dem
Jahr 1963, wobei sich die Museumsdirektoren eindeutig für
den Horror-pur-Ansatz entschieden haben. An den Wänden
des Foyers hängen zwölf abscheuliche Schwarzweißfotografien von toten türkischen Zyprioten jeden Alters. Sie liegen
auf Schlachtfeldern, in Leichenschauhäusern, neben Leichen-
gruben; von Kugeln durchsiebt, von Messern zerstückelt, ver-
west.

Das Museum der Barbarei hält sein Thema durch. In jedem
der mehreren kleinen Nebenräume, in denen jeweils eine einzige nackte Glühbirne von der Decke baumelt, hängen auf
Augenhöhe reihenweise ähnlich bizarre Fotografien. Einige
der Bildunterschriften nennen den Namen des Opfers und beschreiben detailliert die Umstände seines Todes. Andere sind
allgemeiner gehalten: »Ein weiteres unschuldiges Opfer des
brutalen griechischen Feldzugs, der zum Ziel hatte, die türkische Bevölkerung auszulöschen.«

Im größten Raum des Museums steht man plötzlich vor einem Ausstellungsstück, das einen Schlimmes ahnen lässt: einem gläsernen Sarg voller Badetücher und Babyschuhe. Statt Fotos von Ermordeten hängen an zwei Wänden nur private Schnappschüsse einer jungen Familie. Eins zeigt einen kleinen Jungen, der zusammen mit anderen Jungen an einem Tisch sitzt und auf seinen vollen Kuchenteller hinunterschaut. »Der nachdenkliche Murat an seinem siebten Geburtstag« lautet die Bildunterschrift. »Die linke Hand an die Wange gelegt, versucht sich Murat an seinem Freudentag auszumalen, was ihm die Zukunft bringen wird. Er ahnt nicht, dass er nur noch wenige Tage zu leben hat.«

Es stellt sich heraus, dass das kleine Haus am Mehmet-Akif-Boulevard 1963 das Zuhause eines Militärarztes, Major Nihat Ilhan, seiner Frau Muruvet und deren drei kleinen Söhnen, darunter der siebenjährige Murat, war. Zufällig war der Major am Abend des 24. Dezember außer Haus, als die bewaffneten EOKA-Männer in das Gebäude eindrangen und die Familie zusammengekauert in der Badewanne vorfanden. Am nächsten Morgen dokumentierte der Fotograf pflichtgemäß die schauerliche Szene. Das Foto – Muruvet Ilhan tot in der Badewanne, die drei Söhne fest an die Brust gedrückt, Wände und Fußboden besudelt mit Blut – ist heute eine Ikone im türkischen Teil Zyperns. Die Museumsdirektoren haben deshalb gleich mehrere Vergrößerungen des Fotos und zusätzlich zwei Gemälde aufgehängt, die die Szene genau nachstellen – als würde der Schrecken nur durch Wiederholung begreifbar.

Der Schrecken wird allerdings nicht allein durch die Bilder lebendig gehalten. Hinter dem gläsernen Sarg mit den Badetüchern befindet sich das seit 36 Jahren unberührte Badezimmer selbst. Eine mit einer dünnen Staubschicht überzogene weiße Flasche Flüssigseife steht auf dem Rand des Waschbeckens. In der Wanne und an den Wänden sind die gleichen Risse und Einschusslöcher zu erkennen wie auf dem Foto.

»Die Flecken an der Decke«, steht auf einem kleinen Schild über der Wanne, »sind Hirnpartikel und Blutspritzer der Ermordeten.«

Sebastian Junger

REPUBLIK ZYPERN

Neben Fotos mit griechischen Flüchtlingen und mit Häusern, die von türkischen Bomben dem Erdboden gleichgemacht wurden, ist am Aussichtspunkt in der Ledra Street eine Liste angeschlagen. Sie verzeichnet, was laut Regierung die Invasion Zyperns den Türken gebracht hat: 70 Prozent der gesamten Warenproduktion der Insel, 65 Prozent der Touristenunterkünfte, 83 Prozent der Stückgutkapazität und 48 Prozent der Agrarexporte. Zahlen, nichts weiter. Wenn man in einer Bar steht, packt einen normalerweise kein griechischer Zypriot am Ärmel und beklagt sich wegen des Verlusts von Stückgutkapazitäten. Er packt dich am Ärmel und beklagt sich wegen Famagusta.

Famagusta liegt fast in der Mitte einer langen muschelförmigen Bucht an der Ostküste der Insel, direkt gegenüber von Syrien. Im 13. Jahrhundert war die Stadt der reichste Hafen im Mittelmeer und bis 1974 war das Stadtviertel Varosha das eleganteste Strandbad der Insel. Wo sich heute ein türkischer Militärstützpunkt befindet, tummelten sich in jedem Frühjahr Touristen aus England und Skandinavien. Wie Nikosia ist Famagusta umgeben von mächtigen Steinmauern, die im 16. Jahrhundert von venezianischen Militärbaumeistern errichtet wurden, um sich gegen die Invasion der Osmanen zu wappnen. 1570 war es dann so weit. Jeder griechische Zypriot kann einem erzählen, dass an einem mörderisch heißen Mittsommertag 50 000 Türken unter Führung eines Sadisten namens Lala Mustafa an Land gingen. Nachdem er Nikosia erobert und 20 000 Einwohner der Stadt getötet hatte, führte Mustafa seine Truppen gegen das von einer Garnison venezianischer Soldaten beschützte Famagusta.

Die Türken bombardierten die dicken Steinmauern mit geschätzten 100 000 Kanonenkugeln so lange, bis dem venezianischen Stadtkommandanten Marcantonio Bragadino die Munition ausging. Obwohl Bragadino die friedliche Übergabe vorbereitete, begannen die wegen der erlittenen Verluste wütenden Türken Bragadinos Soldaten zu misshandeln und abzuschlachten. Als Bragadino einzuschreiten versuchte, befahl Mustafa, ihm die Ohren und die Nase abzuschneiden und ihm bei lebendigem Leib die Haut abzuziehen. Die Haut ließ er mit Stroh ausstopfen und auf einem Wagen aufstellen. Die Legende will es, dass Bragadino noch lange genug lebte, um sein schauerliches Double, dem man ein Sonnenschirmchen unter die Achsel gesteckt hatte, durch die Straßen von Famagusta paradieren zu sehen.

400 Jahre später marschierte die türkische Armee wieder in die Stadt ein. Die »zweite Phase« der türkischen Invasion fand im August 1974 statt. Die griechisch-zypriotischen Einwohner Famagustas rafften zusammen, was sie tragen konnten, und flohen nach Süden in das kleine Bauerndorf Dherinia. Von dem sanft ansteigenden Hügel aus konnten sie hinunterschauen auf die wunderschönen Strände und inzwischen leeren Hotels, wo sie noch vor wenigen Stunden zu Hause gewesen waren. Wahrscheinlich kamen sie gar nicht auf den Gedanken, dass dieser Zustand von Dauer sein könnte; wahrscheinlich kamen sie auch nicht auf den Gedanken, dass gegen Ende des 20. Jahrhunderts eine moderne Armee Europäer der gehobenen Mittelschicht aus ihren Strandhäusern vertreiben konnte, ohne dass der Rest der Welt dagegen einschritt. Sie irrten sich.

Der nächstgelegene Punkt, von dem sie jetzt auf Famagusta hinunterschauen können, ist ein Hang, der ein paar Kilometer von der Stadt entfernt ist. Zwei Cafés haben dort aufgemacht, die beide mit Fotografien der türkischen Gräueltat und einer Aussichtsplattform auf dem Dach ausgestattet sind. Ich halte bei Annitas Café, weil man von da auch auf die Stelle hinunterblicken kann, wo 1996 Soldaten der TRNZ zwei griechische Zyprioten getötet haben. Das dreistöckige Apartmenthaus, in dem sich Annitas Café befindet, liegt am Ortsrand von Dherinia, in einer trostlosen Gegend, die direkt an die Pufferzone grenzt. Auf der gegenüberliegenden Straßenseite schlängeln sich Stacheldrahtrollen, dahinter liegen ein paar hundert Meter Brachland, hinter dem wieder Stacheldrahtrollen liegen. Ein Fahnenmast mit wehender TRNZ-Flagge – roter Sichelmond und Stern auf weißem Grund – markiert den Beginn des »Pseudo-Staats«.

Ich gehe die drei Treppen zum Café hinauf, setze mich an einen Tisch und bestelle einen Kaffee. Mit dem Kaffee bringt man mir ein Fernglas. An der Wand hängt eine im Sekundentakt aufgenommene Fotoserie, auf der zu sehen ist, wie ein junger griechischer Zypriot namens Tassos Isaak auf einem Feld zu Tode geprügelt wird. Das Feld liegt direkt vor meinem Fenster. Neben den Fotos hängt eine Tafel. »Unter den Augen des österreichischen UN-Kontingents ermordeten am 11. August 1996 barbarische türkische Siedler brutal und kaltblütig einen friedliebenden, 24 Jahre alten Zyprioten. Mit Schlagstöcken und Eisenstangen zerschmetterten sie den Geist der Freiheit.«

Die Ereignisse, die zu Isaaks Tod führten, wurden ins Rollen gebracht durch eine Tour, die die Europäische Motorradfahrer-Organisation FEMA organisierte, um gegen die Besetzung Zyperns durch die Türken zu protestieren. Am 2. August 1996 starteten vom Brandenburger Tor in Berlin aus 21 Motorradfahrer zu einer einwöchigen Tour durch Europa. Am 10. August kamen sie in Zypern an, wo sie sich mit etwa 7000 Mitgliedern des zypriotischen Motorradclubs zusammenschlossen und umgehend verkündeten, die Waffenstillstandslinie durchbrechen zu wollen. Der von der UNO unter

Druck gesetzte Präsident Zyperns, Glafcos Clerides, konnte die Motorradfahrer zwar von ihrem Plan abbringen, doch versammelten sich immer noch tausende Demonstranten in der Gegend um Dherinia. Die zypriotische Polizei marschierte in dem Abschnitt der Waffenstillstandslinie auf, in dem sich jetzt Annitas Café befindet, ließ aber den Grenzposten unbesetzt, sodass die Demonstranten im Lauf des Nachmittags in die Pufferzone vordrangen und anfingen, die türkischen Soldaten zu beschimpfen. Wenig später sahen sich die Demonstranten einer feindseligen Menge von 1000 türkischen Zyprioten gegenüber, die das türkische Militär in Bussen herangekarrt hatte. Die Gegendemonstranten waren in Zivil, trugen aber Knüppel und Eisenstangen. Einige gehörten einer gewalttätigen nationalistischen Vereinigung an, die sich Graue Wölfe nannte und aus der Türkei herübergekommen war, um den Motorradfahrern – so ihre eigenen Worte – »ein ganz besonderes Überraschungsgeschenk zu überreichen«.

Rauf Denktasch, der Präsident der TRNZ, beobachtete die Ereignisse und fotografierte sie mit einer Kamera und einem Teleobjektiv. Als es in der Pufferzone zu Schlägereien kam und die türkische Polizei in die Menge feuerte, verfingen sich vier griechische Zyprioten – darunter Isaak – hoffnungslos in den Stacheldrahtrollen. UN-Polizisten konnten zwar drei von ihnen befreien, doch Isaak stürzte zu Boden und wurde sofort von einem Haufen Grauer Wölfe umringt. Fotos, die vom griechischen Teil der Stadt aus gemacht wurden, zeigen Isaaks verzweifelte Versuche, die Schläge abzuwehren. Die Grauen Wölfe und türkische Polizisten, die Schutzhelme und kugelsichere Westen trugen, prügelten mit Schlagstöcken und Eisenstangen abwechselnd auf Isaaks Kopf ein. Bis sich UN-Soldaten zu ihm durchgekämpft hatten, war er schon tot.

Auf dem Fernseher, der in Annitas Café an der Wand hängt, laufen in einer Endlosschleife die Nachrichtensendungen über Isaaks Tod und die Berichte über den nächsten Todesfall drei Tage später. Am Nachmittag des 14. August, unmittelbar nach Isaaks Beerdigung, kehrten ein paar hundert Motorradfahrer zu der Stelle vor Annitas Café zurück und schafften es erneut, an der griechisch-zypriotischen Polizei vorbei in die Pufferzone zu gelangen. Einer von ihnen war Isaaks Cousin, der 26-jährige Solomos Solomou. Die Bilder von der zweiten Demonstration zeigen Solomou, wie er an zwei UN-Polizisten vorbeiläuft und durch ein Loch des Grenzzauns zwischen Pufferzone und türkischem Gebiet schlüpft. Auf türkischer Seite erwartete ihn eine Phalanx Soldaten mit Maschinengewehren im Anschlag und eine Gruppe Sicherheitsoffiziere, die auf dem Balkon eines Hauses stand. Trotzdem schaffte er es quer über den türkischen Streifen der Waffenstillstandslinie bis zu einem hohen weißen Mast, an dem die TRNZ-Flagge wehte. Während die Sicherheitsoffiziere auf ihn anlegten und die UN-Soldaten nur gebannt zuschauten, kletterte Solomou an dem Mast hoch.

Er hatte etwa ein Viertel geschafft, als sich an seinem Hals ein roter Fleck ausbreitete und er zurück auf den Boden rutschte. Insgesamt fünf Kugeln trafen ihn in Bauch, Hals und Gesicht. Auf Zeitungsfotos sind deutlich zwei Sicherheitsoffiziere zu erkennen, die später von der griechisch-zypriotischen Polizei als Kenan Akin, jetzt Abgeordneter im Parlament der TRNZ, und Erdal Emanet, Chef der Sonderpolizei der TRNZ, identifiziert wurden. Sie schossen vom Balkon aus mit Pistolen. Kurz darauf feuerten die knieenden türkischen Soldaten in die Menge der Demonstranten. Zwei UN-Soldaten und sieben griechische Zyprioten wurden verletzt, darunter eine 59-jährige Frau, die ihren Sohn überreden wollte, mit nach Hause zu kommen.

Ich suche mit dem Fernglas, das man mir zusammen mit dem Kaffee serviert hat, die Pufferzone ab. Sie unterscheidet sich in nichts von jedem x-beliebigen verwilderten Acker. Die Fenster des zweistöckigen Hauses, von dem aus die türkischen Sicherheitsoffiziere geschossen hatten, sind mit Backsteinen zugemauert, wobei man Schießscharten für Maschinengewehre freigelassen hat. Die Flagge der TRNZ weht immer noch an dem Mast, an dem Solomou versucht hatte hochzuklettern. Ich schaue mir die Videoschleife mehrere Male an, gehe dann zurück zum Wagen und fahre so lange in der Gegend herum, bis ich den Friedhof gefunden habe, wo Isaak und Solomou begraben liegen. Die kleine, von einer Betonmauer umschlossene Parzelle mit den steinernen Gruften liegt versteckt hinter dem städtischen Fußballstadion. Isaaks Grab ist überhäuft mit Blumen. Am Grabstein lehnen mehrere in Plastikfolie eingeschweißte Fotos, auf denen die Sekunden seines Todes festgehalten sind. Solomous Grabstein ist opulenter. Das in Zement gegossene Bild zeigt türkische Soldaten, die auf den am Fahnenmast hängenden Solomou anlegen. In einem Krieg mit nur wenigen Opfern, an einer Frontlinie mit nur wenigen Gefechten soll seine Grabstätte die Menschen daran erinnern, dass es da draußen immer noch einen Feind gibt.

»Die Tragödie von Zypern ist, dass es keine Tragödie gibt« lautet ein sarkastischer Spruch der Einheimischen. Dass das Leiden nicht groß genug gewesen sei, um sich das Einschreiten der Welt verdient zu haben, ist natürlich ein blasphemischer Gedanke. Dennoch glaubt noch so mancher griechische Zypriot daran. Sie dürfen es nur nicht laut sagen. Später in Nikosia frage ich einen langjährigen europäischen Diplomaten, was er davon hält.

»Beide Seiten schwelgen geradezu in der Opferrolle«, sagt der Diplomat, der ungenannt bleiben möchte. »Wir nennen so was ein doppeltes Minderheitenproblem. Die türkischen Zyprioten sagen, dass ihre Sicherheit bedroht ist, weil sie eine Minderheit sind. Die griechischen Zyprioten argumentieren, dass sie die Minderheit sind, weil man die Türkei und Zypern zusammen betrachten müsse. Keine Seite stellt sich der Verpflichtung, als gleichwertiger Beteiligter an diesem Konflikt aufzutreten. Beide Seiten warten darauf, dass der andere den ersten Schritt tut.«

Der Diplomat arbeitet in einem scharf bewachten Bürogebäude in der Nähe des Grenzübergangs am Ledra Palace. Von seinem Fenster kann ich an einem weit entfernten Berghang eine riesige, aus Steinen zusammengesetzte türkisch-zypriotische Fahne sehen. Es heißt, dass türkische Soldaten tagelang damit beschäftigt waren, die Unterseiten der Steine mit dem Muster der Fahne zu bemalen. Als sie fertig waren, warteten sie, bis es dunkel war, und drehten die Steine dann um. Am nächsten Morgen wachten die griechischen Zyprioten auf, blickten ins Kyrenia-Gebirge und sahen eine riesige türkisch-zypriotische Flagge, die eine ganze Bergflanke bedeckte.

»Sehen Sie eine Lösung?«

»Ja – wenn Griechenland und die Türkei zusammenarbeiten würden«, sagt der Diplomat. »Aber dafür gibt es keinerlei Anzeichen. Schauen Sie sich die Lage in Nordirland an. Nicht dass ich das vergleichen möchte, aber es gibt tatächlich Parallelen. Bis 1984 waren Großbritannien und Irland zerstritten, was von den gegnerischen Parteien in Nordirland ausgeschlachtet wurde, um den Konflikt nicht abkühlen zu lassen. Dann verständigten sich die britische und die irische Regierung auf eine gemeinsame Strategie im Nordirland-Konflikt und hielten sich auch eisern daran. Die beiden Parteien in Nordirland konnten aus der Politik der beiden Regierungen keinerlei Nutzen mehr ziehen, also mussten sie sich schließlich irgendwann untereinander einigen. Wenn Griechenland und die Türkei auf ähnliche Weise kooperieren würden, könnte man das Problem Zypern ziemlich leicht aus der Welt schaffen.«

Nach dem Interview führt mich der Diplomat aufs Dach und wir blicken hinunter auf Nikosia. Die Sonne versinkt hinter dem Troodos-Gebirge und wir hören den Muezzin, der im Norden der Stadt die Gläubigen zum Gebet ruft. Die Pufferzone zieht sich wie eine entzündete Narbe quer durch die Stadt. Dahinter sieht man die Panzer und Geschütze der Türken und die wuchtigen Erdwälle ihrer Verteidigungslinie. Der

Diplomat deutet auf die hastig zusammengeschusterten Stellungen der Griechen auf unserer Seite und fährt mit dem Finger in westlicher Richtung über die Pufferzone. »Da wimmelt's nur so von Singvögeln und anderen Tieren«, sagt er. »Überall auf der Insel haben die Jäger alles abgeschossen. Nur da unten, da kommen sie nicht rein.«

Scott Anderson

TÜRKISCHE REPUBLIK NORDZYPERN

Es fällt schwer, sich Rauf Denktasch als Präsidenten der Türkischen Republik Nordzypern vorzustellen. Er ist ein kleiner korpulenter Mann von 75 Jahren, der eine verblüffende Ähnlichkeit mit Homer Simpson hat. Er spricht ein leicht britisch gefärbtes Englisch, das er von seinem Londoner Jurastudium in den 40ern mitgebracht hat, und ist auf Fotos meist in ausgebeultem Trainingsanzug zu sehen. An diesem Tag trägt er einen Straßenanzug. Er sitzt mir im Büro seines schwer bewachten, im Stadtzentrum von Lefkosa gelegenen Präsidentensitzes gegenüber. Das geräumige, sonnendurchflutete Büro teilt er mit Tropenfischen, die in einem großen Aquarium herumschwimmen, und drei krakeelenden Sittichen, die neben dem wuchtigen Schreibtisch in einem Käfig hocken.

Seit über 40 Jahren ist Denktasch die beherrschende politische Figur im türkischen Teil Zyperns. Er war in den 50ern einer der wichtigsten Köpfe der verbotenen Türkischen Verteidigungs-Organisation, wurde wegen seiner Militanz zweimal aus Zypern ausgewiesen und ist seit Gründung der TRNZ ihr Präsident. Selbstredend weiß so ein Mann, wie man Journalisten auflaufen lässt. Deshalb bat ich am Abend vor unserem Treffen einen einheimischen Reporter um ein paar Verhaltensregeln.

»Das Allerwichtigste ist, dass Sie ihn nie was Historisches

fragen«, schärfte der Journalist mir ein. »Sobald Sie ihm die Chance geben, sich über die Verfassung von 1960 auszulassen, sind Sie geliefert. Dann müssen Sie durch eine halbe Stunde Geschichtsunterricht à la Denktasch.«

Gewarnt sein heißt gewappnet sein. Wir sitzen in einer Ecke seines Büros in einer Polstergarnitur mit Couchtisch und ich stelle meine erste, genau überlegte Frage.

»Da mir die Geschichte Zyperns ziemlich geläufig ist und ich weiß, dass Sie ein viel beschäftigter Mann sind, würde ich mich gern auf das Heute konzentrieren. Darauf, was Ihrer Meinung nach Amerikaner über die TRNZ und die aktuelle Lage in Zypern wissen sollten.«

Der Präsident nickt. »Was ich Ihren Landsleuten gern sagen möchte, ist, dass Zypern die Heimat zweier Volksgruppen ist, der griechischen Zyprioten und der türkischen Zyprioten. Diese beiden Volksgruppen haben sich 1960 darauf verständigt, eine Republik im Geiste der Partnerschaft zu gestalten.«

Wie der Journalist am Vorabend gesagt hat: Ich bin geliefert. Denktasch hebt an zu einem Vortrag ohne Punkt und Komma und legt mir die jüngere Inselgeschichte aus türkischer Sicht dar: den Aufstieg der EOKA-Terroristen in den 50ern; das von den Griechen umgehend sabotierte Londoner Abkommen von 1959; den Terror in den türkischen Enklaven in den 60ern; wie die türkische Friedensmission sie alle vor der unweigerlichen Ausrottung durch die EOKA-Terroristen bewahrt habe; die seitdem herrschende politische Stagnation.

»Und wie sieht Ihrer Meinung nach die endgültige Lösung für das Zypernproblem aus?« Ich kann diese Frage nur deshalb anbringen, weil selbst der vitalste 75-Jährige irgendwann einmal Luft holen muss.

»Eine Konföderation aus zwei selbstständigen Staaten«, sagt Denktasch. »Das ist die Lösung. Die griechischen Zyprioten müssen unseren legitimen Status und unser Recht auf Selbstbestimmung anerkennen. Wir haben ihnen gegenüber nie Ansprüche geltend gemacht, wir haben Zypern nie als türkische Insel bezeichnet, wir haben immer anerkannt, dass wir die Insel mit ihnen teilen. Und genauso sollen sie uns auch betrachten und behandeln. Ich habe das schon oft gesagt, aber die griechischen Zyprioten wollen nichts davon hören.«

Aus allem, was Denktasch sagt, kann man einen tiefen Groll darüber heraushören, dass die Republik Zypern für die Isolierung seines Herrschaftsgebiets vom Rest der Welt verantwortlich ist. Da die Türkei als einziges Land der Welt die TRNZ offiziell anerkennt, gibt es keinen internationalen Flugverkehr, alle internationalen Beziehungen sind rein informeller Natur und der gesamte Postverkehr läuft über einen Briefkasten auf dem türkischen Festland. Andererseits verschafft die Isolierung Offshore-Unternehmen in der TRNZ einen gewaltigen Vorteil gegenüber Unternehmen, die die internationalen Regeln einhalten müssen, was zudem Denktaschs Botschaft an die Bevölkerung stützt, dass man sich im Belagerungszustand befinde.

Im Weltbild der griechischen Zyprioten ist Rauf Denktasch entweder der meisterhafte Opportunist, dessen Macht von seiner Fähigkeit abhängt, die Teilung der Insel aufrechtzuerhalten, oder die Marionette der Festlandtürken und ihrer »Besatzungstruppen«. Tatsächlich scheint Denktasch aber quer durch alle politischen und sozialen Schichten der TRNZ außerordentlich beliebt zu sein. Mit einer zunächst kurios anmutenden, später nur noch ermüdenden Ausdauer nennen ihn seine Landsleute »den Vater unserer Nation« und vergleichen ihn ständig mit Kemal Atatürk, den Begründer der modernen Türkei. Manchmal hat man den Eindruck, dass fast jeder im Land – seien es an der Nordküste lebende Ausländer oder Bauern aus den abgelegensten und ärmlichsten Bergdörfern – dem Präsidenten schon mal zufällig über den Weg gelaufen ist. Und zwar in der Regel, wenn der passionierte Hobbyfotograf Denktasch im ausgebeulten Trainingsanzug, mit der Kamera um den Hals und ein paar diskreten Sicher-

174

heitsleuten im Schlepptau durch die Landschaft marschiert. Obwohl der eine oder andere der Meinung ist, dass Denktasch allmählich zu alt ist für seinen Posten, ist seine politische Macht ungebrochen. Aus allen fünf Präsidentschaftswahlen, zu denen er angetreten ist, ging er als triumphaler Sieger hervor.

Noch bemerkenswerter ist die Tatsache, dass seine Sicht des »Zypernproblems« und wie man es lösen könnte, von seinen Landsleuten weitgehend geteilt wird. Wenn man nicht aufpasst, kann man sich als Besucher der TRNZ praktisch von jedem eine »Geschichtsstunde à la Denktasch« einhandeln. Quer durch das politische Spektrum, das bei über zwölf Parteien von streng sozialistisch bis neofaschistisch reicht, haben sich fast alle Parteiführer Denktaschs Modell der Konföderation aus zwei selbstständigen Staaten zu Eigen gemacht – auch wenn sie nicht genau erklären können, was eigentlich dahintersteht. Wie ich es sonst in keiner von ethnischen Konflikten heimgesuchten Krisenregion der Welt erlebt habe – nicht in Bosnien und Sri Lanka und erst recht nicht in Israel –, sprechen die türkischen Zyprioten mit einer Stimme. Und als Sprecher haben sie sich Rauf Denktasch ausgesucht.

Das heißt allerdings nicht, dass die TRNZ eine Art *Volksland* darstellt; es wimmelt von merkwürdigen kleinen Unregelmäßigkeiten, von Erinnerungen an die Vergangenheit, bei denen sich die Regierung nie hat eindeutig entscheiden können, ob sie sie nun hinausposaunen oder doch besser unter den Tisch kehren soll. Im Nordosten, auf dem langen schmalen Finger der Karpas-Halbinsel, haben sich etwa 600 griechische Zyprioten gegen die Umsiedelung in den Süden entschieden und sind in ihren Dörfern geblieben; genauso wie ein paar hundert maronitische Katholiken in ihrem Heimartort Kormakiri im Westen der Insel. Diese Unentwegten werden bis heute einmal pro Woche von UN-Soldaten mit »Notrationen« beliefert. Die TRNZ führt die Gemeinden zwar gern als Beweis für ihre Leben-und-leben-lassen-Philosophie an, reagiert aber merklich gereizt auf die Aussicht, dass die Bewohner bei dem Besuch eines Journalisten vor Ort ihren Klagen über die Regierung freien Lauf lassen könnten.

Überall im türkischen Teil sind die griechisch-orthodoxen Kirchen verrammelt oder zu Moscheen umgemodelt worden. Orthodoxe Heiligtümer machen sich in einer Häufigkeit, die jeder Wahrscheinlichkeit spottet, ausgerechnet auf strategisch lebenswichtigem Grund breit, weshalb sie von Stacheldraht umzäunt in miltärischen Sperrgebieten liegen, zu denen niemand Zutritt hat. Bei griechischen Denkmälern, die die Regierung nicht einfach den Blicken entziehen kann, greift sie zu subtileren Mitteln. Eine der bedeutendsten orthodoxen Stätten der ganzen Insel, das wunderschöne kleine St.-Barnabas-Kloster, liegt auf der Mesaoria-Ebene. Obwohl zwei der verkehrsreichsten Straßen der TRNZ in unmittelbarer Nähe vorbeiführen, weist kein einziges Schild auf das Kloster hin.

Nach der Invasion wanderten 175 000 Menschen in den Süden ab, aber nur 40 000 zog es in den Norden. Um das mit den Spuren hellenistischer Kultur überzogene Land und die früher griechisch-zypriotischen und nun verödeten Dörfer wiederzubeleben, versuchte die TRNZ mit allen Mitteln, andere Menschen anzulocken. Die schärfsten Kontroversen verursachten die »türkischen Siedler«. Aus Anatolien, einer der ärmsten Gegenden auf dem türkischen Festland, wanderten tausende von Bauern ein, die auf der Mesaoria-Ebene ganze Dörfer in Besitz nahmen und im Flachland unterhalb von Famagusta neue Städte bauten. Die liberaleren und kultivierteren türkischen Zyprioten schauen auf die konservativen und größtenteils ungebildeten Siedler herab. Die griechischen Zyprioten ereifern sich über die Siedler, weil sie in ihnen Eindringlinge sehen, die widerrechtlich »griechischen Boden« besetzen.

Das andere Extrem bilden die hier lebenden Ausländer, hauptsächlich Briten und Deutsche, die sich entweder auf

Dauer in der TRNZ niedergelassen haben oder zumindest den Sommer über in ihren Ferienhäusern leben. Ihr privilegierter Status ist nirgendwo so deutlich sichtbar wie in dem malerischen Dorf Karmi. Bis 1974 lebten in Karmi griechische Zyprioten; heute ist es per Gesetz »nur für Europäer«, was bedeutet, dass nicht nur Griechen und Festlandtürken, sondern auch Zyprioten keinen Grund erwerben dürfen. Bei einer Partie Poolbillard im Pub Crow's Nest erzählt mir dessen Besitzer, ein freundlicher Engländer namens Steve Clark, wie es dazu kam.

»Als 74 die Türken kamen, sind die Griechen abgehauen, über die Berge. Kann's ihnen nicht verdenken. Danach ist das Dorf völlig runtergekommen. Aber es waren noch ein paar Ausländer da. Die haben sich schließlich zusammengetan und an Denktasch gewandt. Sie haben ihm gesagt: ›Gibt nur einen Weg, dass das Dorf wieder auf die Beine kommt. Sie dürfen nur noch Europäer hier reinlassen.‹ Denktasch war einverstanden und dabei ist es geblieben.«

Die »Europäer« erhielten auf 25 Jahre befristete Pachtverträge unter der Auflage, die verfallenen Häuser wieder aufzubauen. Schon kurze Zeit später hatten sie Karmi in eine ganz passable Nachbildung eines typisch zypriotischen Bergdorfs verwandelt. Ein paar Blumenkästen weniger hätten es wahrscheinlich auch getan und die Namen für ihre Häuser hätten weniger schnuckelig ausfallen können. Laut Protokoll der letzten Gemeindeversammlung, das am Hauptplatz rechts neben der alten griechischen Kirche aushängt, bestehen die dringlichsten Sorgen der Hausbesitzer in steigenden Wasserrechnungen, bellenden Hunden und Mietern, die die Musik zu laut aufdrehen. Ach ja, und in dem nicht enden wollenden Tauziehen um die Verlängerung der Pachtverträge um weitere 49 Jahre.

»Präsident Denktasch hat viel für uns getan – für das ganze Land hat er viel getan«, sagt eine etwas tumbe Engländerin im Crow's Nest. »Im Augenblick haben wir's wirklich schwer.

Wir bekommen einfach keine klare Antwort, was mit unseren Pachtverträgen wird.«

Obwohl vielen anderen Ausländern, die entlang der Nordküste leben, der Apartheid-Charakter von Karmi zuwider ist, stimmen sie in einem wesentlichen Punkt mit den Bewohnern des Dorfes überein. Wie alle aus Überzeugung fernab der Heimat Lebenden haben sie etwas von eifernden Konvertiten. Was den Zypernkonflikt angeht, neigen sie zu extremer Schwarzweißmalerei: Die Türken haben nichts falsch gemacht, sind praktisch unfähig, Unrecht zu tun; die Einheit wäre »ein Desaster, ein Holocaust«; den Griechen kann man nicht über den Weg trauen, sie sind faul, intrigant, bösartig. Unter den »Europäern« spürt man einen rassistisch angehauchten Zorn, der einem bei türkischen Zyprioten nur selten begegnet. Viele haben diesen Zorn »nach Hause« umgeleitet und versuchen Politiker dazu zu bringen, sich für die volle Anerkennung der TRNZ einzusetzen. Ein Punkt, der sicher zu Buche schlägt, wenn die Papiere zur Verlängerung der Pachtverträge auf Denktaschs Schreibtisch landen.

Die Schändung von antiken Stätten, die »Flut« der Türken, die »widerrechtliche Besetzung« von Karmi – kaum überraschend, dass die griechischen Zyprioten jedes dieser Themen aufgegriffen und in ihre Kampagne des Tausendfachen Unrechts aufgenommen haben. Für jeden der Punkte hat Rauf Denktasch eine schnelle und gewandte Antwort parat.

Während ich dem Präsidenten zuhöre, frage ich mich, wie oft er Diplomaten, Journalisten oder Abordnungen seiner Landsleute die gleichen Fragen beantwortet, die gleiche Vorlesung gehalten hat. Schließlich dämmert es mir, warum er meine erste Frage ignoriert und mich zurück in die Geschichte gelotst hat. Weil man eigentlich über nichts anderes reden kann. Die aktuelle Lage in Zypern? Seit einem Jahr unverändert, seit 20 Jahren unverändert. Auch wenn man damit die griechische Sagenwelt bemüht: Rauf Denktasch erledigt Sisyphusarbeit. Im Wesentlichen predigt er seit 25 Jahren das Gleiche und außer seiner eigenen Gemeinde hört keiner zu. Die griechischen Zyprioten, die Friedensunterhändler der Amerikaner und der Vereinten Nationen, die sich in regelmäßigen Abständen auf der Insel umschauen, haben immer nach einem Hebel, einer Öffnung gesucht – ohne Erfolg. Rauf Denktasch ist deshalb halsstarrig, unnachgiebig und geschichtsversessen, weil sein Volk genau so ist.

»Wird Ihnen das manchmal nicht zu viel?«, frage ich. »Immer die gleichen Fragen, immer die gleichen Antworten? Möchten Sie nicht manchmal den Kram hinschmeißen und sich in die Schweiz zurückziehen?«

Der Anflug eines Lächelns zeigt sich auf Denktaschs Lippen. »Nein. Es gehört zu meinen Pflichten als Präsident, auf jede nur erdenkliche Weise dem Rest der Welt unsere Botschaft zu vermitteln. Das kann mir gar nicht zu viel werden. Außerdem ist es mir in der Schweiz zu kalt.«

Als mich der Präsident nach dem Interview zur Tür begleitet, dreht er sich plötzlich um und geht zu einem hohen Bücherregal. Er stellt sich auf die Zehenspitzen, greift nach oben, zieht ein überdimensionales Taschenbuch heraus und gibt es mir. Es enthält eine Auswahl Fotografien, die er im Lauf der Jahre in seinem kleinen Herrschaftsgebiet aufgenommen hat. Zum Dank blättere ich das Buch schnell durch. Es enthält einige hübsche Porträts von Dorfbewohnern, andere Fotos sehen wie Ansichtskarten aus. Ich sehe das Foto vor mir, wie er im August 1996 mit der Kamera um den Hals die Gewalttätigkeiten im Niemandsland bei Dherinia beobachtet.

»Würde es Ihnen etwas ausmachen, wenn in 50 Jahren die Lage in Zypern noch die gleiche wäre wie heute?«, frage ich.

Zum ersten Mal wirkt Denktasch etwas irritiert. Er lässt den Blick über das Bücherregal schweifen. »Nun ja, ich möchte schon gern daran glauben, dass sich irgendwann Fortschritte erzielen lassen, dass andere Nationen endlich die Rechtmäßigkeit unseres Staates anerkennen.«

»Aber ohne Anerkennung kommen Sie doch auch zurecht. Sie leben in Sicherheit, Sie haben ein Vaterland. Wenn sich nichts ändert, würde Ihnen das was ausmachen?«
Er zuckt mit den Achseln. »Eigentlich nicht.«

Sebastian Junger

REPUBLIK ZYPERN

Wenn man nach Zypern kommt, wird einem sehr schnell von Pyla erzählt. In dem kleinen Ort bei Larnaca leben türkische und griechische Zyprioten friedlich zusammen. Da Pyla mitten in der Pufferzone liegt, kann es keine der beiden Seiten für sich beanspruchen. Während der türkischen Invasion haben sich beide Seiten zu unterschiedlichen Zeiten um Schutz an die UNO gewandt. Im Schatten eines UN-Beobachtungspostens leben sie auch heute noch zusammen. »Zusammen« ist allerdings ein relativer Begriff. Es gibt zwei Bürgermeister, zwei Gemeindesäle, zwei Postämter, zwei Telefonsysteme und zwei Cafés. Obwohl Pyla von den griechischen Zyprioten immer als leuchtendes Beispiel für die Kooperation zweier selbstständiger Kommunen präsentiert wird, sind es praktisch zwei verschiedene Orte.

Außerdem ist Pyla für seinen frischen Fisch berühmt, ein Relikt aus der Zeit, als in der Stadt vorübergehend der Schwarzhandel blühte. Da die TRNZ als Staat von anderen Ländern nicht anerkannt wird, kann sie auf Feinheiten wie Importzölle und Urheberrechtsgesetze verzichten, was es ihren Kaufleuten erlaubt, den griechischen Zyprioten Imitate von westlichen Markenprodukten zu Dumpingpreisen zu verkaufen. Noch vor zehn Jahren drängten sich in Pyla 40 oder 50 türkische Läden, die einen schwunghaften Handel mit Lederjacken, Designer-Jeans, billigen Sonnenbrillen und Basketball-Schuhen betrieben. Weil die griechisch-zypriotischen Behörden jeden geschäftlichen Verkehr mit der TRNZ, egal ob legal oder illegal, als De-facto-Anerkennung einer unrechtmäßigen Regierung und deshalb als Verletzung ihrer Gesetze betrachteten, gingen sie schließlich scharf gegen den grenzüberschreitenden Handel vor. Außerdem litten die übrigen Ladenbesitzer in Larnaca darunter. Als die Polizei anfing, außerhalb von Pyla Autos zu kontrollieren und illegale Waren zu beschlagnahmen, blieb als einzige Handelsware aus der TRNZ bald nur noch der Fisch.

Ich fahre an einem der ersten wunderschönen Frühlingstage nach Pyla. Die Knospen an den Bäumen öffnen sich und das Mittelmeer glitzert blau und makellos in der Ferne. Mit seinen kleinen Steinhäusern und schäbigen Wohnblocks inmitten der spröden, langweiligen Landschaft von Ostzypern sieht Pyla aus wie jedes andere Bauerndorf. Keine Straßensperre, kein Polizist, der meine Papiere sehen will. Ich fahre mitten in den Ort und parke auf dem Dorfplatz. An einer Seite befindet sich ein griechisches, an der andern ein türkisches Café und in der Mitte steht der Beobachtungsturm der UN-Friedenstruppe. An einem Hang sehe ich die Maschinengewehre einer türkischen Stellung und eine riesige stählerne Silhouette von Atatürk, die mit großen Schritten hangabwärts auf das Dorf zumarschiert.

Da das Dorf von beiden Seiten frei zugänglich ist, habe ich mich mit Scott auf einen Drink verabredet. Als ich aussteige, kommt er schon auf mich zu und schüttelt mir die Hand. Meine Sorge, dass er mich nach einer Woche türkischer Propaganda mit griechischen Gräuelmärchen vollquatschen könnte, erweist sich als unbegründet. Er ist wie immer. Er ist vor einer Stunde angekommen und hat gleich ein Interview mit dem türkischen Bürgermeister – dem Mukhtar – vereinbart. Wir überqueren den Platz und betreten ein Straßenbüro mit einem großen Spiegelglasfenster. Der Mukhtar heißt Mehmet Sakali. Über Hemd und Krawatte trägt er einen schwarzen Wollpullover und darüber einen alten blauen Anzug, dessen

Ärmelaufschläge zerschlissen sind. Die Schuhe könnten neue Sohlen vertragen und die ledrige Haut ist die eines Bauern oder Viehhirten. Scott fragt, wie die beiden Volksgruppen miteinander auskämen.

»Nicht so gut«, sagt der Mukhtar. »Türken gehen nicht in griechische Cafés und Griechen nicht in türkische. Wenn ein Grieche mit einem Türken redet, kommen gleich die Spione, die sich im Ort rumtreiben, und stellen ihn zur Rede. Die machen von morgens bis abends nichts anderes als die Leute auseinander zu halten.«

»Und früher?«

»Bis 1958 war alles in Ordnung«, sagt der Bürgermeister. »Bis die EOKA angefangen hat, Leute umzubringen.«

Scott und ich hatten gehört, dass von der UNO 1 Mio Dollar zur Restaurierung des Ortes bewilligt worden waren, dass aber fast das ganze Geld verfallen sei, weil man sich nicht über die Verwendung hatte einigen können. Das war eine wichtige Phase gewesen, weil eine erfolgreiche Zusammenarbeit als Modell für ganz Zypern hätte dienen können. Gegen den lautstarken Protest der türkischen Zyprioten betrieb die Republik Zypern hartnäckig ihre Aufnahme in die Europäische Gemeinschaft und derartige Projekte wären dabei eine große Hilfe gewesen. Scott fragt, was passiert sei.

»Wir haben von dem Geld ein Café und eine Kirche gebaut«, sagt Sakali. »Aber auf mehr konnten wir uns nicht einigen. Die Griechen haben darauf bestanden, dass nur Griechen mit den Arbeiten betraut würden. Mit drei anderen griechischen Mukhtars habe ich schon gut zusammengearbeitet, aber jetzt mischt sich die Regierung von Zypern in alles ein und nichts geht mehr. Zehn Mal haben wir einen Termin für ein Treffen festgesetzt, aber der Mukhtar hier hat sich jedes Mal geweigert zu kommen oder seinen Verwaltungschef zu schicken. Wie soll ich zu so einem Vertrauen haben?«

Scott wirft mir einen vernichtenden Blick zu, auf den ich nicht reagiere. Nach dem Interview gehen wir noch auf einen

Schluck in das griechisch-zypriotische Café, dann fährt Scott wieder und ich mache mich auf den Weg, um mit dem griechisch-zypriotischen Bürgermeister zu sprechen. Er selbst ist nicht da, aber sein Verwaltungschef, ein junger, glatt rasierter Mann namens Stavrous Stavron. Er bietet mir einen Stuhl in seinem funkelnagelneuen Büro an und fragt mich, was ich wissen will. Ich stelle ihm die gleichen Fragen, die wir schon dem türkischen Bürgermeister gestellt haben. Als Erstes frage ich nach dem Verhältnis der beiden Gruppen zueinander.

»Kommt ganz drauf an«, sagt er. »Wir sind Nachbarn, die friedlich miteinander auskommen, und wir sind ein Dorf, das auf einen Konflikt zusteuert. Die Spannungen werden von außen hereingetragen – und damit meine ich die Politiker. Das letzte Jahr ist äußerst schwierig gewesen, weil der neue türkische Bürgermeister ein Protegé der Hardliner ist.«

Ich erzähle ihm, dass der neue Bürgermeister Sakali behauptet, das UNO-Projekt sei deshalb gescheitert, weil der griechisch-zypriotische Bürgermeister ein Treffen mit ihm verweigert habe. Stavron schüttelt den Kopf. »Wir haben uns darauf geeinigt, drei griechische Zyprioten mit der Renovierung der orthodoxen Kirche und zwölf türkische Zyprioten mit der Renovierung des türkisch-zypriotischen Cafés zu beauftragen. Beide Projekte sind erfolgreich abgeschlossen worden. Dann waren auf der türkischen Seite Wahlen und der neue Mukhtar ist ohne Gegenkandidaten gewählt worden. Den alten Mukhtar hatte man gezwungen, auf eine Kandidatur zu verzichten. Das ist das, was ich mit ›von außen hereingetragen‹ meine.«

Anscheinend hat Sakali, der vermutlich eine Marionette des Denktasch-Regimes ist, das Projekt sabotiert, indem er auf komplette türkische Kontrolle bestanden hat, worauf sich natürlich die griechischen Zyprioten nicht einlassen konnten. Nachdem 100 000 der 1 Mio Dollar ausgegeben waren, musste Pyla auf den Rest verzichten, weil sich die beiden Seiten nicht einigen konnten. Dass jede der beiden Seiten bereit war, auf fast 1 Mio Dollar zu verzichten, nur um die andere als Sündenbock präsentieren zu können, stellt der politischen Elite in Zypern ein verheerendes Zeugnis aus. Wenn man schon hier nicht zusammenarbeiten kann, in einer Stadt mit voller Integration und extrem hoher Arbeitslosigkeit, wie soll es dann woanders funktionieren?

»Der alte Mukhtar war anständig«, sagt Stavron wehmütig. »Er war Türke, klar, und wir haben natürlich gewusst, dass wir aus ihm keinen Griechen machen können, aber wir haben die Arbeit mit ihm sehr geschätzt.«

Ich bedanke mich bei Stavron, dass er mir seine Zeit geopfert hat, und gehe zurück über den Dorfplatz. Mir kommt es vor, als ob jeder im Ort weiß, dass Scott und ich hier gewesen sind und dass in diesem Augenblick die Hälfte der Einwohner hinter ihren Jalousien hockt und mich beobachtet. Ich fahre aus der Stadt und halte an einem türkischen Restaurant, um den Fisch zu probieren, für den Pyla so berühmt ist. Das Essen ist gut, aber doch nicht gut genug, um damit berühmt zu werden. Ich esse schnell und gehe zurück zum Wagen. Vom Troodos-Gebirge nähern sich dunkle Wolken. Ich bin gerade wieder auf der Straße, als dichter, kalter Regen auf die Windschutzscheibe prasselt.

Während ich mit hohem Tempo in nordwestlicher Richtung nach Nikosia fahre, kommt mir der Gedanke, dass die griechischen Zyprioten diesen Kampf nie gewinnen können. Das Einzige, was der Insel Stabilität bescheren könnte, wäre eine allmähliche Verflechtung der beiden Wirtschaftsräume. Und das wird keine der beiden Seiten zulassen. Die griechischen Zyprioten verweigern starrköpfig jede wirtschaftliche Beziehung mit der TRNZ, weil sie damit indirekt das Denktasch-Regime unterstützen würden, und die TRNZ verfolgt stillschweigend eine Politik, die jeden Keim einer Annäherung zwischen beiden Ländern erstickt. Falls Frieden auf Zypern einkehrte, würde das die griechischen Zyprioten für die Mitgliedschaft in der EU qualifizieren, was für die von der EU ab-

184

gewiesene Türkei völlig unannehmbar wäre. Für die griechischen Zyprioten wäre der einzige Ausweg, die TRNZ diplomatisch anzuerkennen und die Feindseligkeiten für beendet zu erklären. Das wird nicht passieren. Das ist selbst die EU-Mitgliedschaft nicht wert.

Und deshalb schleppt sich der Konflikt fort und die Soldaten der UN-Friedenstruppe gehen weiter auf Patrouille.

»Alle Politiker aus dem Süden waren schon vor der Unabhängigkeit aktiv«, erzählt mir ein prominenter griechisch-zypriotischer Journalist. (Monate später wird er mich mit der Bitte frustrieren, seinen Namen nicht zu nennen. Nur ein weiterer Beweis für die alles erstickende Paranoia der zypriotischen Politik.) Ich mache ihn am Tag nach meiner Rückkehr aus Pyla ausfindig. »Die Karrieren haben sich alle aus der Zeit des Widerstands ergeben«, erzählt er weiter. »Das sind dieselben, die 74 den Krieg verloren haben ... Die sind Gefangene ihrer eigenen Rhetorik. Mit jedem Scheißdreck kennen die sich aus, nur nicht mit dem Zypernproblem.«

Der Journalist gehört zur letzten Generation, die sich noch an die türkische Invasion erinnern kann. Alle Jüngeren sind praktisch ohne jeden Kontakt mit türkischen Zyprioten aufgewachsen; sie kennen nur das, was die Regierung über die andern erzählt. Er hat eindeutig die Nase voll von diesen Geschichten.

»Natürlich geht keiner her und sagt das in aller Öffentlichkeit«, erklärt er. »Aber der einfache Mann auf der Straße denkt sich: Warum bauen wir nicht einfach eine Mauer?«

»Eine richtige Mauer?«

»Klar. Eine hohe Mauer. Wir auf der einen Seite, die auf der andern«, sagt er. »Wir wollen die einfach nicht mehr sehen. Nie mehr.«

Hinterher gehe ich in die Innenstadt zum Essen. Die Wolken haben sich verzogen und die englischen Touristen schieben wieder durch die Straßen. Sie ziehen durch die Gucci- und Benetton-Läden, sitzen in den Straßencafés und halten ihr Gesicht in die Sonne. In ihren Stellungen ein paar Straßen weiter warten tausende von türkischen Soldaten auf den Befehl zum Angriff. Der nie kommen wird. Weil sie nämlich schon haben, was sie wollen.

Scott Anderson

TÜRKISCHE REPUBLIK NORDZYPERN

In den letzten Tagen meines Aufenthalts bin ich mit einer Dolmetscherin unterwegs, die mir das Regierungsbüro für Öffentlichkeitsarbeit gestellt hat. Wie ernst es der Regierung mit ihrer PR-Initiative ist, zeigt die Tatsache, dass das Büro für Öffentlichkeitsarbeit dem Ministerium für Auswärtige Angelegenheiten und Verteidigung unterstellt ist. Bedenken, dass mir Ayshen – eine umgängliche, wenn auch etwas steife Mittdreißigerin – als Aufpasserin zugeteilt wurde, zerstreuen sich bald. Die meisten Interviews langweilen sie tödlich.

Wie sich herausstellt, stammt Ayshen aus Limassol, einer Stadt, die jetzt in der Republik Zypern liegt. Ihre Familie – Großvater Landbesitzer, Vater Arzt – gehörte zur gediegenen oberen Mittelklasse, bis sie in den gewalttätigen 60ern fast alles verlor. Nach der Teilung 1974 floh die Familie in den Norden und Ayshen ging später zum Studium nach London. Sie ist erst vor wenigen Jahren in die TRNZ zurückgekehrt; eine Entscheidung, die sie nachdrücklich bereut. »Es ist alles immer das Gleiche«, sagt sie nach einem besonders langen und ermüdenden Tag voller Interviews. »Die gleiche Politik, die gleichen Argumente. Manchmal hab ich das Gefühl, ich stecke in einem Albtraum und kann nicht mehr aufwachen.«

Bis letztes Jahr hatte sich Ayshen in einer Initiative engagiert, die Gespräche zur Förderung des Zusammenlebens der beiden Volksgruppen organisierte. Die von der UNO und internationalen Konfliktlösungsinitiativen unterstützte Aktion sollte kleine Gruppen von griechischen und türkischen Zyprioten – Geschäftsleute, Intellektuelle, Lehrer – an einen Tisch bringen. Man hoffte, damit auch einer politischen Öffnung den Weg bereiten zu können. Die Regierungen und die konservativen Medienlager auf beiden Seiten machten die Initiative so lange lächerlich, bis sie ihre Arbeit weitgehend einstellte. »Das ist wirklich schade«, sagt Ayshen. »Es ist einfach wichtig, alles zu versuchen, was die Lage ändern könnte.« Man hat ihr das Etikett »Peacenik« verpasst, was ihr im Büro einigen Ärger verursacht.

Zwischen den Interviews versucht Ayshen, mich zu den angenehmeren Plätzen in der TRNZ zu lotsen – zum Beispiel ins St.-Barnabas-Kloster, das außerhalb von Famagusta liegt. In dem menschenleeren Innenhof setzt sie sich unter einen Zitronenbaum auf eine Steinbank. »Das ist einer meiner Lieblingsplätze im ganzen Land«, sagt sie. »Und die Karpas-Halbinsel. Eine himmlische Ruhe. Kilometerlange Strände ohne einen Menschen. Kleine Dörfer. Ideal, um alles hinter sich zu lassen.«

Inzwischen kenne ich sie gut genug, um zu wissen, was sie mit »alles« meint: Politik, Ansprachen und das alles beherrschende Problem.

Im St.-Barnabas-Kloster sind wir nur fünf, sechs Kilometer von den so genannten Dörfern der Märtyrer entfernt. Ende Juli 1974, nur wenige Tage nach der ersten Phase der türkischen Friedensmission, erorberten bewaffnete Männer der EOKA drei türkische Dörfer, trieben 80 Dorfbewohner in die Felder, erschossen sie und verscharrten die Leichen in Massengräbern. An der Straße, die die Dörfer verbindet und die jetzt Straße der Märtyrer genannt wird, befinden sich zwei fast identisch angelegte Gedenkstätten, deren Mittelpunkt eine Steinmauer mit den eingravierten Namen der Toten bildet. An frei stehenden Stellwänden sind schreckliche Fotos von der Exhumierung der Leichen ausgestellt. An der Straße der Märtyrer stehen große gelbe Hinweisschilder, die dem Besucher den Weg zu den Massengräbern erklären – praktischerweise in türkischer und englischer Sprache.

Als ich darauf zu sprechen komme, dass wir uns ganz in der Nähe der Dörfer der Märtyrer befinden, verschlechtert sich Ayshens Laune.

»Wollen Sie da hin?«, fragt sie.

Als ich sage, Nein, ich sei schon da gewesen, scheint ihr ein Stein vom Herzen zu fallen.

An meinem letzten Tag in der TRNZ überrede ich Ayshen, mir Tashkent zu zeigen, ein Dorf in den Hügeln nördlich von Lefkosa. Ich bin neugierig auf Tashkent: erstens wegen der riesigen türkisch-zypriotischen Flagge, die man auf die Bergflanke vor dem Ort gemalt hat, und zweitens, weil man es Dorf der Witwen nennt. Tashkent lag ursprünglich im Süden. Während der Kämpfe 1974 wurden fast alle männlichen Bewohner des Ortes zusammengetrieben und von griechischen Zyprioten ermordet. Während der Umsiedlungen 1975 brachte man die Witwen Tashkents in den Norden und wies ihnen das früher griechische Dorf Vouno als neue Bleibe zu.

Als ich mich in dem Dorf umschaue, fällt mir eine schwarz gekleidete Frau auf, die auf ihrer Veranda in der Sonne sitzt. Sie heißt Emine Mutallip, neben ihr sitzt ihr 92-jähriger Vater Mustafa Sadik. Emine holt freundlicherweise zwei Stühle für uns. Auf meine Bitte erzählt sie die Geschichte dieser längst vergangenen Tragödie, die ihrem Mann und zwei Brüdern das Leben gekostet hat. Plötzlich brechen sie und ihr Vater in Tränen aus, worauf auch Ayshen die Tränen nicht mehr zurückhalten kann.

Als wir hinterher über Tashkents Hauptstraße schlendern, entschuldigt sich Ayshen für ihren Gefühlsausbruch. »Ich musste an meine eigene Familie denken«, sagt sie. »Ich war noch ziemlich klein, als wir im Flüchtlingslager waren, aber ich kann mich noch dran erinnern, dass wir sehr arm waren und ich immer Hunger hatte. Als meine Familie fliehen musste, hat es uns an verschiedene Orte verschlagen. Mein Vater hat sich ständig Sorgen gemacht. Er hat dauernd versucht herauszufinden, wo die andern sind oder ob sie überhaupt noch leben. Als Kind war ich drei Mal auf der Flucht, aber ich habe schon lange nicht mehr dran gedacht.«

Auf dem Rückweg hinunter nach Lefkosa erfahre ich, dass es noch einen andern Grund für Ayshens Niedergeschlagenheit gibt. Zehn Tage vorher, am Tag meiner Ankunft in der TRNZ, hatten in Nairobi Agenten des türkischen Geheimdienstes den Kopf der Kurdischen Arbeiterpartei, Abdullah Öcalan, gefasst und in die Türkei entführt. Öcalan wird von der türkischen Regierung für den Tod von 30 000 Türken verantwortlich gemacht und von der amerikanischen Regierung als Terrorist geführt. Er hatte in der griechischen Botschaft in Kenia Unterschlupf gefunden und war im Besitz eines gefälschten Passes der Republik Zypern.

»Für mich bedeutet das das Ende«, sagt Ayshen auf der Fahrt nach Lefkosa. »Vorher wollte ich einfach nicht glauben, dass die Griechen uns so hassen. Ich hab gedacht, dass wir vielleicht doch noch friedlich zusammenleben können. Aber einen Mann wie Öcalan zu unterstützen, bloß weil er Türken tötet? Erst da habe ich begriffen, wie sehr sie uns hassen. Jetzt sehe ich auch keine Lösung mehr.«

Ich sitze im Wagen und denke an die hoffnungslose Verbitterung, die diese Insel beherrscht. Zypern gleicht einem gesunkenen Schiff, das unter einem Berg von Steinen auf Grund liegt. Und seit der Rest der Welt über eine Hebung nachdenkt, liegt noch kein einziger Stein weniger auf dem Schiff. Stattdessen haben Griechen und Türken alle Hände voll zu tun, noch mehr Steine auf das Wrack zu werfen: die Morde von Dherinia, das Tauziehen um die EU-Mitgliedschaft, die Öcalan-Affäre. Und morgen finden sie sicher den nächsten Stein.

Wie erreicht man eine Lösung? Beide Seiten benutzen als Waffe die Geschichte, mit deren Hilfe sie Gerechtigkeit für sich einklagen wollen. Wenn die Geschichte Zyperns – wie übrigens die Geschichte fast der ganzen Welt – etwas beweist, dann nur, dass es keine Gerechtigkeit gibt: Man lebt so lange in seinem Haus, bis einer daherkommt und einen rauswirft, und der lebt dann so lange da, bis der nächste ihn rauswirft. In welcher Phase der Inselgeschichte hakt man ein und sagt: »Okay, ab jetzt sorgen wir dafür, dass das Unrecht beseitigt wird« und vergisst alles, was vorher passiert ist? Es leuchtet ein, dass man nicht zu weit zurückgehen darf, weil es wie überall auch in Zypern immer ein noch älteres Opfer gibt.

Um die Frage zu präzisieren: Wie erreicht man eine Lösung, wenn offensichtlich beide Seiten kaum ein Interesse daran haben? Wahrscheinlich nur mit winzigen Schritten. Mit dem Hinweis, dass eine Landschaft voller schauerlicher Fotos, auf denen die von der anderen Seite Ermordeten abgebildet sind, vielleicht nicht dazu angetan ist, brüderliche Gedanken zu befördern. Mit dem Hinweis, dass eine militärische Aktion, bei der tausende ums Leben kamen, mit dem Wort »Friedensmission« vielleicht unzutreffend beschrieben ist. Mit dem Hinweis, dass es vielleicht bessere Wege gibt, seine Rivalen an den Verhandlungstisch zu bringen, als sie »so genannte Minister eines Pseudo-Staates« zu nennen. Doch selbst zu diesen Minimalschritten sind die Zyprioten unfähig. Das sture Festhalten an seit einem Vierteljahrhundert unveränderten Phrasen und die hartnäckige Verweigerung jedes Zugeständnisses lassen letztlich nur den Schluss zu, dass sie es nicht anders wollen.

Man kann das aber auch anders sehen. In den 15 Jahren vor der Teilung 1974 kamen bei ethnischen Gewaltausbrüchen auf beiden Seiten hunderte von Zyprioten ums Leben. In den 25 Jahren danach nur 16 – ungefähr so viele, wie vorher in einem schlechten Monat auf Zyperns Straßen starben. Mit 90 Mio Dollar pro Jahr schafft es die UNO, die Ruhe in dieser widerspenstigen Konfliktregion aufrechtzuerhalten. Das entspricht etwa der Summe, die die Militäroperationen der NATO im Kosovo in zwei Tagen verschlingen. Natürlich haben die Menschen in Zypern viel gelitten und viel verloren – vor allem die, die man aus ihren Heimatdörfern vertrieben und gezwungen hat, woanders wieder von vorn anzufangen. Aber wenigstens hatten sie – wenn auch getrennt durch die Pufferzone – die Chance, wieder von vorn anzufangen. Das ist weit besser als normalerweise in Kriegsgebieten.

Vielleicht ist das, was in all den Jahren als »Zypern-Problem« gehandelt wurde, in Wirklichkeit die »Zypern-Lösung«. Vielleicht sollten sich die Diplomaten, die wegen der festgefahrenen Situation regelmäßig die Hände ringen, besser ein paar Notizen machen und das Modell exportieren. Das würde allerdings in den westlichen Machtzentralen ein neues Denken erfordern. Vor allem in Washington, das im Moment auf dem Balkan erneut in eine Krise verstrickt ist. Vielleicht muss man als Erstes mit dem Gerede über Ausstiegsstrategien aufhören. Die Mächtigen müssen erkennen, dass man aus verkorkster Geschichte nicht aussteigen kann und dass man zu bestimmten Zeiten an bestimmten Orten nichts Besseres tun kann, als sich einfach auf unbestimmte Zeit zwischen die zwei kämpfenden Parteien zu stellen und darauf zu hoffen, dass sie ihren Zwist überwinden und wieder aufeinander zugehen – nicht in einem Jahr, nicht in zehn Jahren, aber irgendwann doch. Bis dahin ist die kostengünstigste Lösung, was sowohl Menschenleben als auch Geld betrifft, den Bosniern, Serben und Kosovaren dieses Planeten das zu geben, was die Zyprioten schon haben – eine »Todeszone«, über die hinweg sie sich aus sicheren Stellungen heraus gegenseitig Beleidigungen und Drohungen an den Kopf schleudern können. Wenigstens haben sie dann etwas zu bereden. Und der Rest der Welt muss lediglich ertragen, sich das alles anzuhören.

In Lefkosa setze ich Ayshen vor dem Eingang zum Büro für Öffentlichkeitsarbeit ab. Ich schaue ihr hinterher, während sie mit traurig gebeugtem Kopf die Stufen hochgeht. Mir kommt der Gedanke, dass Menschen wie sie – die Aufrichtigen und die »Peaceniks«, die Gutherzigen und Versöhnlichen – die letzten stillen Opfer eines Landes wie Zypern sind. Es gibt diese Menschen natürlich auch in Bosnien, in Serbien und im Kosovo; Menschen, die sich weigern zu glauben, dass eine Kultur, die einst zerrissen wurde, nicht wieder eins werden kann; Menschen, die nicht aufhören werden, auf ihren Tag zu warten.

Colters Lauf

1999

Im Spätsommer 1808 entschlossen sich die beiden Trapper John Colter und John Potts, den Missouri River stromaufwärts zu paddeln und tief im Territorium der Blackfoot-Indianer auf Biberjagd zu gehen. Auch wenn Colter schon zwei Mal dort gewesen war, hätten sie sich kaum eine gefährlichere Gegend aussuchen können. Das Gebiet, das man heute unter dem Namen Montana kennt, war nichts als öde Wildnis, und die Blackfoot-Indianer begegneten dem weißen Mann seit ihrem ersten Zusammentreffen mit Lewis und Clark vor einigen Jahren in unversöhnlicher Feindschaft. Colter und Potts arbeiteten für einen Pelzhändler namens Manuel Lisa, der am Zusammenfluss des Yellowstone River und des Big Horn River ein Fort gebaut hatte. An einem Morgen Mitte August beluden sie ihre Kanus und paddelten den Yellowstone River hinauf.

Colter war der bekanntere der beiden Männer. Er war ein großer, hagerer Hitzkopf, der wahrscheinlich mehr Zeit in der Wildnis verbracht hatte als jeder andere lebende Weiße – erst als Jäger für die Lewis-und-Clark-Expedition, danach zwei Jahre als Führer und Trapper am Yellowstone River. Im letzten Winter war er allein losgezogen. Nur mit einem Gewehr, einer Büffelfelldecke und 15 Kilogramm Gepäck hatte er mehrere Monate lang das Gebiet des heutigen Montana, Idaho und Wyoming durchstreift. In der Nähe des heutigen Cody, Wyoming, sah er dampfende Geysire – Colter's Hell, wie Ungläubige die Gegend später tauften. Schon wenige Wochen nach seiner Rückkehr in Lisas Fort im Frühjahr 1808 machte er sich wieder auf den Weg. Diesmal nach Three Forks in Montana, wo er knapp drei Jahre zuvor mit Lewis und Clark gewesen war. Allerdings tauchte er schon bald wieder in Lisas Fort auf, um eine Schusswunde am Bein auszukurieren, die er bei einem Kampf mit einem Blackfoot-Indianer erlitten hatte. Sobald es ihm besser ging, zog er wieder los Richtung Three Forks – diesmal mit John Potts. Die beiden Männer hatten zwar schnell fast eine Tonne Pelze erbeutet, doch forderten sie ihr Glück mit jedem weiteren Tag auf Blackfoot-Gebiet mehr heraus. Irgendwann im Herbst verließ sie das Glück.

Sie waren auf dem Jefferson River, als plötzlich am Ufer 500 Blackfoot-Indianer auftauchten. Vielleicht wollte sich Potts nur die Qual eines langsamen Todes ersparen: Auf jeden Fall packte er sein Gewehr und tötete mit dem ersten Schuss einen der Indianer, worauf die Blackfoot ihn – wie Colter sich ausdrückte – »mit Pfeilen durchlöcherten wie ein Sieb«. Colter gab auf und musste sich nackt ausziehen. Einer der Indianer fragte ihn, ob er ein guter Läufer sei. Colter war geistesgegenwärtig genug, Nein zu sagen, worauf ihm die Indianer anboten, um sein Leben zu laufen. Wenn sie ihn einholten, würden sie ihn töten. Nackt, unbewaffnet und mit ein paar hundert Metern Vorsprung lief Colter los.

Wie sich herausstellte, war er ein guter Läufer – ein sehr guter. Er lief in Richtung des zehn Kilometer entfernten Madison River und hatte nach der Hälfte der Strecke bis auf einen alle Blackfoot abgeschüttelt. Als der Verfolger dicht hinter ihm war, wirbelte Colter herum, entriss ihm den Speer und tötete ihn. Er lief weiter und erreichte den Fluss, sprang ins Wasser und versteckte sich so lange zwischen ein paar angeschwemmten Baumstämmen, bis die anderen Blackfoot die Suche aufgaben. Nach Einbruch der Dunkelheit schwamm er ein paar Kilometer stromabwärts und setzte dann seinen Weg zu Fuß fort. Lisas Fort lag über 300 Kilometer entfernt. Anderthalb Wochen später, Haut und Fleisch hingen ihm in Fetzen von den Füßen, erreichte er das Fort.

Colter war eindeutig ein Mann, der das Risiko suchte. Trotz zweier grausamer Jahre mit Lewis und Clark brauchte er bloß zufällig ein paar umherziehende Trapper kennen zu lernen, schon machte er sich von neuem ins Indianergebiet auf. Nachdem er gerade drei Jahre ununterbrochen in der Wildnis gelebt hatte, überredete ihn Manuel Lisa, im nächsten Sommer wieder loszuziehen. Nicht mal die Tatsache, dass er nur haarscharf mit dem Leben davongekommen war, schreckte ihn ab; als er sich von der Tortur erholt hatte, kehrte er ins Three-Forks-Gebiet zurück, um seine Fallen abzuklappern, musste aber einmal mehr vor den Blackfoot fliehen. Als die Blackfoot-Indianer im April 1810 das neue Fort in Three Forks überfielen und dabei fünf Männer töteten, kam er abermals mit dem Leben davon. Doch jetzt hatte Colter genug. Er fuhr den Missouri hinunter und erreichte Ende Mai St. Louis. Er heiratete eine junge Frau und ließ sich auf einer Farm in der Nähe von Dundee, Missouri, nieder. Was die Blackfoot nicht geschafft hatten, schaffte die Zivilisation: Zwei Jahre später starb er.

Wenn man seinen Lebenslauf betrachtet, könnte man sagen, dass ihm die Wildnis gut getan hat. Sie hat ihn am Leben gehalten. Er hatte seine Fähigkeiten bis zum Äußersten ausreizen können, was immer dazu führt, den Menschen aufblühen zu lassen. »Die Gefahr hat ihn irgendwie fasziniert«, hat mal ein Trapper gesagt, der ihn kannte. Wenn ihn diese Faszination gepackt hatte, schien Colter am lebendigsten, am stärksten zu sein. Deshalb hat er sechs Jahre lang ununterbrochen in der Wildnis gelebt, deshalb hat es ihn immer wieder nach Three Forks gezogen, um sich an den Blackfoot zu messen.

50 Jahre später konnten sich Walfänger aus New Bedford, Massachusetts, nicht mehr an das Leben an Land gewöhnen und heuerten, so unglücklich sie sich dabei auch fühlten, für drei weitere Jahre auf See an. Wieder 100 Jahre später stellten amerikanische Soldaten nach Ende ihrer Dienstzeit in Viet-

nam fest, dass sie mit dem Zivilleben nicht mehr zurechtkamen, und meldeten sich freiwillig zurück in die Hölle.

»Die Hemden und Hosen aus Ziegen- oder Hirschleder waren übersät mit Flicken, die mit Sehnen festgenäht waren. Zwischen den Flicken war das Leder zerschlissen, es war schwarz vom Lagerfeuer und speckig vom Essen«, schreibt der Historiker Bernard De Voto über die ersten Trapper. »Sie waren abgerissen und dreckig, rochen schlecht und jeder Mandan-Indianer hatte hellere Haut. Wenn sie sich über Büffelkutteln hermachten, hatte das mehr mit Schlingen als mit Essen zu tun. Sie hatten vergessen, dass es so was wie Stühle gab. Wie selbstverständlich benutzten sie indianische Wörter und Redewendungen, meistens obszöne, die aus den Sprachen der Nez Percé, Clatsop, Mandan oder Chinook stammten.«

Keiner dieser Männer war gegen seinen Willen Trapper geworden; sie hatten sich alle mehr oder weniger freiwillig dafür entschieden. Wie hart die Arbeit auch war, sie muss ihnen zumindest reizvoller erschienen sein als die Alternative: ein ereignisloses Leben im Schoß der Gesellschaft. Für Leute wie Colter war die Vorstellung, dass etwas Schlimmes geschieht, sicher nicht so grauenvoll wie die Vorstellung, dass überhaupt nichts geschieht.

Die moderne Gesellschaft hat die Kunst, nichts geschehen zu lassen, perfektioniert. Dagegen ist eigentlich nichts einzuwenden, außer dass sehr viele Amerikaner angesichts der sagenhaften Leichtigkeit des Lebens ein vages Gefühl der Leere befällt. Das Leben in der modernen Gesellschaft ist darauf angelegt, so viele unvorhergesehene Ereignisse wie möglich auszuschalten. So verlockend das scheinen mag, das Ergebnis ist ausweglose Unterforderung. Hier kommt der Gedanke des »Abenteuers« ins Spiel. Das Wort stammt vom lateinischen *adventura*, was bedeutet: »etwas ist im Begriff zu geschehen«. Ein Abenteuer bezeichnet eine Situation, deren Ausgang sich fast völlig unserer Kontrolle entzieht. Mit anderen Worten: Das Schicksal greift ein. Bergarbeiter oder Stahlkocher, Menschen, die Tag für Tag gefährlich leben, suchen allerdings nur selten das »Abenteuer«. Wie bei den meisten Dingen ist es mit dem Interesse an der Gefahr vorbei, wenn man sie sich nicht aussuchen kann. Der Rest von uns, der keine Bedrohungen der Sicherheit und Bequemlichkeit mehr kennt, muss sich diese Bedrohungen jenseits der eingefahrenen Gleise selbst schaffen.

Vor ungefähr zehn Jahren begann ein junger Kletterer namens Dan Osman mit einer Klettervariante, die man Free-Solo nennt – klettern ohne Sicherung. Er wagte sich an Felswände, an denen schon einige der besten Kletterer des Landes gescheitert waren. Abstürzen war jetzt keine Option mehr. Ungefähr zur gleichen Zeit fing er aber auch damit an, sich absichtlich in die Tiefe zu stürzen. Er sprang von Felsen, wobei er sich nicht mit einem Bungee-Seil, sondern mit einem normalen Kletterseil sicherte. Er stellte fest, dass er hundert Meter tief fallen und überleben konnte, wenn er die Kurve des Falls richtig berechnete. Osmans Vater, ein Polizist, erzählte einem Journalisten namens Andrew Todhunter: »Bei meiner Arbeit war ich sehr, sehr oft mit dem Tod konfrontiert. Hinterher feiert man die Tatsache, dass man noch am Leben ist, dass man eine Familie hat, dass man noch atmen kann. Für ein paar kurze Augenblicke kommt einem alles süßer, heller, lauter vor. Ich glaube, dass der Junge einen Punkt erreicht hat, in dem sein Bewusstsein zu leben weit über das hinausgeht, was ich je erreichen könnte.«

Todhunter schrieb ein Buch über Osman mit dem Titel *Fall of the Phantom Lord*. Ein paar Monate nach Erscheinen des Buches starb Osman bei einem 350-Meter-Sprung im Yosemite National Park. Er war von einem überhängenden Felsen gesprungen, der Leaning Tower heißt. Er benutzte die gleiche Art Seil, mit der er und andere schon mehr als ein Dutzend Sprünge absolviert hatten. Diesmal riss das Seil und er stürzte in die Tiefe.

Colter wäre natürlich der Meinung gewesen, dass Osman verrückt war. Warum sollte man ohne irgendeinen Grund sein

Leben riskieren? Aber den Reiz hätte er sicher verstanden. Bei jedem seiner Trips nach Three Forks war Colter auch nichts anderes als ein Free-Solo-Kletterer. Ob er überlebte oder nicht, lag allein in seinen Händen. Niemand würde ihn retten, niemand würde ihm zu Hilfe eilen. Es ist das älteste und vielleicht unwiderstehlichste Spiel der Welt.

Der einzige Haken am modernen Abenteurertum ist, dass die Leute es für etwas halten, das es nicht ist. Dass jemand ohne Sicherung an einer glatten Felswand herumklettert oder mit einem Ballon um die halbe Welt fliegt, macht zwar gewaltig Eindruck, ist aber nicht gerade notwendig. Und weil es nicht notwendig ist, ist es auch keine Heldentat. Die Gesellschaft würde auch dann noch problemlos funktionieren, wenn kein Mensch mehr auf Berge kletterte. Andererseits ginge nichts mehr, wenn die Arbeiter auf den Bohrinseln ihren Job schmissen. Eigenartigerweise sind es die Bergsteiger, die man mit Ruhm überhäuft, während die Männer auf den Ölbohrinseln von Glück sagen können, wenn sich ein Mädchen in einer Ölstadt dazu herablässt, mit ihnen ein Bier trinken zu gehen. Der Arbeiter auf der Ölplattform, den ein plötzlich ausschwingendes Rohr erschlägt, oder der Feuerwehrmann, der in einem brennenden Gebäude umkommt, ist in gewissem Sinne den Heldentod gestorben. Dan Osman nicht. Er starb, weil er freiwillig sein Leben aufs Spiel setzte und verlor. Das macht ihn zu einem unsagbar mutigen Mann, aber zu nicht mehr. War der letzte Sprung sein Leben wert? Sicher nicht. War ohne die Sprünge sein Leben lebenswert? Offenbar nicht. Zwischen diesen beiden Extremen muss jeder Mensch seinen Weg finden.

Ich war nur ein einziges Mal ganz auf mich allein gestellt. Das war meine Version von Colters Lauf. Der Vergleich ist zwar lächerlich, doch in meinem Alter damals kam es mir mindestens genauso gefährlich vor. Ich war elf, als ich mit anderen gleichaltrigen Jungen beim Skifahren war. An einem Spätnachmittag, als wir nichts anderes zu tun hatten, sind wir in

die Kiefernwälder gegangen, die direkt an das Sporthotel an-
grenzten. Der Schnee war sehr tief, an manchen Stellen reichte er uns bis an die Hüften. Wir pflügten uns langsam vorwärts, wobei wir uns an der Spitze abwechselten. Etwa nach
einer halben Stunde – wir waren schon tief im Wald – erreichten wir eine Hügelkuppe, von wo wir unter uns eine schmale
Straße sehen konnten. Wir warteten ein paar Minuten und
tatsächlich kam ein Auto vorbei. Wir bombardierten es mit
Schneebällen. Ein paar Minuten später kam wieder ein Auto
und wir feuerten die nächste Salve ab.

Da wir die Autos nicht trafen, arbeiteten wir uns näher an
die Straße heran und bereiteten einen Haufen richtig harter,
schwerer Eiskugeln vor; Kugeln, die wie ein Baseball fliegen
und auch genauso hart aufschlagen würden. Während wir
warteten, wurde es immer dunkler. Schließlich hörten wir in
der Ferne das dumpfe Aufheulen einer Kupplung beim He-
runterschalten. Eine Minute später bog ein Neunachser um
die Kurve. Wir warteten bis zuletzt und feuerten dann die Eiskugeln ab. Fünf oder sechs klatschten auf die Windschutzscheibe und zerplatzten zu großen weißen Flecken. Eine Sekunde danach war das grässliche Kreischen der Hydraulik-
bremsen zu hören.

Was wir da taten, war natürlich gefährlich. Die Piste war
vereist und der Fahrer fuhr schnell. Als die Eiskugeln auf der
Windschutzscheibe explodierten, war er wahrscheinlich zu
Tode erschrocken. Aber daran dachten wir nicht. Wir beobachteten gespannt, wie der Truck bockend zum Stehen kam.
Dann flog die Fahrertür auf, ein Mann sprang heraus und wir
rannten los.

Keine Ahnung, warum er sich gerade mich ausgesucht hatte. Ohne ein Wort stürzten meine Freunde in alle Richtungen
davon und verschwanden im Wald. Als ich mich umschaute,
sah ich, dass der Mann hinter mir her war. Er war so sauer,
dass er merkwürdig grunzende Geräusche ausstieß. Nie zuvor
hatte ich einen Erwachsenen so wütend gesehen. Ich rannte,

so schnell ich konnte, aber zu meiner Verblüffung kam der Mann immer näher. Wir waren jetzt ganz allein im Wald, außer Hörweite meiner Freunde; es war ein Rennen zwischen ihm und mir. Ich durfte einfach nicht verlieren; der Mann war völlig durchgedreht, war zu allem entschlossen und keiner konnte mir helfen. Ich war auf mich allein gestellt. *Adventura* – was im Begriff ist zu geschehen, wird geschehen.

Der Mann war jetzt bis auf wenige Schritte an mir dran. Keiner von uns sagte ein Wort; jeder war in seiner eigenen Wut und Angst gefangen und kämpfte sich stumm durch den Schnee. Es war ein Zeitlupenrennen mit nicht vorhersehbarem Ausgang. Was uns wie Kilometer vorkam, waren wahrscheinlich nur ein paar hundert Meter. Im tiefen Schnee kam uns die Strecke viel länger vor. Am Ende war ich der Stärkere. Er war zwar kräftig, saß aber Tag für Tag hinter seinem Lenkrad, war sicher ein starker Raucher und letztlich kein Gegner für einen Jungen, den eine höllische Angst vorwärts trieb. Schließlich blieb er stehen, stürzte japsend auf die Knie und fluchte mir hinterher.

Ich lief weiter. Ich rannte, bis ich sein Fluchen nicht mehr hörte und meine Beine mich nicht mehr trugen. Ich fiel in den Schnee. Es war jetzt völlig dunkel und die einzigen Geräusche waren der ächzende Wind in den Bäumen und mein unregelmäßig pochendes Herz. Als ich mich beruhigt hatte, stand ich auf und machte mich langsam auf den Rückweg zum Hotel. Ich fühlte mich, als sei ich an einem weit entfernten Ort gewesen und kehrte nun zurück in eine Welt der Leichtfertigkeit und Unschuld. Alles war hell erleuchtet, von der Bar schwappte schallendes Gelächter herüber, Erwachsene in grellbunten Parkas humpelten in Skistiefeln herum. »Ich komme zurück von einem fremden Ort«, dachte ich. »Einem Ort, von dem all die Leute hier nicht mal wissen, dass es ihn gibt.«

Wissenschaftler des Todes

1999

Homo homini lupus
(Der Mensch ist dem Menschen ein Wolf.)
Plautus, *Asinaria*

Keiner weiß, wer er war, aber fast hätte er es geschafft. Er rannte los, als die Serben anfingen zu schießen. Er erreichte gerade ein Dickicht, als ihn eine Kugel am linken Bein erwischte. Anscheinend war der Knochen nicht getroffen, denn er konnte weiterlaufen – eine Wiese entlang und in das nächste Eichen- und Robiniengebüsch. Im Unterholz befand sich ein ausgetrockneter Bachlauf. Er duckte sich in den Schatten, lauschte auf das Maschinengewehrfeuer und dachte über einen Fluchtweg nach. Das Gebüsch zog sich bergauf die Wiese entlang zu einem Kiefernwäldchen. Dahinter gab es nur noch Wald und offenes Feld bis zur albanischen Grenze. Die Chancen standen schlecht und das hat er wahrscheinlich gewusst.

Er wickelte einen Pullover um die Wunde am Oberschenkel und wartete. Vielleicht war die Verletzung so schlimm, dass er nicht weiterlaufen konnte, vielleicht lief er auch deshalb nicht weiter, weil die Serben schon am Rand der Wiese angekommen waren. Wie auch immer, die Serben entdeckten ihn schließlich und schossen ihm in die Brust, worauf er rücklings in den trockenen Bachlauf fiel. Seine Mörder nahmen ihm die Schuhe ab und Monate später, gegen Ende des Krieges, nahm ein albanischer Landsmann seine Gürtelschnalle mit und lieferte sie bei den Behörden in Gjakovë ab. Sie war das einzig Auffällige, was der Tote an sich gehabt hatte. Vielleicht würde sie jemand wiedererkennen.

Ich sah den toten Mann Ende Juni, zwei Wochen, nachdem die Serben den Kosovo an die NATO verloren hatten. Es war ein heißer Tag, als mein Fotograf und ich auf die Leiche hinunterblickten, die in dem gesprenkelten Schatten lag, in dem der Mann versucht hatte sich zu verstecken. Sein Schädel war aufgerissen, der Kiefer lag etwas abseits. Der Pullover war noch um sein Bein gewickelt. Als ich in das Dickicht gestapft war, hatte ich mit dem Schlimmsten gerechnet. Doch dann fiel es mir nicht sonderlich schwer, die Leiche zu betrachten. Der Mann war zwei Monate zuvor getötet worden, am 27. April gegen Mittag. Er glich weniger einem Menschen als einem umgefallenen Kleiderständer, dem man Blue Jeans und einen billigen Parka übergestreift hatte. Der junge Bursche, der uns hergeführt hatte, stützte sich auf einen Schäferstab und sagte, dass der Tote Anfang zwanzig sei und wahrscheinlich aus einem Dorf ganz in der Nähe stamme. Seit zwei Jahren kämpfte die Kosovo-Befreiungsarmee (UÇK) für die Unabhängigkeit des Kosovo. Die Säuberung des Tals zwischen Junik und Gjakovë durch die Serben war eine Vergeltungsaktion für einen Angriff der UÇK gewesen. Sie hatten die Männer aus mehr als einem halben Dutzend Dörfern auf ein Feld bei Meja getrieben und dann erschossen. Als sie in der Nacht zurückkamen, um die Leichen zu begraben, fehlten ein paar.

Der Schäfer hieß Bashkim. Er war ein gut aussehender, immer scheu lächelnder Bursche mit blondem Haar und dünnem Spitzbart. »Sie kamen um fünf Uhr morgens. Sie haben nur geschrien, nicht geschossen«, sagte Bashkim. »Sie haben den etwa 200 Menschen befohlen, sich an einem Komposthaufen auf den Boden zu legen. Dann haben sie Maishülsen über ihnen verstreut, haben sie mit ihren Maschinengewehren erschossen und danach das Ganze angezündet. Es war eine Miliz aus Gjakovë. Sie haben grüne Tarnanzüge und schwarze Skimasken getragen. Einer von ihnen hieß anscheinend Stari;

die Frauen haben ihn alle von der ›Straße der Zigeuner‹ wieder erkannt. Das ist fünf Kilometer von hier.«

Meja war nicht mehr als ein Haufen ziegelgedeckter Bauernhäuser an einem Feldweg und lag in einem breiten bewirtschafteten Tal. Hinter den Weizenfeldern und Wiesen lagen von Gestrüpp überwucherte Hügel; sie gingen schließlich in die Koritnik-Berge über, die sich an der albanischen Grenze entlangzogen. Weil er in einem abgelegenen Haus lebte, das die Serben übersehen hatten, war Bashkim dem Zusammentrieb der Männer entgangen. Ob ihn das Massaker, sein eigenes knappes Entkommen oder die Leiche zu seinen Füßen irgendwie berührte, war ihm nicht anzumerken. Er lächelte immerzu und rauchte pausenlos die amerikanischen Zigaretten, die wir ihm gegeben hatten. Nach etwa 20 Minuten kehrten wir zurück in die Hitze und gingen über die Wiese zu dem Komposthaufen, wo man die Männer erschossen hatte. Im Gras lag ein einzelnes Bein, ein paar Meter weiter noch eins. In einem Graben entdeckten wir weitere Körperteile, die kaum zu identifizieren waren. In dem Komposthaufen steckte ein alter Regenschirm. »Warum steckt der da?«, fragte ich.

»Der hat neben einer der Leichen gelegen«, sagte Bashkim. »Wenn einer den Schirm wiedererkennt, wissen wir, wer der Tote ist.«

Zu den schlimmsten Gewalttaten im südwestlichen Kosovo kam es jedoch erst am Abend des 24. März, nachdem NATO-Kampfflieger das Gebiet überflogen hatten, um in Serbien Kommunikations- und Kommandozentralen zu bombardieren. Nur wenige Stunden später durchkämmten serbische Sonderpolizei, Soldaten und eiligst zusammengetrommelte Milizeinheiten die Straßen in dem der Ortschaft Meja benachbarten Gjakovë und schossen im albanischen Teil der Stadt Häuser und Geschäfte in Brand. Nachdem die Gebäude ausgebrannt waren, rissen die Serben die Mauern mit Bulldozern ein und überließen es danach Zigeunern, den Schutt von den Straßen zu räumen, damit die serbischen Panzer freie

Bahn hatten. Wer das Zerstörungswerk beobachtete, wurde erschossen.

Die UÇK konnte nichts weiter tun als sich in den Hügeln zu verstecken und abzuwarten, bis alles vorbei war. In den zwei Jahren ihres Kampfes hat die UÇK zwar nie eine Schlacht gewonnen oder für längere Zeit eine Stadt gehalten, aber sie wusste, wie man aus dem Hinterhalt operiert. Mitte April hatte sie am Ortsrand von Meja einen Hinterhalt gelegt. Der brachte nun die geballte Wut der Serben über das ganze Tal.

Ziel des Überfalls der UÇK war ein serbischer Kommandeur namens Milotin Prasović gewesen, der den Albanern in dieser Gegend besonders verhasst war. Etwa eine Woche zuvor war Prasović in Meja gewesen und hatte den Bewohnern angekündigt, dass er wiederkommen werde, um alle Waffen im Ort einzusammeln. Und wenn sie keine für ihn hätten, würde er ihre Häuser niederbrennen. Er hielt Wort und kehrte mit ein paar Polizisten in einem ziegelroten Audi zurück. Sie fuhren durch den Ort, feuerten in die Luft, wendeten, fuhren zurück und gerieten direkt in den Hinterhalt der UÇK. Die erste Panzerabwehrrakete sprengte die rechte Hintertür weg. Eine weitere folgte, dann ein Kugelhagel aus Automatikgewehren. Außer Prasović wurden alle Insassen getötet. Er selber ließ sich aus dem Wagen fallen und erwiderte das Feuer vom Straßenrand aus. Ein paar Sekunden später war alles vorbei; die UÇK-Kämpfer erschossen Prasović und zogen sich in die Hügel zurück.

Der Vergeltungsschlag kam schnell und unerbittlich. Laut Aussagen von Einheimischen begann ein großes Kontingent der in Junik stationierten jugoslawischen Truppen kurz vor dem Morgengrauen des 27. April das Tal in östlicher Richtung zu durchkämmen. Sie zerrten die Männer aus ihren Häusern und warfen sie in Lastwagen. Bevor sie ins nächste Dorf weiterfuhren, schrien sie den Frauen zu: »Haut ab nach Albanien!« Als sie in Meja ankamen, hatten sie schon 300 Männer eingesammelt. Die reguläre Armee ging rund um das Dorf in Stellung, während sich die Milizionäre und Paramilitärs jedes Haus einzeln vornahmen und alle Männer, die noch im Dorf geblieben waren, hinaus auf die Straße trieben. Die Männer standen auf den Feldern, auf denen sie ihr Leben lang gearbeitet hatten, und blickten hinauf zu den Bergen, die sie seit ihrer Kindheit liebten. Gegen Mittag wurde die erste Gruppe zum Komposthaufen geführt, erschossen und unter einem Berg Maishülsen verbrannt. Ein paar Minuten später musste sich eine Gruppe von etwa 70 Männern in drei akkuraten Reihen auf den Boden legen. Man schoss sie in den Rücken. Die restlichen 35 Männer wurden zu einem Bauernhaus an der Straße nach Gjakovë gebracht, in eines der Zimmer gesperrt und dann von außen aus kürzester Entfernung durch die Fenster erschossen. Danach gingen die Milizionäre ins Haus, schossen jedem noch mal in den Kopf und zündeten anschließend das Haus an. Dann marschierten sie singend davon.

Nach vorsichtigen Schätzungen töteten die Serben im Kosovo mindestens 10 000 Menschen. In den ländlichen Gebieten liegen so viele tote Körper – von Menschen wie Tieren – herum, dass ein Großteil des Wassers in diesen Gebieten verseucht ist. In manchen Gegenden des Kosovo ist nicht ein einziges Dorf verschont geblieben und in einigen Dörfern steht kein einziges Haus mehr. Im Bezirk Decani hat man in 39 von 44 untersuchten Dorfbrunnen Leichen gefunden. Als am 12. Juni NATO-Panzer in den Kosovo rollten, fanden sie ein Ausmaß an Zerstörung vor, das es in Europa seit dem Zweiten Weltkrieg nicht mehr gegeben hatte.

Das erste große Massaker geschah im März 1998, als serbische Truppen das Dorf Prekaz umstellten und 55 Zivilisten ermordeten, darunter viele Frauen und Kinder. Der Überfall war ein Vergeltungsschlag für eine Schießerei zwischen UÇK und serbischer Polizei, die zwei Wochen zuvor stattgefunden hatte. Der Zwischenfall setzte eine furchtbare Kettenreaktion in Gang. Auf jede Freischärler-Attacke der UÇK folgte die Zerstörung des nächstgelegenen Dorfes durch serbische Streitkräfte, die dabei so viele Dorfbewohner massakrierten, wie sie finden konnten. Und nach jedem serbischen Massaker schlossen sich mehr Überlebende aus dem jeweiligen Dorf der UÇK an. »Für jedes Massaker der Serben bekommen wir 20 neue Freiwillige«, sagte ein paar Wochen, bevor die NATO ihre Bombardements aufnahm, ein UÇK-Kommandeur einem Journalisten, den ich gut kannte.

Vom ethischen Standpunkt aus bewegt man sich auf extrem dünnem Eis, wenn man zwischen Überfällen aus dem Hinterhalt und absichtlicher Provokation der Serben zu Massakern an Zivilisten unterscheiden will. Aber die Strategie funktionierte. Am 24. März um acht Uhr abends trafen NATO-Flugzeuge die ersten Ziele tief im serbischen Landesinnern. Zwei Monate später, am 24. Mai, als man mit Belgrad gerade die ersten groben Entwürfe für ein Friedensabkommen erörterte, erhob das Kriegsverbrechertribunal in Den Haag Anklage gegen Slobodan Milošević und vier hochrangige Regierungsmitglieder und Militärführer. Die Anklage stützte sich auf Augenzeugenberichte von Massakern, die zwischen Januar und April 1999 in Racak, Krushe e Mahde, Krushe e Vogel, Bellacerka, Izbica und Padalishte stattgefunden hatten. Die Anklageschrift enthielt die Namen von über 340 getöteten Albanern. Schon wenige Tage nach Ankunft der NATO-Truppen in Priština begannen Ermittler aus vielen NATO-Ländern, die in der Anklageschrift aufgeführten Massengräber zu untersuchen und Beweismaterial zu sammeln.

Die Milošević und seinen Landsleuten zur Last gelegten Verbrechen fallen unter die Genfer Abkommen von 1949, die eine direkte Folge der Nürnberger Prozesse nach dem Zweiten Weltkrieg waren. Nach der Kapitulation Deutschlands am 7. Mai 1945 sahen sich die Alliierten einem noch nie da gewesenen Problem gegenüber: In ihrem Gewahrsam befanden sich Nazi-Größen, die einen Krieg begonnen hatten, der fast 50 Millionen Menschen das Leben gekostet hatte. Viele der Toten waren in Konzentrationslagern ermordet worden. Die Frage lautete: Welche Art von Gerechtigkeit sollte Männern widerfahren, die für solch ein Blutbad verantwortlich waren? Die Briten schlugen zunächst vor, die etwa 100 Hauptschuldigen einfach im nächsten Wald zu erschießen. Der Vorschlag wurde von Stalin unterstützt, der zum Spaß – oder auch nicht – anregte, die Zahl auf 50 000 zu erhöhen. Schließlich entschied man sich doch für einen ordnungsgemäßen Prozess. Den Beschuldigten würden Prozesse zugestanden, die »sie in den Tagen ihrer eigenen prunkvollen Machtfülle keinem Menschen gewährt hatten«, wie es der amerikanische Chefankläger Robert Jackson ausdrückte. Das Verfahren würde offen und fair sein, würde in Englisch und Deutsch durchgeführt und die Angeklagten würden durch Anwälte vertreten werden, die eigene Zeugen aufrufen und andere ins Kreuzverhör nehmen konnten.

So idealistisch der Gedanke war, er hatte einige Mängel, die in der Natur der Sache lagen. Erstens sprach ein derartiges Gericht schon per Definition das Recht des Siegers; es gab keinerlei Anzeichen, dass sich die Sieger jemals den gleichen Fragen würden stellen müssen wie die Besiegten. Zum Beispiel waren die Sowjets 1939 – in enger Zusammenarbeit mit den Nazis – in das östliche Polen einmarschiert und hatten es besetzt; sie töteten tausende polnische Offiziere und verscharrten sie in den Wäldern von Katyn. Die von den Alliierten über Dresden abgeworfenen Brandbomben forderten mehrere hunderttausend Opfer in der Zivilbevölkerung; die Amerikaner hatten über Tokio Brandbomben und über Hiroshima und Nagasaki Atombomben abgeworfen. Das waren gezielte Angriffe auf die Zivilbevölkerung und damit eindeutige Verstöße gegen internationales Recht, die jedoch nie den Weg auf die Nürnberger Prozessliste gefunden hätten.

Zweitens waren die Nazis unter anderem wegen Verbrechen gegen die Menschlichkeit angeklagt, was Verbrechen einer Regierung gegen ihr eigenes Volk einschließt. Da ein Gesetz, das diese Verbrechen ahndet, zu Beginn des Zweiten Weltkriegs nicht existierte und der Holocaust nach deutschem Recht völlig legal war, hatten die Täter im technischen Sinne nie ein Verbrechen begangen. Sie rückwirkend zu belangen, war illegal und hätte einer vorschriftsmäßigen juristischen Prüfung nie standgehalten.

Derartige Einwände waren jedoch nur juristische Spielereien; in der Realität waren die Nürnberger Prozesse so fair, wie sie in Kriegszeiten nur sein konnten. Von den 22 angeklagten Nazi-Größen wurden zwölf zum Tod durch den Strang verurteilt – einschließlich Reichsmarschall Hermann Göring, der kurz vor der Exekution eine Zyanidpille schluckte. Sieben wurden zu langen Freiheitsstrafen verurteilt, drei wurden freigesprochen. Drei Jahre später wurden die in Nürnberg angewandten juristischen Prinzipien als die vier Genfer Abkommen und das Genozid-Abkommen in Gesetzestexte gegossen. Zusammen mit den Zusatzprotokollen von 1977 bilden sie heute die Grundlage für internationale Kriegsverbrecherprozesse. Weil die Abkommen auf dem so genannten Völkergewohnheitsrecht fußen, das sich nicht auf Verträge, sondern auf Normen beruft, die sich über die Jahrhunderte entwickelt haben, sind sie selbst für Staaten bindend, die sie nicht unterzeichnet haben. Mit anderen Worten: Wie jedes Individuum kann sich auch ein Staat den Beschränkungen des Gewohnheitsrechts nicht entziehen.

Die am 27. Mai in Den Haag veröffentlichten Anklageschriften beschuldigten den Präsidenten Jugoslawiens, Slobodan Milošević, den Präsidenten Serbiens, Milan Milutinović, den stellvertretenden Premierminister Nikola Sainović, den Oberbefehlshaber Dragoljub Ojdanić und den Innenminister Serbiens, Vlajko Stojilković, je dreier Verbrechen gegen die Menschlichkeit und je eines Verstoßes gegen das allgemeine Kriegsrecht. Kopien der Haftbefehle gingen an alle Mitgliedsstaaten der UNO und ans jugoslawische Justizministerium; die Mitgliedsstaaten der UNO wurden aufgefordert, Konten der Beklagten einzufrieren. Die Anklagen waren erst bekannt gegeben worden, nachdem die Vetreter internationaler Behörden das frühere Jugoslawien verlassen hatten. Die Identität der Zeugen würde nach der Verhaftung der Angeklagten preisgegeben, da man sie erst dann ausreichend vor Bedrohung und Einschüchterung würde schützen können.

Der ältere und allgemein bekanntere der beiden Anklagepunkte ist der Verstoß gegen das allgemeine Kriegsrecht. Es versucht das menschliche Leiden mit der Notwendigkeit in Einklang zu bringen, dass eine Armee ihren Gegner besiegen muss. Obwohl Beschränkungen über das Verhalten in Kriegszeiten bis auf altes hinduistisches und griechisches Recht zurückgehen, wurde der erste Fall eines Europäers erst Ende des 15. Jahrhunderts vor einem zivilen Gericht verhandelt. Der österreichische Adelige Peter von Hagenbach wurde schließlich wegen Gräueltaten, die unter seinem Kommando verübt wurden, zum Tode verurteilt. 150 Jahre später schrieb der holländische Rechtsgelehrte Hugo Grotius seine *Drei Bücher über das Recht des Krieges und des Friedens*, die als Grundlage des modernen humanitären Völkerrechts gelten. »Überall in der christlichen Welt ... stellte ich einen Mangel an Zurückhaltung in Dingen des Kriegshandwerks fest, der selbst die barbarischsten Rassen beschämt hätte«, schrieb Grotius. »Für Abhilfe muss dergestalt gesorgt werden, dass die Menschen in Zukunft weder glauben, nichts sei statthaft noch alles sei statthaft.«

Das moderne allgemeine Kriegsrecht geht direkt auf Grotius' Werk zurück. Im Wesentlichen erkennt das Kriegsrecht die Tatsache an, dass Tod und Leid in einem bewaffneten Konflikt unvermeidlich sind, dass aber vorsätzlich verursachtes Leid eine kriminelle Handlung ist, für die Individuen zur Rechenschaft gezogen werden können. Wenn bei der Bombardierung eines Militärstützpunkts auch Zivilisten getötet werden, ist das kein Kriegsverbrechen; wenn man vorsätzlich Städte und Dörfer bombardiert, dann schon. Kriegsverbrechen sind: das Töten von Gefangenen, Zivilisten oder Geiseln, die Versklavung von Zivilisten, Deportation, Plünderung, willkürliche Zerstörung und »weitreichende Zerstörungen, die nicht durch militärische Notwendigkeiten gerechtfertigt sind«.

Was durch militärische Notwendigkeiten gerechtfertigt ist und was nicht, ist natürlich eine Frage der Interpretation. Einer der Schlüsselbegriffe ist das Gesetz der Verhältnismäßigkeit. Ein militärischer Angriff mit Opfern in der Zivilbevölkerung – »Kollateralschäden« – ist so lange akzeptabel, wie die militärischen Vorteile den Verlust menschlichen Lebens überwiegen. Ähnliches gilt für Waffen. Es spielt keine Rolle, wie viele Menschen man damit tötet; das Benutzen eines Maschinengewehrs im Kampf ist kein Kriegsverbrechen, weil es kein unnötiges Leiden verursacht: Es erfüllt nur seine Aufgabe grauenhaft gut. Andererseits sind Kugeln, die beim Aufprall explodieren, in der St. Petersburger Erklärung von 1868 verboten worden: Sie verstümmeln und verkrüppeln Infanteristen, ohne dass dies für die andere Seite von zusätzlichem Vorteil wäre. Ein verwundeter Soldat ist normalerweise kampfuntauglich, sein Leiden durch explodierende Kugeln zu erhöhen, ergibt keinen Sinn.

Trotz der eleganten Logik dieser Prinzipien bleibt Kriegsführung ein chaotisches Geschäft, das sich den Regierungsbemühungen, sie in Gesetze zu fassen, immer widersetzen wird. Es ist nur zu offensichtlich, dass die serbischen Streitkräfte im Kosovo gegen so ziemlich jedes niedergeschriebene Gesetz verstoßen haben. Zudem waren die Vergehen so massiv, dass sie auch unter die Kategorie Verbrechen gegen die Menschlichkeit fielen, was bedeutet, dass man sie als umfassenden und systematischen Feldzug gegen eine bestimmte Bevölkerungsgruppe bezeichnen konnte. Nicht am Kampf Beteiligte abzuschlachten, wie es zahllose Armeen inklusive der amerikanischen getan haben, ist einfach ein Kriegsverbrechen; eine ganze Volksgruppe aus ihrem Land zu vertreiben ist ein Verbrechen gegen die Menschlichkeit. Mit guten Gründen könnte man die türkischen Pogrome gegen die Armenier während des Ersten Weltkriegs wie auch die ethnischen Säuberungen der Ureinwohner Amerikas durch die Vereinigten Staaten als Verbrechen gegen die Menschlichkeit bezeichnen.

Das Neue am humanitären Völkerrecht von 1949 war, dass es sowohl die Bürger des Staates, der gegen das Völkerrecht verstößt, wie auch Bürger fremder Staaten schützte und dass es zudem für Friedens- wie Kriegszeiten galt. Vorher konnten Regierungen mit ihren eigenen Bürgern so ziemlich nach Belieben umspringen; das Äußerste, was eine andere Nation tun konnte, war, ihrer »Besorgnis« über die Lage Ausdruck zu verleihen. Was eine Regierung zu Hause tat, unterlag nach 1949 den gleichen Regeln wie das, was sie im Ausland tat; Verstöße gegen die Menschenrechte konnten nicht mehr einfach als »innere Angelegenheit« abgetan werden. Mit anderen Worten: Nie mehr würde die nationale Souveränität eine Regierung vor dem Zugriff des Rechts schützen.

———

Nachdem die NATO das Kommando im Kosovo übernommen hatte, war vor Ort ein junger Engländer namens Jim Landale der Pressesprecher des Den Haager Gerichtshofs. Er sah aus wie ein Bilderbuchstudent, wenn er in Jeans und Fleecejacke, mit seinem Rucksack über der Schulter, durch die Straßen Priština eilte. Ich traf ihn nach meiner Rückkehr aus Meja im neuen UN-Hauptquartier, einem Bürogebäude aus Beton, das im Stadtzentrum hinter dem riesigen, abscheulichen Grand Hotel lag. Ganz in der Nähe hatte ein Brandstifter einen Wohnblock angesteckt, der jetzt langsam vor sich hin qualmte. Vor dem Hotel lungerten jede Menge junger Albaner herum, die auf einen Job bei einem der ausländischen Journalisten hofften. Landale und ich gingen über die Straße in ein Café, das gerade geöffnet hatte, und bekamen die beiden letzte Biere, die es noch im Kühlschrank gab.

Der volle Name des Tribunals lautet Internationales Kriegsverbrechertribunal für das ehemalige Jugoslawien (ICTY). Es wurde im Mai 1993 zur Verfolgung von Kriegsverbrechen in Bosnien ins Leben gerufen. Später wurde ein weiteres Tribunal für Ruanda geschaffen. Das ICTY hat mehrere Fälle aus dem Bosnienkrieg, hauptsächlich gegen Serben, erfolgreich abgeschlossen, obwohl die Beweismittel in manchen Fällen schon mehrere Jahre alt waren. Das Tribunal hatte jedoch noch nie wegen Kriegsverbrechen ermittelt, die erst so kurz zurücklagen, und es hatte noch nie ein Staatsoberhaupt während eines noch andauernden bewaffneten Konflikts angeklagt. Immer wieder unterbrochen vom Klingeln seines Handys, erklärte mir Landale die Strategie des ICTY im Kosovo.

»Wir haben noch nie vor einer auch nur annähernd so großen Aufgabe gestanden«, sagte er. »Wir sind immer noch dabei, die Schauplätze zu bewerten und Schwerpunkte zu setzen. Mord an Zivilisten ist ein Kriegsverbrechen. Was wir versuchen zu bewerten, ist Folgendes: Welche Bedeutung haben die verschiedenen Faktoren für unsere Untersuchungen bezüglich der Anklagen gegen bestimmte Einzelpersonen? In fast allen Dörfern gibt es so was wie Tatorte; jedes Dorf im Kosovo hat seinen Schauplatz für ein Massaker quasi vor der Haustür. Es wäre unrealistisch zu glauben, dass wir uns jeden dieser Schauplätze anschauen könnten.«

Die Kriterien, nach denen die Schauplätze ausgesucht werden, sind strikt pragmatischer Natur. Man könnte meinen, dass Meja, wo mehrere hundert Männer auf einem Acker niedergemäht wurden, als Untersuchungsobjekt besser taugt als zum Beispiel ein Haus, in dem nur eine Familie ausgelöscht wurde. Oder dass der in einem Keller verübte Mord an 20 Frauen und Kindern leichter zu verfolgen sei als die standrechtliche Exekution von 20 UÇK-Kämpfern nach einer Schlacht. Das stimmt nicht. Ausschlaggebend ist in den meisten Fällen die Qualität der Beweismittel, die man an einem Schauplatz zusammentragen kann. Während der NATO-Bombardements nahmen Ermittler in den Flüchtlingslagern systematisch hunderte von Augenzeugenberichten über Massaker auf. Die in diesen Interviews gewonnenen Informationen führten zu der ersten im Mai erhobenen Anklage. Für einen Ankläger von Kriegsverbrechen ist ein kleiner Schauplatz mit hervorragenden Augenzeugenberichten wertvoller als ein großer Schauplatz ohne Augenzeugenberichte.

Entsprechend kommt einem Massaker in einem Gebiet, wo bestimmte militärische oder paramilitärische Verbände aktiv waren – wie zum Beispiel Arkans »Tiger«, die vermutlich zahlreiche Massaker in der Gegend von Gjakovë verübt haben –, größere Bedeutung zu als einem Massaker mit unbekannten Tätern. Ein schwer zugänglicher Schauplatz wird sofort zurückgestellt zugunsten eines Ortes, an dem man sofort mit der Arbeit beginnen kann. Als schwer zugänglich werden verminte Landstriche, abgelegene Gebiete und Schauplätze mit zu vielen Leichen bezeichnet. Es erfordert einen beträchtlichen Arbeitsaufwand, um nur eine einzige Leiche auszugraben. Bei Massengräbern wie dem in Meja müssen Bagger und Bulldozer eingesetzt werden; die ersten Untersuchungsteams, die in den Kosovo flogen, hielten solches Gerät noch für überflüssig.

»Wir hoffen, dass das Tribunal als Abschreckung dient«, sagte Landale, als ich ihn nach dem Sinn des Ganzen fragte, zumal ja die Möglichkeit bestehe, dass man Milošević nie werde vor Gericht stellen können. »Außerdem wird uns das Tribunal dabei helfen, den Leuten etwas von ihrem kollektiven Schuldgefühl zu nehmen. Nicht alle sind schuldig – nur bestimmte Einzelpersonen. Das sollen die Untersuchungen klar zum Ausdruck bringen.«

Insgesamt arbeiten im Kosovo etwa 300 Personen in mehr als zehn Untersuchungsteams. Scotland Yard, die Royal Canadian Mounted Police und das FBI haben Teams geschickt und auch aus Deutschland, Dänemark, Frankreich, Holland und der Schweiz sind Polizeikräfte vor Ort. Ihre Aufgabe besteht darin, die in den Klageschriften des ICTY aufgeführten Schauplätze der Massaker zu fotografieren und zu vermessen und Beweismittel wie Patronenhülsen, Kugeln, blutverschmierte Kleidungsstücke sowie alles, was sonst noch zur Identifizierung der Mörder und ihrer Methoden führen könnte, zusammenzutragen. Danach versuchen die Teams, anhand der Leichenreste die Identität oder zumindest Alter und Geschlecht der Ermordeten und mittels Autopsien die Todesursache festzustellen. Die großen Massengräber mit hunderten von Toten werden erst in ein paar Monaten untersucht werden, nachdem man die heikle Beweissicherung an der Oberfläche beendet hat. Begrabene Leichen verändern sich nur sehr langsam. Die meisten der unter der Erde liegenden Beweisstücke sind auch noch nach einem Jahr verwertbar.

Das FBI-Team – 66 Personen plus 54 000 Kilogramm Ausrüstung – kamen am 22. Juni mit einer C-5 der Air Force in Skopje an. Das Team konnte völlig autark arbeiten. Es bestand unter anderem aus einem Gerichtsanthropologen, zwei Gerichtspathologen und einem Kriminologen, die allesamt vom Armed Forces Institute of Pathology abgestellt worden waren; des Weiteren aus Spurensicherungsexperten des FBI, zwei Sozialarbeitern von der Organisation »Ärzte für Menschenrechte«, einem Unfallchirurgen und schwer bewaffneten Mitgliedern des auf Geiselbefreiungen spezialisierten Hostage Response Team. Von Skopje ging es mit Transporthubschraubern und Lastwagen weiter nach Gjakovë, wo das Team auf dem Stützpunkt der italienischen Armee unter ein paar schattigen Bäumen seine Zelte – einschließlich des Obduktionszeltes – aufbaute. Während des Flugs bekamen sie einen ersten Eindruck von den Zerstörungen im Kosovo: Dörfer, in denen jedes Haus bis auf die Grundmauern niedergebrannt war; Wiesen mit toten Kühen, denen Landminen die Hinterbeine weggerissen hatten. Am frühen Morgen des nächsten Tages machten sie sich an die Arbeit.

Zur Untersuchung des ersten Tatorts – ein Haus, in dem eines Nachts serbische Sonderpolizei sechs Männer exekutiert hatte – brauchten sie nur über die Straße zu gehen. Ein siebter Mann hatte schwer verletzt überlebt. Er hatte sich aus dem brennenden Haus schleppen können und sich mithilfe der Frauen aus seiner Familie bis nach Albanien durchgeschlagen, wo er starb, da er unterwegs zu viel Blut verloren hatte.

Schnell untersuchte das FBI drei weitere Schauplätze. An einem hatten Serben 25 Männer mit vorgehaltener Waffe in Schach gehalten, bevor sie sie mit ihren Maschinengewehren niedermähten. Es gab zwar keine Überlebenden, aber es gab Augenzeugen, deren Aussagen von den ICTY-Ermittlern aufgenommen wurden. Trotzdem hatte das ICTY ein Problem: Es gab so viele Leichen im Kosovo, dass jedes Mal, wenn sich die Ermittler einen Schauplatz vornahmen, die Einheimischen ihnen von weiteren Leichen erzählten, sodass sich die Liste mit der Zeit fast potenzierend verlängerte. Das FBI-Team, das ursprünglich nur zwei Schauplätze hatte untersuchen sollen, arbeitete so schnell, dass es vom ICTY zu sieben weiteren geschickt wurde. Die meisten befanden sich in oder in der Nähe von Gjakovë, zwei lagen außerhalb von Peja im nordwestlichen Zipfel der Provinz.

Der etwas abgelegenere der zwei Tatorte bei Peja wurde »Der Brunnen« genannt. Er lag außerhalb eines kleinen Dorfes namens Studenica. Am 12. April gegen Mittag exekutierten serbische Paramilitärs, die sich als Arkans »Tiger« zu erkennen gaben, in einem Bauernhaus neun Menschen und warfen die Leichen in den Brunnen. Dann zerschlugen sie den aus Stein und Mörtel gemauerten Brunnenrand und warfen den Schutt in den Schacht. Als zwei Monate später die ersten Dorfbewohner zurückkehrten, legten sie den Brunnenschacht frei und zogen neun verweste Leichen ans Tageslicht. Acht wurden etwas abseits, eine – die des 86-jährigen Sali Zeqiraj – wurde im Hof vor dem Haus begraben.

Ich fuhr frühmorgens mit der FBI-Kolonne hinauf nach Studenica. Es war ein wunderschöner Flecken, der sich an die Hänge der Koritnik-Berge schmiegte. Unter uns breitete sich der ganze Kosovo aus. Aus dem Tal stiegen Rauchwolken von serbischen Häusern auf, die die UÇK in Brand gesteckt hatte. Das Feld war noch vermint, sodass die FBI-Ermittler vorsichtig aus ihren Armee-Fahrzeugen stiegen und den Reifenspuren folgten, die zum Haus führten. Der Einsatzleiter Roger Nidley ging voraus, schaute sich das Haus genauer an und rief dann seine Leute zum Geländewagen, der die Kolonne anführte. »Sieht ganz so aus, als hätte man durchs Fenster ins Haus geschossen«, sagte er. »Schaut euch das mal an. Außerdem haben wir eine Leiche. Scheint der Großvater zu sein. Insgesamt sind neun Leichen da, aber wir haben nur die Genehmigung, eine einzige auszugraben.«

Während die Leute von der Spurensicherung das Haus fotografierten und es nach Patronenhülsen und Einschusslöchern absuchten, schaufelten vier Männer das Grab aus. Auf dem Feld standen einige Familienmitglieder, die an Grashalmen zupften und gespannt zuschauten. Sie waren weit genug weg, dass sie nicht sehen mussten, was sie nicht sehen wollten. Nur einer der Angehörigen – ein junger Mann namens Xhevat Gashi, der erst am Tag zuvor aus Deutschland zurückgekommen war – stand direkt neben uns. Der Körper wurde aus dem Loch gehoben. Er war in eine durchsichtige Plastikplane eingewickelt, die oben und unten mit einem Strick zusammengehalten wurde. Die Ermittler, die weiße Tyvex-Overalls und Gesichtsmasken trugen, die die Nasenlöcher zudrückten, lösten den Strick und wickelten den Körper vorsichtig aus. Der tote Mann trug Hose, Socken und ein bunt kariertes Hemd. Die Ermittler schnitten die Sachen auf, zogen ihn aus und legten den nackten Körper auf eine blaue Plane. Nach zwei Monaten im Wasser sah sein Fleisch wie

216

Teig aus. Der Körper wirkte wie eine aus Brot geformte Schaufensterpuppe, die man sich kaum noch als menschliches Wesen vorstellen konnte. Einer der Angehörigen auf dem Feld fing an zu weinen. Xhevat, der Enkel des Alten, trat von einem Fuß auf den andern und schaute auf den Körper hinunter.

Die Ermittler wurden schnell fündig. »Er hat ein Einschussloch am Hinterkopf«, sagte Dr. Andrew Baker, einer der Pathologen vom Armed Forces Institute, of Pathology. »Gezackter Rand, innen glatt. Von einer Austrittswunde nichts zu sehen.«

Das Fehlen einer Austrittswunde bedeutete, dass die Kugel – ein entscheidendes Beweisstück – vielleicht noch im Schädel steckte. Baker setzte einen Schnitt am Hinterkopf an, zog die Haut über die Schädeldecke nach vorn und dann wie eine dicke Gummimaske über das Gesicht nach unten. Danach öffnete er die Hirnschale und untersuchte die Schädelhöhle. Er brauchte eine Viertelstunde, um den Schädel und die zahllosen Windungen des Gehirns zu inspizieren; er fand weder die Kugel noch die Austrittswunde. Er zog die Haut über das Gesicht, setzte die Schädeldecke auf und wickelte den Toten wieder in die Plastikplane. Dann legten die vier Männer den Toten zurück in sein Grab.

Im Gegensatz zur Untersuchung eines erstochenen oder erschlagenen Toten ist einer der Vorteile bei einem erschossenen Opfer, dass die Ballistik eine präzise Wissenschaft ist und Kugeln sich auf ziemlich vorhersehbare Weise verhalten. Wenn man den Weg einer Kugel rekonstruiert, ob durch einen Raum oder durch einen Körper, kann man viele Rückschlüsse daraus ziehen, von wo die Kugel abgefeuert wurde. Zum Beispiel verlässt eine Kugel die Mündung eines AK-47-Sturmgewehrs mit einer Geschwindigkeit von 700 Metern pro Sekunde, also mit doppelter Schallgeschwindigkeit. Wenn die Kugel auf einen Menschen trifft, ändert sie aufgrund der Dichte des Gewebes ihre Richtung, sodass sie schließlich seitwärts oder manchmal sogar wieder rückwärts wandert. Das Loch bleibt nur für wenige Tausendstelsekunden geöffnet, aber die Schockwellen, die das Loch verursacht haben, können Organe zerfetzen, die die Kugel gar nicht berührt. Bei Kopfwunden sind die Folgen besonders verheerend, weil der Schädel starr ist und als Reaktion auf die plötzliche Deformierung nur platzen kann. Wenn der Gewehrlauf das Opfer berührt, werden Gase, die sich innerhalb des Laufs schnell ausdehnen, in die Wunde gepresst und schleudern Blut und Gewebeteile aus der Wunde heraus. Man kann davon ausgehen, dass einige der Mörder von Studenica etwas von den Menschen, die sie getötet haben, mitnahmen.

Auch wenn man die Leichen nicht wieder ausgräbt, kann man sich einen guten Eindruck verschaffen, was sich im Augenblick des Todes abgespielt hat – und zwar durch die Blutspritzeranalyse. Die Form von Blutspritzern unterscheidet sich je nach dem Winkel, in dem sie auf eine harte Oberfläche auftreffen. Die Flugbahn des Bluttropfens kann man mithilfe von Arkussinusgleichungen rekonstruieren. Sind mehr als zwei Blutflecken vorhanden, kann man mittels Triangulation berechnen, woher jeder Tropfen kam – und zwar lässt sich die Stelle bis auf die Größe einer Grapefruit eingrenzen. »So kann man zum Beispiel feststellen, ob die Personen aufrecht gestanden haben, als man sie erschoss«, sagt Grant Graham, ein Kriminologe vom Armed Forces Institute of Pathology. »Oder ob sie gekniet oder auf dem Boden gelegen haben. Es gibt alle möglichen Arten von Blutfleckenmustern – Spritz-, Wisch-, Tropf-, Schleuderspuren und Muster, die von arteriellem Blut stammen. So kann man rekonstruieren, wie sich die Geschehnisse am Tatort entwickelt haben. Es ist ein sich bewegendes, fließendes Ereignis.«

Unglücklicherweise sind viele Tote im Kosovo bis zur Unkenntlichkeit verbrannt. Der Bericht über die Ereignisse im Haus Millosh-Gillic-Straße Nr. 157 hält fest, dass die FBI-Ermittler in dem ausgebrannten Wohngebäude »die Skelettreste einer unbestimmten Zahl von Opfern« fanden. Doch selbst ein verkohlter Knochenhaufen kann genügend Hinweise enthalten, anhand derer sich die Identität von Toten oder die Art des Todes feststellen lässt.

»Das menschliche Skelett ist ein dynamischer Teil des Körpers«, sagt Dr. Bill Rodriguez, der dem FBI-Team zugeteilte Gerichtsanthropologe. »Es verändert sich ständig, je nachdem, was der betreffende Mensch macht. Bei einem Läufer verändern sich die Beinknochen, bei einem Dockarbeiter der obere Teil des Rumpfes. Knochen sind wie Fingerabdrücke; ihre Struktur ist so einzigartig, dass sie zur definitiven Identifizierung ausreichen.«

Um eine Identifizierung anhand von Knochenresten vornehmen zu können, benötigen die Ermittler etwas, womit sie die Knochen vergleichen können. Wenn man eine Leiche als Mann von Mitte dreißig bestimmen kann, der wahrscheinlich oft schwere Gewichte gehoben hat, dann nutzt einem das nicht sonderlich viel, solange man zum Vergleich nicht auch Beschreibungen von Vermissten hat. Mit Röntgenbildern, Gebissen und Verletzungen erzielt man die genauesten Ergebnisse. Doch auch ohne solches Material können Gerichtsanthropologen jede Menge Informationen über Identität und Todesart zusammentragen. Zum Beispiel hat jeder Körper nur einen rechten Oberschenkelknochen; die Anzahl der rechten Oberschenkelknochen in einem Knochenhaufen verrät einem also die Zahl der Toten. Und nicht nur das: Knochen unterscheiden sich so weit nach Geschlecht, Rasse und Alter, dass dadurch oft eine weitere Differenzierung möglich ist.

1948 arbeitete im Büro des Generalquartiermeisters der amerikanischen Armee ein Anthropologe, der anhand von Gefallenen auf Guadalcanal, auf Iwo Jima und an anderen pazifischen Kriegsschauplätzen die ohnehin schon fundierten statistischen Methoden bezüglich des Zusammenhangs zwischen Körpergröße und Oberschenkelknochenlänge weiter verbesserte. Multipliziert man die Länge des Oberschenkelknochens mit 2,38 und addiert 61,41 Zentimeter, erhält man bis auf einen Zentimeter genau die Körpergröße eines Menschen. Weitere Studien der Militärs ergaben, dass im Teenageralter die Verbindung zwischen den Mittelstücken der Röhrenknochen – den so genannten Diaphysen – und den Knochenenden nach und nach härter wird. Die verschiedenen Knochen verfestigen sich zu verschiedenen Zeiten und liefern damit brauchbare Hinweise auf das Alter eines Toten. Hunderte von toten amerikanischen Soldaten konnten anhand medizinischer Daten und solcher statistischer Methoden identifiziert werden; mit den gleichen Methoden kann man auch bestimmen, ob die Toten in den Massengräbern des Kosovo mit denen in den Augenzeugenberichten der Massaker übereinstimmen.

»Für die Dokumentierung der Kriegsverbrechen halten wir die Anzahl der Toten fest, das heißt, wie viele männliche, wie viele weibliche Opfer wir haben, wie viele Erwachsene, wie viele Kinder«, sagt Rodriguez. »Danach machen wir uns an die Identifizierung der Einzelpersonen. Wir stellen fest, ob jemand mit einem stumpfen Gegenstand getötet wurde, ob jemand Stichwunden oder Schusswunden aufweist, ob jemand unterernährt war oder gefoltert wurde. Der Tod ist unser tägliches Geschäft. Wir sind Wissenschaftler des Todes.«

Die FBI-Kolonne verließ Studenica am Nachmittag. Die Familie hatte sich wieder vor dem Haus zusammengefunden und durchsuchte einen Haufen Kleidungsstücke, die man zusammen mit den Leichen aus dem Brunnen geholt hatte – Skiparkas, Decken, Pullover, einen Mantel aus Fellimitat. Ein Mann entdeckte den Mantel, kniete sich darauf und fing an zu schluchzen. Xhevat – der gerade aus Deutschland zurückgekehrte Enkel – stand verlegen daneben und wusste nicht, was er tun sollte.

»Was war er für ein Mensch?«, fragte ich Xhevat und zeigte auf das Grab des Alten.

»Er war Bauer. Er war im Ersten und im Zweiten Weltkrieg. Im Zweiten hat er als Soldat für die Deutschen gekämpft. Er hat nie woanders gelebt als hier; er hat nie daran gedacht, von hier wegzugehen. Jeder ist geflohen, er nicht. ›Du stehst auf meinem Land. Keiner vertreibt uns von hier‹, hat er immer gesagt.«

»Wie lange bleiben Sie noch hier?«, fragte ich.

Xhevat schaute auf die vergammelten Kleidungsstücke, die im Hof herumlagen. »Bis Freitag, dann fahre ich zurück nach Deutschland.«

Im Februar 1994 nahm die deutsche Polizei einen bosnischen Serben namens Dusko Tadić fest, der sich in der Wohnung seines Bruders in München versteckt hatte. Tadić war von bosnischen Moslems wiedererkannt worden, die das berüchtigte Todeslager Omarska in der Nähe der Stadt Prijedor überlebt hatten. Tadić war zwar kein regulärer Soldat der bosnisch-serbischen Armee gewesen, sondern ein Cafébesitzer und Karatelehrer aus Omarska, aber er tauchte regelmäßig abends im Lager auf, um persönlich die Folterungen von ausgesuchten Gefangenen zu überwachen. Er wurde ein Jahr später vom ICTY wegen Vergewaltigung, Folter und 13fachem Mord angeklagt. Die scheußlichste in der Anklageschrift aufgelistete Tat war, dass er einen Gefangenen gezwungen hatte, einem daraufhin verstorbenen Mitgefangenen die Hoden abzubeißen. Zwei Jahre später, nach einer von Mai bis November 1996 dauernden Verhandlung, wurde er wegen Verstoßes gegen das allgemeine Kriegsrecht und Verbrechen gegen die Menschlichkeit zu 20 Jahren Gefängnis verurteilt.

Der Fall Tadić war die erste erfolgreiche Strafverfolgung eines Kriegsverbrechens durch das ICTY. Das Tribunal hat 90 Personen wegen Verbrechen im ehemaligen Jugoslawien öffentlich und eine unbekannte Zahl an Personen geheim angeklagt. 30 der Beklagten befinden sich derzeit in Haft; darunter zehn bosnische Kroaten, die sich 1997, und drei bosnische Serben, die sich 1998 gestellt haben. Einer, der sich der Festnahme widersetzte, wurde getötet. Am 25. Juli 1995 erhob der südafrikanische Richter Richard Goldstone – der Chefankläger des Tribunals – gegen den bosnisch-serbischen Präsidenten Radovan Karadžić und seinen Stabschef, General Ratko Mladić, Anklage wegen Völkermords, Kriegsverbrechen und Verbrechen gegen die Menschlichkeit. Vier Jahre später hat man noch keinen der beiden gefasst. Es heißt, dass sich Mladić auf einem bosnisch-serbischen Militärstützpunkt der Bienenzucht und einer Ziegenherde widmet. Jede Ziege soll den Namen eines westlichen Staatsmannes oder eines UN-Kommandeurs tragen.

Angesichts des Zeitaufwands und der Anstrengungen, die es erfordert, jemanden wegen Kriegsverbrechen anzuklagen, kommt man kaum an der Frage vorbei – zumal wenn niemand verhaftet wird –, ob derartige Ermittlungen überhaupt Sinn machen. Richter Goldstone, der inzwischen eine unabhängige Kommission zur Untersuchung des NATO-Einsatzes im Kosovo leitet, ist nach wie vor fest davon überzeugt. »Für den Rest seines Lebens weltweit als Paria abgestempelt zu sein, kann keinem vernünftigen Menschen gefallen«, sagt er. »Karadžić war gezwungen, von seinem Amt zurückzutreten und von der internationalen Bühne zu verschwinden ... Die Lebensqualität dieser Leute verschlechtert sich dramatisch ... Tag für Tag, für den Rest ihres Leben, schauen die sich ängstlich um.«

Als Präsident von Jugoslawien muss sich Slobodan Milošević zwar nicht gerade ängstlich umschauen, prekär ist seine Lage aber dennoch. In seiner Armee hat sich Unzufriedenheit breit gemacht, die Infrastrukur und Wirtschaft seines Landes ist zerstört und Montenegro möchte die Jugoslawische Föderation abschaffen. Wegen der internationalen Haftbefehle kann Milošević nicht in ein anderes Land fliehen und die Vereinigten Staaten leisten keine Wirtschaftshilfe für Serbien, solange er noch im Amt ist. »Es liegt im Interesse aller Volksgruppen in Serbien, dass er nach Den Haag überstellt wird«, sagt David Scheffer, US-Sonderbotschafter für Kriegsverbrechen. »Serbien in die internationale Gemeinschaft und in das neue Europa einzugliedern wird ein sehr schwieriges Unterfangen bleiben, solange Serbien de facto ein Refugium für angeklagte Kriegsverbrecher ist. Ich schätze, die Chancen stehen gut.«

Wegen der Unruhe in Jugoslawien stehen die Chancen gut, dass sich Milošević eines Tages vor Gericht verantworten wird. (Angeblich soll er schon erste Erkundigungen darüber eingezogen haben, wie er einen englischen Anwalt anheuern kann.) Zu den bereits vorliegenden Klagen wegen Verstoßes gegen das allgemeine Kriegsrecht und wegen Verbrechen gegen die Menschlichkeit könnte noch – als schwerwiegendste Verletzung des humanitären Völkerrechts – eine Anklage wegen Völkermords hinzukommen. Für eine Verurteilung müsste das ICTY nachweisen, dass er die albanische Bevölkerung im Kosovo »ganz oder teilweise« ausrotten wollte. Die Tatsache, dass seine Truppen Frauen und Kinder in der Regel verschonten, spricht ihn nicht vom Vorwurf des Völkermords frei; theoretisch kann schon ein einziger Mord als Völkermord eingestuft werden, wenn die Absicht bestanden hat, auch dem Rest der Volksgruppe Schaden zuzufügen. Diese Anforderung erfüllt die Vorgehensweise der Regierung Milošević allemal.

Die Gräueltaten im Kosovo sind so gut dokumentiert, dass sich Milošević wahrscheinlich nicht damit aufhalten wird, sie im Gerichtssaal in Frage zu stellen. Stattdessen dürfte er sich wohl auf die Behauptung zurückziehen, von nichts gewusst zu haben. Möglicherweise hatte er diese Art der Verteidigung schon im Sinn, als er vor allem Paramilitärs und Milizen zu den jüngsten Massakern im Kosovo ermunterte. Allerdings hört die NATO schon seit Beginn ihrer Luftangriffe den Funkverkehr der serbischen Streitkräfte ab, was eine Verteidigung, die sich auf Unwissenheit beruft, schwierig machen dürfte. »Für den Nachweis der Befehlskette stützen wir uns hauptsächlich auf die Nachrichtendienste der westlichen Länder«, sagt Landale, Sprecher des ICTY. »Sie haben die Pflicht, uns die nötigen Informationen zu liefern. Wir werden versuchen nachzuweisen, dass die Regierung Milošević Kenntnis von den Verbrechen hatte beziehungsweise dass sie sie nicht verhindert oder bestraft hat.«

Wenn man die Berichte über die Massaker im Kosovo hört, ist man geschockt von der schrecklichen Effizienz und der noch schrecklicheren Barbarei. Viele der dafür Verantwortlichen waren eiligst zusammengezogene Milizionäre, deren unfassbare Kreativität beim Töten von Menschen nur den Schluss zulässt, dass sie von ihrer plötzlichen Macht völlig berauscht waren. Sie erschossen ihre Opfer einzeln und machten sie in Gruppen nieder; sie verbrannten sie bei lebendigem Leib und schnitten ihnen die Kehlen durch; sie folterten sie und gingen lässig an ihnen vorbei, um ihnen dann in den Hinterkopf zu schießen. Ihr brutales, erbärmliches Leben hatte ihnen für kurze Zeit absolute Macht beschert. Sicher haben sie nicht eine Sekunde daran gedacht, dass man sie eines Tages zur Rechenschaft ziehen könnte.

Terror in Sierra Leone

2000

Judas Sünde ist aufgeschrieben mit eisernem Griffel,
mit diamantenem Stift eingegraben.

Das Buch Jeremia, 17,1

Josephus, der Sohn eines Diamantenhändlers aus dem Landesinnern, schaute sich vorsichtig um und zog dann eine Marlboro-Schachtel aus der Tasche. Er klappte den Deckel auf und schüttelte zwei Diamanten auf seine Handfläche – einen kaffeebraunen, fünfundzwanzigkarätigen Industriediamanten und einen weißen, dreikarätigen Schmuckdiamanten. Sie sahen aus wie Kandiszucker. Wir befanden uns im Cape Sierra Hotel, einem der wenigen sicheren Orte in Freetown. Josephus wollte ein Geschäft machen.

»Woher weiß ich, dass die echt sind?«, fragte ich.

Josephus nahm ein Bierglas und ritzte mit dem weißen Stein einen langen Kratzer ins Glas. Es gibt nur wenige Dinge, die hart genug sind, um Glas anzukratzen. Ein Diamant ist eins davon. Josephus erzählte mir, dass sein Vater ein Stammeshäuptling in Kono sei und dort Konzessionen für mehrere große Minen besitze. Kono, ein Bezirk im nordöstlichen Zipfel des Landes, ist Sierra Leones ergiebigstes Abbaugebiet für Diamanten und wird nicht zufällig immer noch von Rebellen kontrolliert. Alle zwei Wochen flog Josephus nach Freetown, verkaufte Diamanten und kehrte mit Reis und Palmöl für die Minenarbeiter zurück. Die Minenarbeiter erhielten einen Dollar pro Tag plus eine Provision für gefundene Steine.

Ich spürte, dass der Barkeeper uns beobachtete. Josephus ließ die Steine wieder in der Schachtel verschwinden und sagte, dass er noch mehr besorgen könne, wenn ich Interesse hätte. Ich sagte, dass ich es mir überlegen würde. Obwohl ich nur deshalb in Sierra Leone war, um über den Diamantenhandel zu schreiben, war es praktisch unvermeidlich, dass man mich für einen Einkäufer hielt. Kein Mensch glaubte auch nur eine Sekunde, dass mein Fototgraf Teun Voeten und ich bloß Journalisten waren. Der Staat Sierra Leone wird seit 70 Jahren wie ein Bergwerk betrieben und es gab keinen Grund, warum wir das anders sehen sollten. Schon vor unserer Ankunft hatte ein Kontaktmann in London ein Treffen mit einem der mächtigsten Männer in Sierra Leones Militär ausgemacht. Nicht für ein Interview, zu dem er nie seine Zustimmung gegeben hätte, sondern für einen Diamantenhandel.

Wir hatten so ziemlich den ungünstigsten Tag für Geschäfte erwischt. Gerade machte die Nachricht die Runde, dass als Vergeltungsaktion für Rebellenüberfälle irgendwo im Land UN-Friedenstruppen das Haus von Foday Sankoh umstellt hätten. Sankoh ist der Chef der Rebellen, die sich Revolutionäre Vereinigte Front (RUF) nennen. Nach dem von der UN abgesegneten Friedensabkommen von Lomé 1999 erhielt er einen Regierungsposten und ein Anwesen außerhalb von Freetown. Am Tag zuvor hatten seine Kampftruppen – möglicherweise ohne sein Wissen – ein UN-Entwaffnungslager in Makeni umstellt und die kenianische Friedenstruppe aufgefordert, zehn Rebellen auszuliefern, die freiwillig ihre Waffen abgegeben hatten. Als der Kommandeur ablehnte, kam es zu Schießereien, wobei sieben UN-Soldaten gefangen genommen wurden. Das Lager war immer noch von den Rebellen umzingelt.

Nach seiner letzten Verhaftung wurde Sankoh von der Regierung zum Tode verurteilt. Als Antwort hatte die RUF Freetown angegriffen und fast eingenommen.

Ich sagte Josephus, dass ich mich in ein paar Tagen bei ihm

melden würde, zahlte die Rechnung und verließ das Hotel. Die plötzlich stockdunkel hereinbrechende Dämmerung der Tropen hatte sich gerade auf die Stadt gesenkt und ich konnte am Hügel oberhalb der Stadt die zuckenden Müllfeuer sehen. Ich schlängelte mich durch die Menge der Huren, die vor dem Hotel herumlungerten, stieg in meinen Mietwagen und sagte dem Fahrer, er solle mich zu Sankohs Haus fahren. Der Fahrer zögerte und sagte dann, dass er dafür das Doppelte verlangen müsse. Wir verließen die Stadt über die Aberdeen Bridge und fuhren durch die Straßenmärkte und Barackensiedlungen von Lumley. Sankohs Anwesen lag auf einem Hügel, von dem man auf die Stadt herunterblickte. Es bestand aus einer hässlichen gelben Villa, die von einer Mauer umgeben war, und einem geplünderten Betonbau, der als Bunker diente. Wir hielten an der mickerigen Bretterbude, die die Einfahrt bewachte. Ein UN-Soldat trat ans Auto und fragte, was wir wollten. Er war der einzige Vetreter der Friedenstruppe; kein einziges weiß lackiertes UN-Fahrzeug war zu sehen; das Anwesen sah völlig verlassen aus. Plötzlich stürmten etwa ein Dutzend Schlägertypen in Straßenklamotten aus dem Bunker.

»Wer seid ihr? Was wollt ihr hier?«, brüllten sie und stießen den Soldaten zur Seite. Ich sagte, dass ich Journalist sei und zu Sankoh wolle, was eindeutig die falsche Antwort war. Sie schrien, dass er nicht da sei. Einer fing an, auf das Autodach zu trommeln.

»Dreh um«, sagte ich zu dem Fahrer. »Wir hauen ab.«

Wir schossen nach vorn, schleuderten herum und rasten zurück Richtung Stadt. Auf halbem Weg den Hügel hinunter hielten wir am Straßenrand, um eine Kolonne Pick-ups vorbeizulassen. Auf den Ladeflächen drängelten sich jede Menge junger Burschen aus Sankohs Truppe. Sie waren unbewaffnet. Aber sie sangen und reckten die Fäuste in die Luft, als wüssten sie etwas.

Wie sich herausstellte, wussten sie tatsächlich etwas.

Die RUF begann ihr Werk lautlos und grausam. Ende März 1991 verließen etwa 100 leicht bewaffnete Guerillas das vom Krieg zerrissene Liberia in Richtung Sierra Leone. Ihr Ziel war, das Einparteiensystem von Joseph Saidu Momoh zu stürzen. Da sich unter den Guerillas jedoch viele Söldner aus Liberia und Burkina Faso befanden, entwickelte sich das Unternehmen schnell zum Vorwand für Plünderung und Mord. Sie bedienten sich traditioneller männlicher Initiationsriten, indem sie Kinder und Halbwüchsige in den Busch entführten und sie mit Zeichen tätowierten, die es den Opfern unmöglich machten, unbemerkt in ihre Gemeinschaft zurückzukehren.

Der Anführer der Rebellen, Foday Saybana Sankoh, war Corporal der Armee Sierra Leones, der sieben Jahre im Gefängnis gesessen hatte wegen des Verdachts, 1971 an einer Verschwörung zum Umsturz der Regierung beteiligt gewesen zu sein. Nach seiner Entlassung arbeitete er im Bezirk Kailahun nahe der Grenze zu Liberia als Fotograf und verbrachte die nächsten zehn Jahre damit, zwischen den Diamantenfeldern im Osten Sierra Leones herumzureisen. Zunächst erhob Sankoh lediglich den Anspruch, das Land von seiner Einparteienherrschaft zu befreien. Doch schon bald zeichneten sich seine Truppen durch eine Brutalität aus, die selbst für afrikanische Maßstäbe der Kriegsführung außergewöhnlich war. Als Taktik zur Terrorisierung der Bevölkerung setzten sie auf Amputationen, vorzugsweise der Hände. Das war ihr Markenzeichen. Als eine von wenigen Armeen in der Geschichte der Kriege nahmen sie Massenamputationen vor. Auf diese Weise erlangte die kleine und nur dürftig ausgerüstete Truppe eine Macht, die ohne reales Fundament war und in keinem Verhältnis zu ihrer Größe stand.

Um das Entsetzen noch weiter zu schüren, kündigten sie ihre Überfälle im Voraus an. Binnen weniger Monate tobten sie durch den Süden und Osten Sierra Leones. Die Armee des Landes war zu klein, zu desorganisiert und zu korrupt, um ernsthaft Widerstand leisten zu können. Teile von ihr schlossen sich sogar den Rebellen bei ihren Plünderungszügen an. 1995 standen sie vor den Toren Freetowns. Präsident Valentine Strasser, ein 29-jähriger Armeeoffizier, der sich drei Jahre zuvor selbst an die Macht geputscht hatte, heuerte das südafrikanische Sicherheitsunternehmen Executive Outcomes an, um des Problems Herr zu werden. Mit massivem Einsatz von MI-24-Kampfhubschraubern benötigte Executive Outcomes nur ein paar Wochen, um die Rebellen erst aus Freetown und dann auch aus Kono zu vertreiben. Allerdings versäumte es das Sicherheitsunternehmen, die letzten verbliebenen Rebellenstützpunkte zu zerstören, was sich später als Fehler erweisen sollte. Angeblich arbeiteten die Kampfhubschrauber derart effizient, dass die Rebellen für jedes zerstörte Exemplar eine Belohnung von 75 000 Dollar aussetzten – zahlbar in Diamanten.

Das Land stand so tief in der Schuld von Executive Outcomes, dass es angesichts einer Rechnung, die die Hälfte des Verteidigungsetats verschlungen hätte, angeblich umfangreiche Abbaurechte abtrat. (Executive Outcomes bestritt das.) Im Januar 1996 wurde Strasser durch Julius Maada Bio ersetzt, dem nach demokratischen Wahlen der gegenwärtige Präsident Ahmed Tejan Kabbah nachfolgte. In vielen anderen Ländern wäre das das Ende der Geschichte gewesen; nicht so in Sierra Leone. Unzufriedene Armeeoffiziere, die seit Monaten keinen Sold mehr erhalten hatten, vertrieben Kabbah 1997, ließen 600 Häftlinge des Gefängnisses Pademba Road frei, holten die Rebellen in die Regierung und installierten ihr eigenes brutales Regime. Diese Junta wurde von der ECO-MOG, einer regionalen, von Nigerianern geführten Friedenstruppe, abgesetzt, die es schaffte, Kabbah Anfang 1998 wieder als Präsident einzusetzen. Kabbah machte dann jedoch den Fehler, 24 illoyale Armeeoffiziere exekutieren zu lassen und gegen Sankoh Anklage wegen Landesverrats zu erheben. Die Klage stützte sich auf einen Waffenkauf zugunsten der

RUF, den Sankoh 1997 in Nigeria getätigt hatte. Der Rebellenführer war zwar schnell schuldig gesprochen, doch startete noch vor Vollstreckung des Todesurteils eine flüchtige Allianz aus Rebellen und Irregulären der Armee eine weitere Attacke auf Freetown.

Viel schlimmer als das, was am 6. Januar 1999 passierte, kann Krieg nicht sein. Halbwüchsige, im Drogenrausch ausrastende Soldaten trieben die Bewohner ganzer Stadtviertel zusammen und machten die Menschen mit Maschinengewehren nieder oder verbrannten sie bei lebendigem Leib in ihren Häusern. Wen sie für einen Feind hielten, den jagten, folterten und töteten sie – Journalisten, Nigerianer oder Ärzte, die sich gerade um Verletzte kümmerten. Sie töteten Menschen, die ihnen kein Geld gaben, Menschen, die ihnen zu wenig Geld gaben, Menschen, deren Gesicht ihnen nicht passte. Sie vergewaltigten Frauen und töteten Nonnen, verschleppten Priester und pumpten Kinder mit Drogen voll, um sie zu willigen Kämpfern zu machen. Sie standen auf Tupac-T-Shirts und ausgeflippte Frisuren. Da sie keine gemeinsame Stammessprache hatten, unterhielten sie sich in Krio, der Umgangssprache in Freetown. Einige waren Söldner aus Liberia und Burkina Faso, ein paar Weiße kamen angeblich aus der Ukraine, aber die meisten kamen einfach aus dem Busch. Manche von ihnen kämpften, seitdem sie acht oder neun Jahre alt waren, und gaben sich Namen wie Colonel Bloodshed, Commander Cut Hands, Superman, Mr. Die und Captain Backblast. Sie kämpften sich in westlicher Richtung durch Freetown, nahmen Viertel um Viertel, Calaba, Wellington, Kissy, und wären sogar fast in das ECOMOG-Hauptquartier in der Wilberforce-Kaserne eingedrungen.

Schließlich kam die von Nigerianern geführte Militärmaschinerie in Gang. Sie attackierte mit schwerer Artillerie, Alpha-Jets und Kampfhubschraubern. Einige der Hubschrauber wurden von weißen Südafrikanern geflogen, die einfach Granaten aus den Geschütztürmen warfen, wenn ihnen die

Munition ausging. Langsam wurden die Rebellen zurückgedrängt. Als sie erkannten, dass sie die Stadt nicht würden halten können, trieben sie Menschen zusammen und hielten sie so lange fest, bis spezielle Amputationseinheiten eintrafen. Die Einheiten bestanden aus Jugendlichen und sogar Kindern. Viele trugen an den Armen Bandagen, die die Stellen mit den Schnitten verdeckten, wo man ihnen das Kokain unter die Haut gepresst hatte. Sie verrichteten ihre Arbeit mit rostigen Macheten und Äxten. Die Wahl der Opfer war rein zufällig. »Du, du und du«, sagten sie und pickten sich die Leute aus der Reihe. Man erzählte sich von bluttriefenden Kornsäcken voller Hände. Man erzählte sich von Händen, die in Bäumen hingen. Man erzählte sich von Händen, die gegessen wurden.

»Sie haben uns mit vorgehaltener Pistole bis zu dem Hügel bei Kissy Mantal getrieben«, erzählte später ein 15-jähriges Mädchen einem Menschenrechtsbeobachter. »Sie haben nicht gesagt, warum, aber wir haben es alle gewusst. Wir mussten uns hinknien und die Arme auf eine Steinplatte legen. Das Abhacken hat nur einer besorgt. Manchen hat er beide Hände abgehackt, manchen nur eine. Und dann sind sie einfach weggegangen. Ich konnte meine Hand nicht mal begraben.«

Es dauerte ein paar Wochen, aber schließlich hatten die Nigerianer die Rebellen aus Freetown ins Landesinnere gejagt. 6000 Menschen waren in Freetown gestorben. Obwohl der Rebellenangriff vom militärischen Standpunkt ein Fehlschlag gewesen war, hatte er die Zivilbevölkerung so traumatisiert, dass sie bereit war, fast alles zu schlucken, wenn nur der Krieg aufhörte – einschließlich einer Regierungsbeteiligung der Rebellen. Das Ergebnis war das Friedensabkommen von Lomé, das eine Generalamnestie für alle Kämpfer beinhaltete, ein landesweites Entwaffnungsprogramm in Gang setzte, 11000 UN-Friedenssoldaten ins Land holte und Regierungsposten für Kommandeure der Rebellenarmee vorsah. Sankoh wurde

Vizepräsident von Sierra Leone sowie Vorsitzender der Kommission für Bodenschätze, Wiederaufbau und Entwicklung. Ein Haufen Worte für einen simplen Sachverhalt: Sankoh war jetzt der Diamantenkönig von Sierra Leone.

Jeder fürchtete, dass die UN Sankohs Haus umstellen und ihn verhaften würde. Eine Sorge, die sich als unbegründet herausstellte. Dennoch war die Stimmung in der Stadt an jenem Abend, als ich zu Sankohs Haus fuhr, gespannt wie eine Klaviersaite. Bei Einbruch der Dunkelheit waren die Straßen leer und gegen Mitternacht konnte man aus den Hügeln außerhalb von Freetown Gewehrfeuer hören. Allerdings handelte es sich dabei – wie sich später herausstellte – nur um aufgekratzte Wachmannschaften, die sich gegenseitig beschossen. Es ging das Gerücht um, dass sich in der Stadt selbst tausende von RUF-Kämpfern aufhielten, die bloß auf das Signal zum Losschlagen warteten. Nur wusste keiner, wann. Da Teun und ich vorhatten, zu den Diamantenminen im Landesinnern zu fliegen, machten wir uns Sorgen, dass sich die Lage verschlimmern und wir in Freetown festsitzen würden, wenn man den Flugverkehr einstellte. Ein Trupp vagabundierender Soldaten, die man die Westside Boys nannte, hatte die einzige Straße, die aus der Stadt führte, blockiert und die UN war drauf und dran, wegen der sich verschlechternden Sicherheitslage im Landesinnern alle Inlandsflüge einzustellen. Wenn Teun und ich noch irgendwohin wollten, dann mussten wir es schnell tun.

Am nächsten Morgen fuhren wir zu dem mit Kugeln übersäten Flugfeld außerhalb der Stadt und bestiegen eine alte zweimotorige Propellermaschine, die uns den Lauf des Bunce River entlang und über die Moyamba Hills zu der Diamantenstadt Bo brachte, die gute 300 Kilometer östlich von Freetown lag. Nach der Landung meldeten wir uns als Erstes beim Kommandeur der Kamajors, einer regierungsnahen zivilen Verteidigungstruppe, die sich aus Stammesjägern der Gegend

232

zusammensetzte. Die Kamajors waren wilde Kämpfer, die jedem Angst einjagten – sogar denen, die sie beschützten. Es war noch gar nicht so lange her, dass sie als Showeffekt Schwimmwesten trugen, wenn sie in den Kampf zogen. Den Kamajors eilte der Ruf voraus, dass ihnen Kugeln nichts anhaben könnten. Ihre magischen Kräfte schüchterten sogar die Rebellen ein.

Der Kommandeur versicherte uns, dass für alles, was die UN nicht erledigen könne, Gott einspringen würde. Was wir dahingehend deuteten, dass die Kamajors nach Kräften aufrüsteten. Danach gingen wir in die Stadt, um uns mit den Diamantenhändlern zu unterhalten. Die meisten von ihnen trugen libanesische Namen – Mansour, Jamil, Ahmed. Ihre Büros waren kleine, hell erleuchtete Räume, die sich hinter Läden versteckten, in denen man Radios, Werkzeuge, Textilien und Stoffe kaufen konnte – so ziemlich alles, was das Herz begehrte, wenn man keine Diamanten wollte.

Teun und ich wurden von einem langjährigen Diamantenschürfer namens James Kokero begleitet, der in Kono mehrmals ein kleines Vermögen verdient und wieder verloren hatte. Sein Nachname bedeutet »Adler«. Unter seinen Geschäftspartnern war der 50-Jährige als »Der Adler von Kono« bekannt. Er trug trotz der Hitze gebügelte Hemden und Hosen. In einer alten Ziegen- und Schlangenledermappe steckten alle Geschäftsunterlagen, die seine 20-jährige Arbeit als Diamantenschürfer dokumentierten. Er sagte, er hätte seinen ersten Diamanten mit 15 gefunden. Er sei mit offener Hose am Straßenrand gestanden und hätte plötzlich gemerkt, dass er auf einen 36-Karäter pisste, der etwa 28 000 Dollar wert war. Sein Vater, der schon im Diamantengeschäft war, verlor das ganze Geld aus dem Verkauf des Steins bei der Erkundung neuer Minen. Kokero schmiss die Schule und schloss sich einer Jugendbande an, die sich Born Losers nannte und auf den Diebstahl von Kies aus den Diamantenfeldern spezialiert hatte. In Sierra Leone ist Kies bares Geld wert: Man wäscht ihn und manchmal taucht ein Diamant auf. Die Born Losers verkauften ihren Kies an libanesische Diamantenhändler, die ihnen einen Anteil zahlten, wenn sich darin ein Stein fand.

Mit Unterbrechungen arbeitete Kokero jetzt bereits seit 20 Jahren in dem Geschäft. Er war auch schon von großen ausländischen Firmen engagiert worden, die hunderttausende Dollars in Schürfkübelbagger und Bulldozer investierten, um tiefer gelegene Lagerstätten auszubeuten. Mehrere Male wurde sein Unternehmen Opfer von Sabotageakten. Einmal war sogar sein Leben bedroht gewesen, und zwar von den libanesischen Händlern, denen man sehr enge Verbindungen zu den örtlichen Behörden nachsagte. Bei Kriegsausbruch arbeitete er in Kono gerade mit einem Amerikaner namens Mike Taylor zusammen. Eines Tages beschlagnahmte ein Trupp irregulärer Soldaten ihre Ausrüstung und eröffnete den beiden, dass man sie töten würde. »Wollt ihr lieber erschossen oder lebendig begraben werden?«, fragten sie. Taylor entschied sich für die Kugel und wurde zusammen mit Kokero an eine Wand gestellt. Drei Mann pflanzten sich vor ihnen auf und legten mit ihren Maschinengewehren auf sie an. Im gleichen Augenblick brachen sowohl Taylor wie auch Kokero in lautes Gelächter aus – sie konnten einfach nicht anders. Die verblüfften Soldaten wollten wissen, warum sie denn keine Angst hätten.

»Ich bin ein menschliches Wesen. So wie ihr alle«, sagte Kokero. »Wir sind Brüder. Wenn ihr mich tötet, dann seid ihr die Verlierer, denn ihr habt einen Bruder getötet. Mit mir ist es aus, ich bin tot. Aber ihr steht da und habt ein Problem.«

Ihre Furchtlosigkeit machte einen so tiefen Eindruck auf die Soldaten, dass sie die beiden laufen ließen. Mit anderen Worten: Kokero war ein Überlebenskünstler und unser Plan sah vor, mit ihm zusammen in Kono ein paar von den illegalen Diamantenfeldern der RUF aufzuspüren. In Freetown hatten wir mit einem englischen Fotografen namens Marcus Bleasdale gesprochen, der einer der wenigen westlichen Journalisten – und sicher der letzte – gewesen war, der es nach Kono geschafft hatte. Er und zwei holländische Reporter besaßen einen Brief von Sankoh höchstpersönlich, den sie den Rebellen an den Straßensperren unter die Nase gehalten hatten, und waren so bis nach Koida vorgedrungen, der größten Stadt im Bezirk Kono. Dort sagte ihnen allerdings der örtliche RUF-Kommandeur, dass der Brief nichts wert sei. »Sankoh hat hier gar nichts zu bestimmen. Hier bestimme ich.« Er verhinderte, dass die Reporter auch nur in die Nähe der größeren Diamantenfelder kamen, die alle außerhalb der Stadt lagen. Doch in kleinerem Maßstab wurde praktisch überall in der Stadt nach Diamanten gesucht – am Straßenrand, hinter Moscheen, überall, wo Kies war. Die Menschen hatten kleine Waschanlagen aufgemacht, wo sie den Kies aussiebten. Später tauchten dann die Rebellenkommandeure auf und nahmen sich ihren Anteil.

Die Regenzeit hatte gerade begonnen und am Spätnachmittag zogen von Bo kommende Gewitterwolken auf: mächtige Säulen aus Kumuluswolken, die die Luft gelb färbten und aus denen es so schüttete, dass man die gegenüberliegende Straßenseite nicht sehen konnte. Männer und Frauen duckten sich unter gewellte Zinkblechdächer, Jungen rissen sich die Hemden vom Leib und schossen wie Fische durch die herabstürzenden Wassermassen. Um halb sieben meldete BBC, dass der Kontakt der UN zu Sambias 200 Mann starker Friedenstruppe bei Makeni unterbrochen sei und dass man vermute, die Truppe sei umstellt und entwaffnet worden. Laut Berichten von Aufklärungshubschraubern bewege sich die RUF mit den erbeuteten Panzerfahrzeugen vorwärts. »Anscheinend sind die Rebellen auf dem Vormarsch«, sagte der UN-Sprecher Fred Eckhard in der Radiosendung. »Aber wir wissen nicht, wohin.«

Geologisch gesehen sind Diamanten nicht besonders selten und eigentlich auch nicht besonders teuer. Hauptsächlich schneiden sie gut und kosten deshalb für die meisten industriellen Anwendungsbereiche etwa 30 Dollar pro Karat. Ihre gewaltige wirtschaftliche Macht rührt daher, dass 70 bis 80 Prozent der in der Welt verkauften Diamanten in Edelsteinqualität über ein Firmengeflecht vertrieben wird, das unter dem Namen De Beers firmiert und die Diamantenmenge so steuert, dass der Preis hoch bleibt. Als Ende der 1920er Jahre im Diamantengeschäft totales Chaos herrschte, kaufte Sir Ernest Oppenheimer fast das gesamte Weltaufkommen an Diamanten auf und startete eine Preispolitik, die es der Industrie ermöglichte, profitabel zu wirtschaften. Heute fördert De Beers fast 50 Prozent der weltweit jedes Jahr produzierten Diamanten in Edelsteinqualität, das bedeutet einen Wert von knapp 7 Mrd Dollar. Weitere 20 bis 30 Prozent kauft De Beers über die firmeneigene Central Selling Organization (CSO) zu. Diese Diamanten verpackt die CSO in schuhschachtelgroße Päckchen, die sie dann an insgesamt 120 bevorzugte Kunden – so genannte »sightholders« – in die ganze Welt verschickt. Oft bekommen die »sightholders« die Steine erst dann zu Gesicht, wenn sie sie schon bezahlt haben. Und sie bezahlen jeden Preis, den De Beers verlangt.

Ungefähr die Hälfte der von De Beers belieferten »sightholders« sitzt im belgischen Antwerpen, das von jeher Europas Hauptumschlagplatz für Diamanten ist. Bis vor kurzem war die Mehrwertsteuer – eine geringe Abgabe auf die Rohdiamanten vor ihrer Verarbeitung – so leicht zu umgehen, dass eine Industrie, die 20 Mrd Dollar pro Jahr umsetzt, für den gleichen Zeitraum nur 8 Mio Dollar an Steuern berappen muss. Die Regulierungsbehörde für die Industrie ist der Hohe Rat für Diamanten, der sowohl die Stadt Antwerpen auf dem internationalen Markt vertritt wie auch im Auftrag der belgischen Regierung die Industrie beaufsichtigt. Der Rat hat die Aufgabe, den Wert der importierten Diamanten festzustellen und das Herkunftsland zu beurkunden. Für den Hohen Rat für Diamanten ist das Herkunftsland ganz einfach das Land, aus dem der Stein nach Belgien exportiert wurde. Verkürzt gesagt stellt diese Bestimmung das Kernstück des illegalen Diamantenhandels dar.

Die einschlägigen Gesetze Sierra Leones – für dessen Einhaltung Sankoh verantwortlich ist – sehen vor, dass die Regierungsbehörde für Gold und Diamanten jeden im Land geförderten Diamanten wiegt, klassifiziert und dessen Wert bestimmt. Wenn der lizensierte Exporteur den Stein verkaufen will, wird eine Steuer von 2,5 Prozent fällig, und das Päckchen mit dem Stein oder den Steinen wird versiegelt und erhält einen Stempel. Das Päckchen darf erst wieder geöffnet werden, wenn es seinen Bestimmungsort erreicht hat. Ausländer tun sich oft mit Einheimischen, die über Abbaurechte verfügen, zusammen und vereinbaren mit ihnen, dass sie im Tausch für einen Anteil an den gefundenen Diamanten – in der Regel 30 bis 50 Prozent – auf ihrem Land schürfen dürfen.

Die Exportsteuer auf Diamanten ist auch deshalb so niedrig, weil sie praktisch eine freiwillige Steuer ist. Keine Form von Besitz lässt sich auf so wenig Raum unterbringen wie Diamanten; der Gegenwert von Millionen von Dollars passt in eine Zigarettenschachtel. Diamanten sind so klein, so wertvoll und so leicht zu verstecken, dass bei einer Erhöhung der Steuer über ein bestimmtes Maß hinaus die Steuereinnahmen zurückgehen, weil die Leute dann anfangen, sie zu schmuggeln. Manche verstecken sie am Körper und fliegen damit nach Belgien. Andere schaffen sie auf dem Landweg nach Guinea oder Liberia und verkaufen sie dort auf dem Schwarzmarkt. Die Möglichkeiten, Diamanten zu verstecken, sind fast grenzenlos. Man lässt die erhitzten Steine in Schweineschmalz fallen. Man näht sie in Rocksäume ein. Man umhüllt sie mit Wachs und führt sie als Zäpfchen ein. Man schluckt sie, versteckt sie unter der Zunge, klemmt sie sich in den Bauchnabel oder drückt sie in eine offene Wunde und wartet, bis die Wunde verheilt ist.

Eine Rebellentruppe wie die RUF hält sich nicht mit derartigen Methoden auf. Sie schmuggelt die Diamanten auf dem Landweg – zu Fuß über ein Labyrinth an Dschungelpfaden – oder mit kleinen Flugzeugen über die Grenze. Marcus Bleasdale erzählte, dass man ihn in Kono nie auch nur in die Nähe eines Flugfelds ließ. Trotzdem hörte er regelmäßig die Geräusche von startenden und landenden Flugzeugen. Von Liberia, Guinea oder Burkina Faso gehen die als einheimisch deklarierten Steine dann zu den internationalen Märkten in Antwerpen und Tel Aviv. Laut Berichten des United States Geologic Survey beläuft sich die Gesamtproduktion der Diamantenminen in Liberia auf 100 000 bis 150 000 Karat pro Jahr. Allerdings bezifferte der Hohe Rat für Diamanten den Wert liberianischer Diamantenimporte zwischen 1994 und 1998 auf durchschnittlich 6 Mio Karat pro Jahr. Die Ursache für die Diskrepanz ist kein Geheimnis. Das gleiche Problem existiert auch in Angola: Die UNITA-Rebellen haben illegal abgebaute Diamanten im Wert von etwa 3 Mrd Dollar außer Landes geschafft, um einen Krieg zu finanzieren, der bis dato eine halbe Million Menschen das Leben gekostet hat.

Im Westen sind diese Zahlen erst in den vergangenen Monaten bekannt geworden. Der erste Bericht über den Diamantenabbau der RUF stammte von einer gemeinnützigen Organisation namens Partnership Africa Canada, der zweite von Kanadas UN-Botschafter Robert Fowler. In beiden Berichten wird eines ganz deutlich: Wenn sich die internationalen Diamantenhändler gemeinsam darauf verständigten, keine gesetzwidrig geförderten Diamanten zu kaufen, fiele es Gruppen wie der UNITA und der RUF wesentlich schwerer, ihre Kriege zu finanzieren. Seit Veröffentlichung der Berichte drängt De Beers auf strafrechtliche Verfolgung aller Händler, die mit so genannten »Blutdiamanten« Geschäfte machen. Mitte Juni beantragte die UN ein Exportverbot für alle Diamanten aus Sierra Leone, die nicht den Zoll in Freetown passierten. Die EU stoppte ihre Auslandshilfe für Liberia, da Liberias Präsident Charles Taylor die RUF unterstützt.

Dennoch kann man in Antwerpen mit ein paar Telefonaten immer noch problemlos illegale Diamanten verkaufen. In den letzten zehn Jahren sind Diamanten aus Sierra Leone ungehindert über die löcherige Grenze in Taylors korruptes kleines Land geflossen. Kein Wunder, dass Taylor einer der Ersten war, der Sankoh und seinen ersten hundert RUF-Kämpfern 1991 bei der Überquerung des Mano River behilflich war. Ebenso verwundert es nicht, dass Sankoh als Vorsitzender der Kommission für Bodenschätze – das heißt im Wesentlichen Diamanten – keine Hand rührte, um den Diamantenstrom zu stoppen.

Die ersten Diamantenfelder befinden sich am Stadtrand von Bo; man kann sie von der Straße aus sehen, die in östlicher Richtung nach Kenema führt. Es sind in den Dschungel gegrabene Kiesgruben. Halbwüchsige Burschen in Unterhemden schaufeln dort im Dreck. Zusammen mit Kokero machten wir uns am nächsten Tag auf den Weg. Wir fuhren auf einer der wenigen guten Überlandstraßen im ganzen Land, vorbei an Dörfern, die von Kiesbergen umgeben waren, vorbei an Farmen, die man dem Busch abgerungen hatte. Einige Lichtungen qualmten noch von den Brandrodungen, die der Aussaat vorausgehen. »Früher war ich auch Bauer«, sagte Kokero bitter. »Bauer und Minenarbeiter. Das Feld sorgt fürs Essen, die Mine fürs Geld.«

Die jungen Arbeiter waren freundlich. Als wir am Straßenrand anhielten, hörten sie auf zu schaufeln und fragten uns nach Zigaretten. Die Sonne brannte vom Himmel. Sie arbeiteten in Schichten und schaufelten den diamanthaltigen Kies aus der Mitte der Grube an den Rand, wo sie ihn dann durchsuchten. Tagebau ist weder aufregend noch gefährlich, nicht mal kostenintensiv; man braucht nur einen Haufen Leute, die graben. Für größere Felder benötigt man Bagger und Bulldozer, um den so genannten Abraum über der Lagerstätte abzutragen. Derartige Investitionen werden in Sierra Leone jedoch kaum noch getätigt.

Tagebau in kleinem Maßstab kann aber fast jeder betreiben. Die Arbeiter erhalten zwei Rationen Reis pro Tag plus einen fixen Lohn plus einen Anteil von den Diamanten, die sie finden. Der Kies wird aus den tiefen Gruben nach oben geschaufelt und dann in eine kleine, von einem Generator betriebene Waschanlage gepumpt. Die Maschine sortiert das Gestein nach Größe und wäscht das Gold heraus. Was übrig bleibt, wird auf einen Haufen gekippt, der normalerwiese durch einen Rattanzaun abgetrennt ist, und dann nach Diamanten durchsucht. In der Regel geht je ein Drittel der Diamanten an die Arbeiter, den Geldgeber und den Landbesitzer. Es liegt auf der Hand, dass ein derartiges System ein Paradies für Diebe ist.

Sierra Leone wurde 1787 als Kolonie für Sklaven gegründet, die die Engländer während der amerikanischen Revolution befreit hatten. 1930 fand man die ersten Diamanten. Als sich die Nachricht verbreitete, erzählten die Engländer den Einheimischen, dass es gefährlich sei, die Steine zu berühren, da sie elektrisch geladen seien. Sie sollten die Steine nicht anrühren, bevor ein Weißer einträfe. So will es zumindest die Legende. Im Wesentlichen verfuhr die Kolonialregierung von Sierra Leone mit ihrem neuen Reichtum auf ähnliche Weise – nur in größerem Maßstab: 1937 verkaufte sie einer Firma von De Beers die exklusiven Abbaurechte für das ganze Land für eine Laufzeit von 99 Jahren. De Beers erreichte schnell ein Produktionslevel von bis zu 1 Mio Karat pro Jahr. Es war nur eine Frage der Zeit, bis die Einheimischen erkannten, dass sie, anstatt für De Beers zu arbeiten, auch selbst nach Diamanten suchen konnten. Bald gab es in Kono zehntausende von illegalen Diamantenschürfern, die mit selbst gebauten Sieben die

Flussbetten absuchten und ihre Beute an libanesische und Mandingo-Händler verkauften. Anfangs verkauften die Händler die Steine in Freetown, später, als das immer schwieriger wurde, schmuggelten sie die Diamanten über den Mano River nach Liberia.

In den 1950er Jahren waren schätzungsweise 20 Prozent aller Steine auf dem Weltmarkt Schmuggelware aus Sierra Leone, die hauptsächlich über Liberia das Land verließ. De Beers hatte nur die Wahl, entweder die Kontrolle über den Handel in Sierra Leone zu verlieren oder ein Büro in Liberias Hauptstadt Monrovia zu eröffnen und die illegalen Steine zurückzukaufen. Natürlich entschieden sie sich für Letzteres. Schließlich erwies sich das Lizenzsystem mit De Beers als unhaltbar, sodass 1963 die neue unabhängige Regierung von Sierra Leone den Großteil der Abbaurechte zurückkaufte. Zum ersten Mal konnten auch Einheimische Lizenzen erwerben. Im Rahmen eines Fördermodells schossen Diamantenkäufer – hauptsächlich Libanesen – das Geld zu Errichtung von Abbaubetrieben vor und kauften dann die Steine auf.

In den 1980er Jahren schloss De Beers zwar sein Büro in Liberia, doch nahm der Diamantenstrom von Sierra Leone nach Antwerpen nicht merklich ab. Heute betreiben im Hinterland hauptsächlich ortsansässige Libanesen und ein paar Ausländer den Abbau von Diamanten. In Kenema trafen wir Greg Lyell, der in der Capitol Bar vor einer Cola saß. Kokero, der so ziemlich jeden zu kennen schien, bat ihn an unseren Tisch. Der inzwischen 50-jährige Lyell war vor ein paar Jahren nach Sierra Leone gekommen, um Diamanten zu kaufen, war hängen geblieben, hatte eine Einheimische geheiratet und den Putsch in Freetown 1997 mit einer Knarre im Schoß ausgesessen. Jetzt betrieb er eine Unterwassermine. Zwischen Kenema und Bo pumpte er den Kies vom Grund des Sewa River nach oben.

»Unterwasserabbau ist reine Glücksache«, sagte Lyell. »Man braucht eine Propangasflasche, eine Druckluftflasche, an der ein Schlauch steckt, und einen Stofffetzen vor den Augen als Schutz gegen den aufwirbelnden Dreck. Dann gehen die Taucher runter und saugen den Grund ab. Der ganze Kies landet in einem Kanu, das wir danach an Land ziehen. Wir rütteln alles mit einem Sieb durch und kippen den Inhalt kopfüber aufs Ufer. Diamanten sind schwerer als die meisten anderen Steine. Wenn sich also einer bis auf den Boden von dem Sieb durchgerüttelt hat, liegt er jetzt oben.«

Unterwasserabbau kann ziemlich gefährlich sein. Aber im Kies auf dem Grund von Flüssen lagern sich Diamanten nun mal ab. Man vermutet vor der Küste – in den Mündungen des Sewa River und des Mano River – zwar gewaltige Diamantenvorkommen, doch Schürfen auf dem Meeresboden ist extrem kostspielig. Lyell sagte, dass seine Taucher in zehn bis fünfzehn Meter Tiefe etwa eine halbe Stunde am Stück arbeiten könnten. Als Gewichte gegen den Auftrieb schnallten sie sich Sandsäcke um die Hüften. Manche Taucher opfern vor der Arbeit ein Schaf und achten darauf, dass sich das Blut mit dem Flusswasser vermischt und so ihr Leben schützt.

»Ich hab schon zu Hause in den Staaten damit angefangen, mich mit Diamanten zu beschäftigen«, sagte Lyell. »Na ja, ich will mal so sagen: Es gab eine Phase, da war ich ein ziemlich übler Bursche und hatte plötzlich jede Menge Zeit totzuschlagen … Wahrscheinlich bleib ich noch ein bisschen hier. Eigentlich wollte ich nach Mali. Gold kaufen. Hat sich aber zerschlagen.«

Lyells Haare waren vorn kurz geschnitten und hinten zu einem Pferdeschwanz zusammengebunden. Auf seiner Oberlippe waren erste Ansätze eines schmalen Schnauzbarts zu sehen. Wie jeder andere schwitzte er heftig in der Nachmittagssonne. Als ein Laster voller Arbeiter vorbeirumpelte, sagte er: »Die fahren rauf nach Tongo. Die Laster kommen hier jeden Tag vorbei.«

»Tongo?«, sagte ich. »Ist das nicht RUF-Gebiet?«

Lyell sagte nichts. Er schaute mich mit einem Gesichtsausdruck an, den ich schon vorher an ihm bemerkt hatte: dem Gesichtsausdruck eines Menschen, dessen ganzes Leben sich ausschließlich um Diamanten drehte und der sich plötzlich mit jemandem auseinander setzen musste, bei dem das nicht so war.

Als wir drei Tage später Kenema wieder verließen, hatte sich die allgemeine Lage so verschlechtert, dass wir uns fragten, ob wir überhaupt wieder nach Freetown hineinkämen. Inzwischen waren an verschiedenen Orten über das Land verteilt schon 500 Soldaten der UN-Friedenstruppe als Geiseln genommen worden. Ein Truppenkontingent aus Guinea hatte den wichtigen Stützpunkt Rogberi Junction räumen müssen, und es hieß, dass die Rebellen bereits den Hastings Airport am Stadtrand von Freetown erreicht hätten. Auch wenn sich das später als Falschmeldung herausstellte: Allein das Gerücht hatte ausgereicht, um allgemeine Panik zu verbreiten. Es sah ganz danach aus, als stünde ein weiterer 6. Januar bevor.

Zwischen Kenema und Bo gab es jetzt alle paar Kilometer Straßensperren, die mit bewaffneten Kamajors besetzt waren. Abgesehen von den Waffen der UN-Friedenstruppe waren das die ersten Gewehre, die wir im Land zu sehen bekamen. Ein schlechtes Zeichen. Es bedeutete, dass sich die Regierung nicht mehr auf die UN verließ und die Angelegenheit selbst in die Hand nahm. Als wir in Bo ankamen, war klar, dass sich etwas tat: zu viele Menschen auf der Straße, zu viele Lastwagen, die in die Stadt kamen oder sie verließen. Wir brachten unser Gepäck ins Hotel und gingen zurück zum Hauptquartier der zivilen Verteidigungstruppe, vor dem wir schon bei der Fahrt in die Stadt mehrere hundert Kamajors gesehen hatten.

Wir waren kaum angekommen, da geriet die Menge in Bewegung. »Los, wir bringen sie um, wir bringen sie alle um!«, brüllte ein Kamajor in Krio und rammte eine Granate in seinen Granatwerfer. Er stieg mit fünf, sechs anderen in einen

Wagen und brauste davon. Aus dem Nichts waren überall Waffen aufgetaucht, jeder hatte eine in der Hand: Panzerabwehrraketen, Kalaschnikows, schwarz glänzende FN-Sturmgewehre und sogar alte Schrotflinten und Säbel aus der Kolonialzeit. Die Männer waren aus dem Busch gekommen. Sie waren gewappnet mit magischen Kräften und ihrem Glauben an höhere Mächte. Sie trugen Gewänder aus Sackleinen und Netzhemden mit gehäkelten Patronenbeuteln, von denen sie glaubten, sie würden die Kugeln abhalten. Sie hatten sich Kaurimuscheln auf die Kleidung genäht. Über den Patronengurten baumelten Halsbänder aus Knochen, die gegen ihre Gewehre klackerten. Einer trug nichts als ein Paar Shorts und die pinkfarbene Kapuze eines Skiparkas. Ein anderer hatte sich ein Stirnband aus scharfen Maschinengewehrpatronen gebastelt. Sie drängten sich in kleinen Gruppen um Kurzwellenradios, aus denen die Nachmittagssendung der BBC plärrte, redeten erregt aufeinander ein und schoben Magazine in ihre Gewehre.

Anscheinend hatten am Morgen mehrere tausend Menschen vor Sankohs Anwesen gegen den Krieg demonstriert, worauf Sankohs Leibwächter das Feuer eröffneten. Im Fernsehen konnte man sehen, wie Halbwüchsige in Zivil mitten in die Menge hielten und ihre Magazine leerten. Einer der Leibwächter feuerte sogar eine Panzerabwehrrakete ab. Manche sprachen davon, dass Sankoh versucht habe, seine Leute aufzuhalten, manche, dass er mit der Maschinenpistole in der Hand die Aktion vom Balkon aus leitete. 19 Zivilisten wurden getötet, zahllose verletzt. Später stürmte ein Trupp irregulärer Soldaten das Haus und tötete ein paar der Leibwächter; Sankoh selbst konnte fliehen. Es gingen verschiedene Gerüchte um: Er sei in einem UN-Fahrzeug entkommen oder er halte sich in Freetown versteckt oder er sei in den Busch geflohen, um sich bis zu den Rebellen durchzuschlagen. In Freetown setzten Regierungstruppen etwa zwei Dutzend RUF-Funktionäre fest, in Bo taten Kamajors das Gleiche. In der

Zwischenzeit rückten die Rebellen weiter vor, erreichten die Stadt Waterloo und befanden sich damit 32 Kilometer vor Freetown.

»Also, von mir haben Sie das nicht«, sagte mir an jenem Nachmittag ein UN-Militärbeobachter in der Nähe von Bo. »Aber wenn wir von hier verschwinden, dann sieht das aus wie beim Fall von Saigon.«

Von Süden näherten sich am nächsten Morgen im Tiefflug zwei große Chinook-Hubschrauber des britischen SAS und landeten auf dem Flugfeld außerhalb von Bo. Sie nahmen 20 bis 30 Ausländer an Bord, darunter Teun und mich, und kehrten zurück nach Freetown. Wir flogen in etwa fünf Meter Höhe über das Blätterdach der Wälder. Wenn wir kleine Dörfer überflogen, kamen die Menschen aus ihren Hütten, um das Schauspiel zu beobachten.

Den ersten Ort, den wir am Tag nach unserer Rückkehr besuchten, war Sankohs Haus. Kein Mensch war zu sehen, als wir früh am Morgen vorfuhren. Das Tor war aus den Angeln gerissen, im Hof lagen zerfetzte Kleidungsstücke und leere Patronenhülsen. Wir gingen ins Haus und stapften durch zehn Zentimeter tiefes Wasser, das die Marmorböden bedeckte. Irgendwo gurgelte Wasser. Wahrscheinlich hatten die Demonstranten die Wasserleitungen demoliert. In einem Handtuchregal im Bad lagen Damenslips, BHs und eine leere Flasche 98er Laurent Grand Siècle Ferme. Im Schlafzimmer im ersten Stock fanden wir eine leere Munitionsschachtel für 70-mm-Patronen. Überall lagen Papiere herum. In den Ecken stapelten sich tausende von gebrauchten und ungebrauchten Spritzen. Die Haufen sahen aus wie Schneewehen.

Lange vor uns hatten andere Journalisten sowie Beamte der Polizei von Sierra Leone das Haus nach belastenden Dokumenten durchsucht. Laut Informationsminister Julius Spencer hatte man Beweise gefunden, dass Sankoh für Dienstag, den 9. Mai, einen Putsch geplant hatte, der jedoch durch die Demonstration vor seinem Haus am Tag zuvor vereitelt worden war. Man hatte mehrere Kommandeure der Rebellen – einschließlich Denis »Superman« Mingo, Colonel Akim und Brigadekommandeur Issa Sesay – sowie mindestens einen ukrainischen Söldner in die Stadt eingeschleust, die den Aufstand koordinieren sollten. Einige der Männer hatte man in den Tagen nach dem Massaker vor Sankohs Haus getötet oder gefasst. Die Leibwächter, die wir auf dem Weg zu Sankohs Haus Fäuste schwingend und Lieder grölend gesehen hatten, waren alle davon ausgegangen, dass ihr Anführer nur wenige Stunden später die Kontrolle über die Hauptstadt übernehmen würde. So gesehen passten die Jubelgesänge perfekt ins Bild.

Wichtiger als die Beweise für den geplanten Putsch waren jedoch die geheimen RUF-Berichte über Diamantenfelder in Kono. In einem blauen Schulheft hatte ein RUF-Offizier offensichtlich sämtliche Diamanten verzeichnet, die allein er vom 30. Oktober 1998 bis 31. Juli 1999 einkassiert hatte. Auf dem Deckblatt des Hefts standen in Druckbuchstaben der Satz »Gott segne meinen Lehrer« und das Wort »Peace«. Unter NAME hatte sein Besitzer feinsäuberlich »Capt. Joseph ›K‹ Bakundu« eingetragen, unter SCHULE »R.U.F. Diammanten-Einheid« und unter KLASSE »Schwarze Garde«.

Die Schwarze Garde war Sankohs Leibwache, seine Elitetruppe. Offenbar war Bakundu für etwa fünfzehn als Händler tätige Rebellen in Kono und Tongo zuständig. Die Händler wiederum hatten die Diamanten von den Schürfern im Busch. Manche der aufgelisteten Namen – zum Beispiel der als Moskito bekannte Sam Bockarie oder Colonel Akim – waren die von allgemein bekannten Rebellenkommandeuren. Das Heft listet als Beute aus neun Monaten 786 Karat in weißen Diamanten und 887 Karat in Industriediamanten auf. Unter anderem waren ein orangefarbener Siebzehnkaräter, ein weißer Neunkaräter und zahlreiche Steine zwischen ein und sechs Karat verzeichnet. Man schätzt, dass die RUF etwa eine halbe Million Karat pro Jahr exportiert, was den Schluss zulässt, dass in Sankohs Auftrag etwa 300 Leute wie Bakundu die Steine einsammeln.

Die RUF schürfte nicht nur Diamanten, sie hatte auch Verbindungen zu westlichen Geschäftsleuten. In seiner offiziellen Funktion als Vorsitzender der Kommission für Bodenschätze hatte Sankoh mit Samuel Isidoor Weinberger aus London eine Vereinbarung zum Kauf und Verkauf wertvoller Steine getroffen. Außerdem hatte Sankoh mit Raymond Clive Kramer von der Kramer Group of Companies in Südafrika einen Beratervertrag ausgehandelt. Es fand sich auch ein Brief von Patrick Everarts de Velp, der in Washington die Handelsinteressen für den wallonischen Teil Belgiens vertritt. Darin versucht er den Verkauf von Spezialgerät einzufädeln. »Ich betrachte es immer als große Ehre und als Privileg, Ihnen behilflich sein zu können«, schrieb de Velp an Sankoh.

Des Weiteren fand man sehr viele Briefe eines Amerikaners namens John Caldwell. Caldwell, Präsident der U.S. Trading & Investment Company in Washington, D.C., hatte über Sankoh versucht, Geschäfte auf dem Agrarsektor in die Wege zu leiten, darunter eine Lebensmittellieferung im Wert von 32 Mio Dollar. (Dieses spezielle Geschäft hatte Sankoh abgelehnt, weil ihm die Abwicklung durch eine internationale Hilfsorganisation nicht behagte – vermutlich, weil bei der Verteilung der Lieferung nichts für die RUF abgefallen wäre.) Der in Frankreich geborene Caldwell ist eingebürgerter Amerikaner, arbeitete Mitte der 60er Jahre für den Nachrichtendienst der NATO und war danach Vizepräsident der Abteilung Internationale Beziehungen bei der U.S. Chamber of Commerce. Im vergangenen Oktober reiste er mit seinem belgischen Geschäftspartner Michel Desaedeleer nach Freetown, um – wie sie es nannten – über ein umfassendes Entwicklungsprogramm für Sierra Leone zu verhandeln. Die Idee sei gewesen, eine internationale Diamantengesellschaft – ähnlich der von De Beers – ins Land zu holen und mit den anfallenden Steuern landwirtschaftliche Projekte für die Landbevölkerung zu finanzieren.

Um einen Handel dieser Größenordnung einzufädeln, mussten sie der Regierung von Sierra Leone etwas Handfestes anbieten können. Am 23. Oktober des vergangenen Jahres konnten sie es. Sankoh unterzeichnete einen Vertrag, der ihnen das Monopol auf den Abbau aller Diamanten- und Goldvorkommen in dem von den Rebellen kontrollierten Gebiet in Sierra Leone zusicherte. Der Vertrag wurde geschlossen zwischen der RUF und der BECA Group, einem in Tortola auf den British Virgin Islands registrierten Offshore-Unternehmen, als deren Direktoren Desaedeleer und Caldwell fungierten. Die BECA Group sollte den Abbau, Export und Verkauf der Diamanten auf dem internationalen Markt organisieren, die RUF für die Sicherheitsvorkehrungen, die Arbeitskräfte und den Transport außer Landes sorgen. Den Profit würde man sich teilen.

Im Vertrag war festgelegt, dass die Vereinbarung null und nichtig sei, sobald die Regierung von Sierra Leone die Kommission für Bodenschätze, Wiederaufbau und Entwicklung, deren Vorsitzender Sankoh war, einschalte. In diesem Fall müsste ein neuer Vertrag zwischen der BECA und der Kommission ausgehandelt werden. Bis dahin jedoch stand der Abbau von Gold oder Diamanten in Sierra Leone jedem offen, der sich mit der RUF einigte.

Nach seiner Rückkehr in die USA traf sich Desaedeleer mit John Leigh, dem Botschafter Sierra Leones in den Vereinigten Staaten. Er zeigte Leigh den Vertrag und bot ihn für 10 Mio Dollar zum Verkauf an – ein Preis, so Desaedeleer, der dem Marktwert entspreche. Im Grunde wollte er an die Regierung von Sierra Leone Rechte verkaufen, die Sankoh von Rechts wegen gar nicht hätte abtreten dürfen. Die RUF hatte nicht nur keinen legalen Anspruch auf die Abbaurechte in Sierra Leone, Sankoh in seiner Funktion als Kommissionsvorsitzender hatte auch nicht die Befugnis, einen solchen Vertrag auf eigene Faust auszuhandeln. Er hätte zumindest die Unterschriften der anderen Kommissionsmitglieder gebraucht – die er aber aus nahe liegenden Gründen nicht hatte. Schockiert über das Angebot wie über den Preis bat Botschafter Leigh, so seine eigene Aussage, um eine Fotokopie des Vertrages, damit er ihn seiner Regierung vorlegen könne. Desaedeleer lehnte ab, worauf Leigh ihn aufforderte, die Botschaft sofort zu verlassen.

Danach versuchten Caldwell und Desaedeleer, die Lizenz an verschiedene anderen Gesellschaften zu verkaufen – an De Beers, DiamondWorks, Rex, Rio Tinto. Alle lehnten ab. Schließlich habe er – so Desaedeleer – mit Charles Finkelstein, der aus einer prominenten Antwerpener Diamantenfamilie stammte, einen Interessenten gefunden. Später bestritt Finkelstein jede geschäftliche Verbindung zu Desaedeleer, der jedoch zu der Zeit anscheinend der Meinung war, einen Partner gefunden zu haben. Zumindest dürfte er geglaubt haben, bei Sankoh mit Finkelsteins Namen Eindruck machen zu können.

»Mit Charles können wir GROSS einkaufen«, schrieb Desaedeleer am 6. April an Sankoh. »Er hat unbegrenzte finanzielle Mittel. Wir können mit einem Privatjet von Belgien nach Kono fliegen oder nach Monrovia oder Freetown oder wohin auch immer. Wir müssen nur ein Problem lösen: Wie willst du deine Leute in Kono dazu bringen, dass sie alles an dich liefern anstatt nur 10 Prozent? Wie kannst du sie davon überzeugen, dass sie die 90 Prozent auch an uns verkaufen und nicht für sich selbst behalten oder an die Libanesen oder sonst wen verkaufen? Was ich damit sagen will, ist Folgendes: Das Geld liegt endlich auf dem Tisch, Foday. Du musst jetzt dafür sorgen, egal wie, dass die Ware geliefert wird, dann läuft die Sache.«

Möglicherweise hatten wegen der Abbaulizenzen außer Desaedeleer auch noch andere westliche Geschäftsleute um Sankohs Gunst gebuhlt. In gewisser Hinsicht waren diese Männer nicht das Problem; sie machten es sich nur zunutze. Das wirkliche Problem war, dass Sankoh einem System vorstand, in dem alle Diamanten aus Kono an Freetown vorbeigeleitet und direkt aus dem Land geschmuggelt wurden. Laut Botschafter Leigh bestätigen das Unterlagen, die man ebenfalls in Sankohs Haus gefunden hat. Aus einem Papier ging hervor, dass je zehn Prozent der Kono-Diamanten an Sankoh und den Rebellenkommandeur Sam Bockarie gingen. Weitere dreißig Prozent wurden zum Kauf von Waffen und Munition benötigt. Der Rest floss an Charles Taylor, den Präsidenten Liberias.

Der entscheidende Punkt waren Waffen. Ohne Waffen konnten die Rebellen die Diamantengebiete nicht kontrollieren und ohne Diamanten konnten sie keine Waffen kaufen. Und es gab jede Menge Hinweise dafür, dass Waffen ins Land kamen. Kurz vor dem Einmarsch in Freetown am 6. Januar berichtete die englische Presse, dass zwei englische Transportunternehmen eine 40-Tonnen-Lieferung Waffen aus dem slowakischen Bratislava ins Rebellengebiet im östlichen Sierra Leone geflogen hatten. Laut der in New York ansässigen Menschenrechtsgruppe Human Rights Watch sagte der ECOMOG-Kommandeur in Sierra Leone im April 1999, dass 68 Tonnen Waffen – darunter Strela-3-Boden-Luftraketen and Metis-Lenkwaffensysteme zur Panzerabwehr – mit einem in der Ukraine registrierten Transportflugzeug nach Burkina Faso gelangt seien. Dort – so die ECOMOG – wurden die Waffen in kleinere Flugzeuge umgeladen und ins RUF-Gebiet geflogen. Laut Endabnehmerzertifikat war der Export in ein anderes Land zwar verboten, doch in der schnelllebigen und lockeren Welt des Waffenhandels spielte das kaum eine Rolle.

»Der Waffenhandel in Afrika wird von Maklern abgewickelt«, erzählte mir vor meiner Abreise nach Freetown ein Belgier namens Johan Peleman, ein Experte auf dem Gebiet des Waffenhandels. »In der Regel sind das ehemalige Nachrichtendienstler oder Militärs. Gleichzeitig verfügen sie über Erfahrung im Geschäftsleben, zum Beispiel als Rohstoffhändler. Ein typischer Makler ist zum Beispiel ein Belgier, der von einem Hotelzimmer in Frankreich Waffen, sagen wir aus Litauen, in ein Land liefert, das an ein Krisengebiet angrenzt. Die Frachtpapiere sind absolut korrekt, aber die Waffen landen bei irgendwelchen Rebellen.«

Ein paar Tage vor unserer Abreise aus Sierra Leone fuhren wir zur Front. Der Taxifahrer wollte uns aber nur bis Waterloo fahren. Also stiegen wir dort aus und warteten an einer Straßensperre der nigerianischen Armee, bis ein Laster voller Kamajors hielt. Sie waren unterwegs nach Masiaka, das etwa 30 Kilometer entfernt lag. Dort hatte erst vor kurzem eine große Schlacht stattgefunden. Sie zogen uns auf die Ladefläche, wo etwa 20 Männer an den Seitenbrettern lehnten und einen Joint kreisen ließen. Der Laster fuhr zurück auf die Straße. Links und rechts wischte der Dschungel vorbei. In den verlassenen Dörfern kamen versprengte Soldaten winkend auf die Straße gelaufen, weil sie mitgenommen werden wollten. In den Occra Hills krochen wir die steilen Hänge hinauf, vorbei an herumlungernden Westside Boys, die brüllend die Gewehre in die Luft reckten. Ab und zu mussten wir die Motorreste eines aus dem Hinterhalt zerschossenen Lastwagens umkurven und bei Songo Junction stießen wir auf die Leiche eines Rebellen, die schon zwei Tage auf der Straße lag. Auf dem heißen Asphalt war der Körper so schnell verfault, dass ihn keiner anrühren wollte, um ihn von der Straße zu ziehen.

Masiaka lag an einer Kreuzung, die die Zufahrtswege zu allen Landesteilen kontrollierte. War die Stadt besetzt, befand sich Freetown praktisch im Belagerungszustand. Die Rebellen hatten Masiaka seit mehreren Tagen gehalten, waren aber erst vor ein paar Stunden von den Westside Boys vertrieben worden. Als wir ankamen, torkelten sie ziellos auf dem Stadtplatz herum und schossen in die Luft. Sie waren völlig durchgedreht – entweder vom Kokain oder von der Schlacht. Die Kamajors kletterten vom Lastwagen und fingen ebenfalls an, in der Gegend herumzuballern. Ein paar Regierungssoldaten tauchten auf und binnen Minuten gab es Streit, wer denn nun die wahren Kämpfer waren und wer nicht. Ein Offizier der Regierungstruppen putzte einen Kamajor-Kommandeur herunter, der plötzlich ein paar Schritte zurücktrat und sein Maschinengewehr entsicherte. Der Offizier entsicherte daraufhin auch sein Gewehr, die anderen Kamajors entsicherten ihre Gewehre und plötzlich schrie auf dem Stadtplatz jeder jeden an.

Ich schaute mich nach einem sicheren Platz um. Nichts, außer einer betonierten Wasserrinne am Straßenrand. Vorsichtig zogen wir uns zurück und stiegen zu ein paar Regierungssoldaten auf die Ladefläche eines Pick-up. Die Rebellen lagen nur ein paar Kilometer entfernt im Busch und die Möglichkeit, dass sich Kamajors und Regierungssoldaten ohne Feuergefecht einigen würden, war gleich null. Es war Zeit, abzuhauen. Auf dem Rückweg durchquerten wir die zerstörten Städte Magbuntoso und Jama und passierten die vorderen Stellungen der Nigerianer und schließlich die Verteidigungslinien der Jordanier rund um das Flugfeld. Freetown war verstopft und laut. Auf den Märkten wimmelte es von Menschen und die Straßen waren völlig dicht. Ein britisches Kriegsschiff lag etwas außerhalb des Hafens. Britische Fallschirmjäger hatten sich in den Hang neben der Aberdeen Bridge eingegraben.

An der Aberdeen Bridge war Afrika zu Ende. Dahinter lag Europa. Wir gingen ins Mammy Yoko Hotel, setzten uns auf die Terrasse und bestellten kaltes Bier. Die Sonne ging unter. Soldaten, die dienstfrei hatten, drehten ein paar Runden im Pool. Keine 24 Stunden später passierten wir den Zoll in Conakry, Guinea, und bestiegen das Nachtflugzeug nach Belgien. Sankoh wurde schließlich gefasst – ein Nachbar hatte ihn dabei beobachtet, wie er sich in sein Haus schleichen wollte. Die RUF ließ die UN-Geiseln zwar frei, nahm aber im Juni neue. Zwei Auslandsreporter, Kurt Schork von Reuters und Miguel Gil Morena de Mora von Associated Press, wurden bei Rogberi Junction von Rebellen aus dem Hinterhalt erschossen. Die Rebellen griffen Bo und Kenema an, zogen sich dann aber wieder bis zu einem Punkt zurück, an dem sie schon drei Wochen vorher gewesen waren. Der Krieg im Landesinnern ging weiter. Die internationale Presse berichtete kaum darüber.

Sehr wenig hatte sich verändert. Außer dass es ein paar Tote mehr gab.

Der Löwe vom Pandschir

2001

Die Kämpfer standen unten am Fluss und bereiteten gerade die Überfahrt vor, als wir zu ihnen stießen. Wir parkten unseren Lkw außer Sichtweite hinter einer Lehmmauer und gingen zu ihrer Stellung. In ungefähr einer Stunde würde es dunkel sein, dann würden sie aufbrechen. Ein paar Männer luden Munitionskisten auf einen alten sowjetischen Laster, andere reinigten ihre Gewehre, wieder andere warteten, unsichtbar für den Feind, in kleinen Gruppen hinter den Bäumen. Sie trugen alte Winterparkas und über die Schultern geworfene Decken, einige hatten alte sowjetische Armeehosen an und manche besaßen nicht einmal Schuhe. Als wir uns näherten, traten sie in einer unregelmäßigen Linie an, Kalaschnikows und Panzerfäuste in den Armen und scheu lächelnd.

Jenseits der überschwemmten Flussebene ging die Sonne unter und tauchte die niedrigen, grasbedeckten Hügel in violettes Licht. Diese Anhöhe sollten die Männer angreifen. Sie kämpften für Ahmed Schah Massud, den legendären Guerillaführer und letzten Hoffnungsträger der zersplitterten afghanischen Regierung. Entlang der Hügelkette lagen die Schützengräben der gegnerischen Taliban-Soldaten.

Die Taliban haben ihre Wurzeln in den *madrasas*, strengen Koranschulen, die während der sowjetischen Besatzung Afghanistans von 1979 bis 1989 in Pakistan entstanden waren. 1994, als das Land in Anarchie versank, traten sie erstmals in Erscheinung. Die von Pakistan bewaffneten und ausgebildeten Kämpfer verfechten einen derart extremen Islam, dass sogar viele Muslime darin eine Verirrung sehen.

254

Die Taliban überrannten im Nu den Großteil des Landes und zwangen der Bevölkerung ihre verbohrte Version der islamischen Gesetze auf. Ehebrecher wurden gesteinigt, die Rechte der Frauen aufgehoben. Bislang erkennen nur Pakistan, Saudi-Arabien und die Vereinigten Arabischen Emirate die Rechtmäßigkeit ihrer Regierung an, aber der Rest der Welt dürfte folgen, wenn es den Taliban gelingen sollte, das ganze Land zu beherrschen. Das einzige Hindernis auf dem Weg dorthin ist die verzweifelte Gegenwehr von Ahmed Schah Massud und seinen Truppen.

Die Sonne ging unter, das Tal versank im Dunkel. Es war ein klarer, kalter Novemberabend und in der Ferne sahen wir vor der Hügelkette Artilleriesalven aufblitzen. Hunderte von Taliban-Soldaten hatten sich dort oben verschanzt und warteten auf den Angriff, während hunderte von Massuds Männern hier unten am Koktscheh-Fluss darauf warteten, sie anzugreifen. In wenigen Stunden würden sie den Fluss in Lkws durchqueren und anschließend durch Felder und zerstörte Dörfer fahren. Dann würde der Kampf beginnen.

Wir wünschten Massuds Männern Glück und gingen zurück zu unserem Lkw. Sterne standen am Himmel und das einzige Geräusch war entferntes Hundegebell. Plötzlich erwachte die gesamte Front von der tadschikischen Grenze bis zur Farkhar-Schlucht mit tiefem Donnergrollen zum Leben.

Ich hatte Massud schon vor Jahren kennen lernen wollen, nämlich seit ich von seinem beeindruckenden Kampf gegen die Sowjets in den 8oer Jahren gehört hatte. Damals war Massud, ein brillanter Stratege und kompromissloser Kämpfer, der Fluch der sowjetischen Armee und Hauptverantwortlicher für ihre endgültige Vertreibung gewesen. Seine Unabhängigkeit ging ihm über alles, und er ließ sich, wenn überhaupt, nur wenig vom pakistanischen Geheimdienst vorschreiben, der den amerikanischen Waffennachschub an die Mudschahedin lenkte und leitete. Aufgrund seines Unabhängigkeitsstrebens konnte ihm die CIA unmöglich vertrauen, auch wenn die Agenten des Geheimdienstes widerwillig zugeben mussten, dass er für viele Afghanen eine nahezu mythologische Gestalt darstellte.

Massud stammte aus dem Pandschir-Tal nördlich von Kabul und war der drittälteste von sechs Söhnen eines tadschikischen Armeeoffiziers. 1974 besuchte er ein College, um Ingenieurwissenschaften zu studieren, brach die Ausbildung jedoch schon im ersten Jahr ab und schloss sich einer studentischen Widerstandsbewegung an. Als das damalige Regime scharf gegen Regimekritiker vorging, floh er nach Pakistan und absolvierte dort eine militärische Ausbildung. Bereits 1979, als die Sowjetunion in Afghanistan einmarschierte, um die schwache kommunistische Regierung zu stützen, hatte Massud im Pandschir-Tal eine kleine Gruppe von Widerstandskämpfern um sich versammelt.

Für einen Guerilla-Stützpunkt gibt es kaum einen besseren Ort als das Pandschir. Im Schatten des Hindukusch gelegen und von der schmalen Dalan-Sang-Schlucht geschützt, bot das etwa 100 Kilometer lange Tal den idealen Sammelraum für Angriffe auf jene Straße, über die der Nachschub für die sowjetischen Stützpunkte um Kabul, der Hauptstadt Afghanistans, rollte. Massud organisierte seine Kämpfer – angeblich nur 3000 Mann – in Verteidigungstrupps für jeweils vier bis fünf Dörfer. Sie operierten völlig autonom und konnten mobile Einheiten anfordern, wenn Gefahr drohte, dass der Gegner sie überrannte. Sobald sich ein sowjetischer Konvoi näherte, verminten Massuds Mudschahedin die Strecke und warteten in Hinterhalten. Im Feuerschutz der eigenen Reihen versuchten ein paar todesmutige Männer mit Granatwerfern, das erste und letzte Fahrzeug im Konvoi außer Gefecht zu setzen. Kaum war der Feind festgenagelt, feuerte der Rest der Einheit seine Gewehrsalven ab und zog sich dann zurück. Die Mudschahedin standen nur selten in einer Kampflinie und die Sowjets verfolgten sie nur selten über ihre Panzer hinaus. Das war klassische Guerillataktik und Massud staunte allenfalls darüber, wie leicht sie durchzuhalten war. Für die erfolgreiche Verteidigung des Tals gab man ihm den Beinamen »Löwe vom Pandschir«.

Die Sowjets begriffen schnell, dass es ohne Kontrolle über das Pandschir-Tal keine Herrschaft über Afghanistan gab. Mithilfe von Panzern, Artillerie, massiver Luftunterstützung und einer bis zu 15 000 Mann starken Armee starteten sie eine Angriffswelle. Massud wusste, er konnte sie nicht aufhalten, und versuchte es auch gar nicht. Er ließ möglichst viele Zivilisten evakuieren und zog sich in die umliegenden Berge des Hindukusch zurück; als die Sowjets in das Pandschir eindrangen, fanden sie es vollkommen verlassen vor.

Jetzt begann der eigentliche Kampf. Massud und seine Kämpfer schliefen in Höhlen, beteten zu Allah und ernährten sich ausschließlich von Brot und getrockneten Maulbeeren; sie töteten die Sowjets mit Waffen, die sie toten Sowjets abgenommen hatten. Und sie kämpften weiter, bis der Gegner einfach nicht mehr konnte und sich zurückzog. Dann wiederholte sich das Ganze von vorn.

Mit neun Großoffensiven versuchten die Sowjets zwischen 1979 und dem zehn Jahre später erfolgten Rückzug das Pandschir-Tal einzunehmen. Ohne Erfolg. Sie planten auch mehrfach, Massud umzubringen, aber jedes Mal wurde er rechtzeitig von Informanten gewarnt. Sie schlossen lokale Friedenspakte, aber Massud nutzte die Ruhepause, um anderswo im Land den Widerstand zu organisieren.

Die größte Demütigung mussten die Sowjets Mitte der 8oer Jahre nach einem missglückten Angriff auf das Pandschir hinnehmen, der mit dem Verlust von hunderten von russischen Soldaten endete. Die Mudschahedin hatten einen sowjetischen Hubschrauber abgeschossen. Ein findiger Mechaniker flickte ihn zusammen, baute den Motor eines Lkw ein und benutzte ihn im Tal als Bus. Die sowjetischen Kommandanten hatten davon Wind bekommen und erteilten die Order, das Gefährt beim nächsten Einmarsch in das Tal zu inspizieren. Am Ende sahen sie vermutlich nur einen Blitz, denn Massuds Männer hatten den Bus mit Sprengstoff gespickt.

Der Nachtangriff auf die Stellungen der Taliban begann mit einer Welle von Katjuscha-Raketen, die im Bogen über das Tal flogen. Sie wurden in Zehner- oder Zwölfersalven abgefeuert und wir konnten das grellrote Leuchten ihrer Triebwerke durch die Dunkelheit trudeln und nacheinander erlöschen sehen. Ab und zu explodierte auf unserer Seite ein feindlicher Treffer; es hörte sich an, als würde eine riesige Eichentür zugeknallt. Eine Stunde lang dauerte der Schlagabtausch der Artillerie, dann begann der Bodenangriff. Im Schutz der Dunkelheit schlichen Massuds Männer durch Minenfelder und unter Maschinengewehrfeuer auf die Schützengräben der Taliban zu. Das Gefecht fand in ungefähr neun Kilometer Entfernung statt und drang nur als leises, hektisches *Pap-pap-pap* durchs Tal.

Wir waren zu einem Kommandoposten auf einer Hügelkuppe gefahren, um den Angriff zu beobachten. Die Stellung hatte ein Codewort, *Darya*, was in Dari, einem persischen Dialekt, der in Afghanistan als Amtssprache dient, »Fluss« heißt. »Darya! Darya! Darya!«, hörten wir ständig über Funk, wenn die Befehlshaber Kampfberichte meldeten oder nach Artillerie riefen. Der Kommandeur, ein sanftmütiger, etwa 30-jähriger Mann namens Harun, trug Kordhose und Strickjacke. Er befehligte die gesamte Artillerie entlang der Frontlinie. Wir trafen ihn in einem Bunker, wo er im Licht einer Petroleumlampe Landkarten studierte. Er benutzte einen Winkelmesser aus Plastik, wie man ihn aus der Schule kennt, um die Abschusswinkel für seine Panzer zu berechnen.

Harun bediente drei Funkgeräte gleichzeitig und behielt stets die Karte im Auge. Nach einer Weile brachte ein Soldat Tee, den wir im Schneidersitz auf dem Boden tranken. Ständig kamen Meldungen herein.

»Wir haben wieder eine Stellung erobert, offenbar mit einem großen Munitionsdepot«, rief ein Kommandant. »Der Feind hat überhaupt keine Moral«, berichtete ein anderer. »Sie laufen einfach davon. Eben haben wir wieder zehn Gefangene gemacht.«

Harun zeigte uns auf der Karte, was vor sich ging. Massuds Männer nahmen kleine Stellungen entlang der Hügelkette ein und stürmten das hügelige Gelände auf beiden Seiten von Khwadscheh Ghar, einer strategisch wichtigen Stadt an der Front. Khwadscheh Ghar befand sich in den Händen von Pakistani, arabischen Freiwilligen, Birmanen, Chinesen, Tschetschenen und Algeriern – einer bunt gemischten Truppe, die an der Seite der Taliban kämpften, um den fundamentalistischen Islam in ganz Zentralasien zu verbreiten. Dass sie hier sind, liegt zum Teil an dem saudischen Terroristen Osama bin Laden, dem die Taliban seit 1997 Unterschlupf gewähren. Als Gegenleistung revanchiert er sich angeblich bei seinen Gastgebern mit Millionen von Dollars und tausenden von heiligen Kriegern. Die größte Unterstützung erhalten die Taliban jedoch aus Pakistan. Von dort kommen Kommandotruppen, militärische Ratgeber und Berufssoldaten. In Massuds Gefängnissen sitzen über 100 pakistanische Kriegsgefangene; die meisten davon sind ehemalige Schüler der *madrasas* und gehören – wie die Taliban – zur Volksgruppe der Paschtunen.

Im Moment allerdings nützte den Taliban-Kämpfern alle Hilfe nichts. Harun schaltete sein Funkgerät auf eine feindliche Frequenz und neigte es in unsere Richtung. Die Taliban wurden überrannt, die Panik in ihren Stimmen war unüberhörbar. Ein Befehlshaber brüllte, er habe kaum noch Munition. Ein zweiter fing an, die Männer in einer benachbarten Stellung zu beschimpfen. »Seid ihr völlig verrückt? Spinnt ihr total?«, wollte er wissen. »Sie haben doch schon 100 Gefangene! Wollt ihr auch dazu gehören?« Dann bezichtigte er sie der Sodomie.

Harun schüttelte den Kopf. »Habt ihr das gehört?«, sagte er. »Das sind angeblich die Vertreter des wahren Islam.«

Ich war mit dem im Iran geborenen Fotografen Reza nach Afghanistan gereist. Er kannte Massud von mehreren längeren Aufenthalten während der sowjetischen Besatzung. Damals gelangte man nur mittels eines ein- bis dreimonatigen Fußmarsches über den Hindukusch in das Land und musste sich vor Minenfeldern und russischen Helikoptern in Acht nehmen. Reza verlor bei jeder dieser Touren 10 bis 15 Kilogramm. Inzwischen sind die Bedingungen erheblich besser, aber immer noch unvorhersehbar. In einem verzweifelten Versuch, die internationale Anerkennung ihres Regimes zu erzwingen, starteten die Taliban im vergangenen Sommer eine sechs Monate dauernde Offensive, die Massud den Gnadenstoß geben sollte. Etwa 15 000 Taliban-Kämpfer, die Massuds Informanten zufolge massive Unterstützung von pakistanischen Armee-Einheiten erhielten, umgingen das uneinnehmbare Pandschir-Tal und fuhren direkt auf die tadschikische Grenze im Norden zu. Ihr Ziel war es, sich entlang der Grenze Richtung Osten zu bewegen, bis Massud völlig eingekreist wäre, und ihn dann auszuhungern. Es wäre fast geglückt. Während ich mit Reza in jenem September und Oktober auf die Einreise nach Afghanistan wartete, sahen wir, wie eine Stadt nach der andern den Taliban in die Hände fiel. Selbst alte Freunde von Massud fragten sich langsam, ob er am Ende war. »Es könnte sein letzter Feldzug sein«, meinte ein Journalist.

Massud konnte die Taliban schließlich am Koktscheh-Fluss stoppen, aber mittlerweile war es Winter, die Bergstraßen waren zugeschneit. Für Reza und mich gab es nur eine Möglichkeit, ins Land zu kommen: von der tadschikischen Hauptstadt Duschanbe aus mit einem Helikopter. Massuds Streitkräfte besaßen ein halbes Dutzend alter russischer Militärhubschrauber, und sobald das Wetter über den Bergen aufklarte, konnte uns von der afghanischen Botschaft in Duschanbe ein Flug zugewiesen werden, der sofort startete. Am Spätnachmittag des 15. November erhielten wir die Nachricht, dass es losgehe. Wir rasten zur Flugpiste und zwei Stunden später waren wir in Afghanistan.

Die Hubschrauber flogen nach Khwadscheh Baha ad-Din, einer kleinen Stadt gleich hinter der Grenze. Dort wies man uns im Haus eines ehemaligen Kommandanten der Mudschahedin, der inzwischen die Funktion eines Richters ausübte, einen Schlafplatz auf dem Fußboden zu. Jede Nacht schliefen zwischen zehn und zwanzig Kämpfer in Reihen neben uns. Strom lieferte ein selbst gebautes Wasserrad, das über ein altes Lastwagengetriebe einen Generator antrieb. Ein Teil des Treibstoffs kam per Lkw über die Berge, die Tour dauerte fünf Tage. Weiter im Norden jedoch wurde alles von Eseln angeliefert, dort kostete ein Liter sechs Dollar. (Die Einheimischen nennen Esel scherzhaft »afghanische Motorräder«.) Wir wuschen uns an einer Quelle im Freien und ernährten uns von Reis und Hammelfleisch. Nachts spendete uns ein Holzofen Wärme. Uns ging es einigermaßen gut, aber die Verhältnisse um uns herum waren unbeschreiblich.

80 000 Zivilisten waren vor den jüngsten Kämpfen geflohen, weitere 100 000 hatte es bereits seit längerem in den Norden verschlagen. Tausende davon fristeten ihr Leben in einem provisorischen Flüchtlingslager am Koktscheh-Fluss. Sie schliefen unter zerfetzten blauen UN-Zeltplanen und Lebensmittel waren so knapp, dass einige gezwungenermaßen Gras aßen.

Afghanistan wird von jeher von Stammesrivalitäten geprägt. Viele Beobachter meinen daher, dass es Massud, einem Tadschiken, nicht gelingen wird, das Land zu einen. Bei den Flüchtlingen handelte es sich vorwiegend um Tadschiken und Usbeken. Sie behaupteten, die paschtunischen Taliban würden, wenn sie eine Stadt einnehmen, die Frauen vergewaltigen, die Männer töten und die Kinder als Sklaven verkaufen. Ein alter Mann in einem Flüchtlingslager öffnete seine Steppjacke und zeigte mir eine 15 Zentimeter lange Narbe auf seinem Bauch. Ein Taliban, erzählte er, habe ihn mit einem Bajonett niedergestochen und liegen gelassen, weil er ihn für tot hielt.

Etwa eine Woche nach unserer Ankunft in Afghanistan sagte man Reza und mir, Massud werde erwartet. Er habe in Tadschikistan Hilfe für seine Truppen erbeten. Wir eilten zum Fluss, um ihn zu begrüßen. Ein schiefes Blechboot, angetrieben von einem Traktormotor, an dem anstelle der Reifen riesige Schaufelräder befestigt waren, wühlte sich mit Massud am Bug über den Koktscheh. Er trug eine khakifarbene Hose, tschechische Armeestiefel und eine Tarnjacke über einem Pullover mit V-Ausschnitt. Er sah aus wie Ende vierzig und war noch genauso schmal und hager, wie man ihn von den Fotos aus der sowjetischen Besatzungszeit kannte. Massud war nicht groß, aber seine Haltung ließ ihn so erscheinen. Begleitet von einem Dutzend Bodyguards kam er ans Ufer und begrüßte uns, dann fuhren wir alle zu dem Richter nach Khwadscheh Baha ad-Din.

Dort traf Massud seine Kommandanten. Er hörte sich den Bericht über ihre Vorbereitungen für die kommende Offensive an und verschwand wieder. Später erfuhren wir, dass er wegen eines ernsten chronischen Rückenleidens nach Tadschikistan zurückreisen musste, um eine Klinik aufzusuchen.

Um die neuerliche Wartezeit zu nutzen, wollten Reza und ich eine Frontstellung besuchen, die Massuds Männer erst kürzlich erobert hatten. Wir fuhren den Koktscheh-Fluss entlang in südlicher Richtung, vorbei an Schützengräben und Bunkern, und hielten an einem alten sowjetischen Stützpunkt, der von Artilleriefeuer durchsiebt war. In den Ruinen des Gebäudes hauste der örtliche Kommandant. Der Wind pfiff durch die gähnend leeren Fenster. Die Soldaten kauerten im Schatten und bereiteten ihre Waffen vor. Der Kommandant sagte, die eingenommene Stellung habe den Codenamen »Freude« und die Leichen der toten Taliban lägen immer noch in den Schützengräben.

Über Funk organisierte er ein paar Männer und Packpferde, die am anderen Flussufer auf uns warten sollten. Dann gab er uns Anweisungen für den Weg zur Anlegestelle, die einige Kilometer entfernt in einer Schlucht direkt unterhalb der Stadt Laleh Meydan lag. Als wir sie erreicht hatten und unser Gepäck ordneten, tauchte eine MiG der Taliban auf und flog über die Stadt, ohne sich um das auf sie gerichtete Flugabwehrfeuer zu scheren. Die Männer zerstreuten sich, kehrten aber Minuten später zurück und halfen, die Ausrüstung zum Fluss zu tragen. Das Floß, das uns ans andere Ufer bringen sollte, glich einer Konstruktion, die noch aus den Zeiten von Alexander dem Großen stammen musste: Acht zugenähte und wie Reifen aufgeblasene Kuhhäute waren an einem Rahmen aus Baumstämmen befestigt. Vier alte Männer paddelten das Gefährt über den Fluss, dann banden sie unser Gepäck auf ein paar Pferden fest. Wir wurden von drei Soldaten mit Kalaschnikows erwartet, die uns an die Front bringen sollten.

Wir waren den ganzen Nachmittag unterwegs und passierten kahle, glatte Lehmberge, die sich in weichen Wellenlinien südwärts Richtung Hindukusch erstreckten. Alles war still. Ringsum nichts als die Berge und der weite, leere Himmel. Als wir um die letzte Erhebung bogen, sahen wir die Silhouetten von Massuds Männern auf einer Hügelkuppe. Sie winkten uns zu.

Vielleicht hatten die Taliban unsere Pferde entdeckt oder sie hatten den Funkverkehr abgehört, jedenfalls schlug an der letzten Steigung eine Rakete der Taliban hinter uns ein, und ich fand mich bäuchlings auf dem Boden wieder. Dann sprangen wir auf und rannten, und gerade als wir die Kuppe erreichten, schlug die nächste Rakete ein, gefolgt von weiteren, die nie genau trafen, während wir sicher in einem Schützengraben kauerten.

Die Situation hatte nichts Aufregendes an sich, nichts auch nur entfernt Erwähnenswertes. Sie war schlicht und ergreifend schrecklich. Sobald die Taliban eine neue Salve abfeuerten, funkte uns ein Artilleriebeobachter von einem benachbarten Hügel an, um uns mitzuteilen, dass weitere unterwegs seien. Der Kommandant brüllte eine Warnung, Massuds Kämpfer zogen uns in die Schützenlöcher und dann warteten wir etwa zehn Sekunden, bis wir den grässlichen Pfeifton kurz vor dem Aufprall hörten. Ein Schützenloch ist sicher, solange man darin nicht von einer Granate getroffen wird, was man allerdings nie erfährt, weil man dann nicht mehr unter den Lebenden weilt. Auch wenn die Chancen, getroffen zu werden, nicht sehr hoch waren, empfand ich die Vorstellung, von einer Sekunde zur nächsten nicht mehr am Leben zu sein, als nahezu unerträglich. Das Warten im 10-Sekunden-Takt wurde zu einer grotesken, existenziellen Prüfung. Tapferkeit – gewöhnlich die Alternative zu Angst – schien auch nicht angemessen, denn sie konnte einen das Leben kosten. Plötzlich war alles ganz einfach: Es war ihr Krieg und ihr Problem. Ich wollte nichts damit zu tun haben. Ich wollte nur weg hier.

Das Dumme war bloß, dass wir uns zu diesem Zweck aus dem afghanischen Dreck erheben und auf dem gleichen Weg zurückrennen mussten, auf dem wir gekommen waren. Ungefähr 350 Meter entfernt war ein Berg, der nicht bombardiert wurde; dort war ein ganz normaler, sonniger Tag. Nachdem wir uns eine halbe Stunde vor den Granaten geduckt hatten, sagte der Kommandant, er habe eben erfahren, dass die Taliban den Angriff auf unsere Stellung vorbereiteten und wir besser verschwinden sollten. Ob es uns passte oder nicht, wir mussten gehen. Reza und ich warteten eine ruhige Minute ab, kletterten aus dem Schützengraben, holten tief Luft und rannten bergab.

Ich hörte hauptsächlich ein Geräusch: meinen Atem. Ein tiefes, verzweifeltes Röcheln, das den Krach der eintreffenden Granaten völlig übertönte. Der Kommandant stand auf der Hügelkuppe, rief uns einen Abschiedsgruß hinterher und winkte uns von einem Minenfeld weg, das auf einer Seite des Hangs lag. Zehn Minuten später war alles vorbei: Wir saßen hinter dem nächsten Hügel und beobachteten, wie die Taliban-Granaten weiterhin in den Hang einschlugen. Jedes Mal stieg eine kleine Rauchwolke auf, gefolgt von einer gedämpften Explosion. Aus dieser Entfernung wirkten sie nicht sehr gefährlich – sie glichen der Art von Explosionen, denen man in der Fantasie tapfer standhält.

Zwölf Stunden dauerte der Beschuss, ehe die Taliban im Morgengrauen tatsächlich angriffen. Massuds Männer wehrten sie erfolgreich ab, ohne Opfer in den eigenen Reihen.

Eine Woche später kehrte Massud zurück. Er flog mit einem Hubschrauber zu Haruns Kommandoposten, um eine schwere Offensive an der gesamten Nordfront vorzubereiten. Der Posten lag auf einem steilen, grasbedeckten Berg in einem zerklüfteten Gebiet südlich der an der Frontlinie gelegenen Stadt Dascht-e Qaleh. Als wir am Spätnachmittag ankamen, studierte Massud durch ein Fernglas die Taliban-Stellungen. Der abgesetzte Außenminister der afghanischen Regierung, Dr. Abdullah, kam uns zur Begrüßung entgegen, als wir aus dem Lkw stiegen. Reza wünschte dem zierlichen, ernsten Mann einen guten Abend.

»Guten Morgen«, verbesserte Dr. Abdullah und nickte in Richtung der gegnerischen Stellungen jenseits des Tals. »Unser Tag fängt gerade erst an.«

Das Granatfeuer hatte wieder eingesetzt, ein unrhythmisches Donnern, das nichts von dem Terror verrät, den es von nahem auslösen kann. Ich war am Morgen aus einem Traum erwacht, in dem ein Flugzeug Bomben auf mich abwarf. Im Traum hatte ich mich auf den Boden geworfen und zugesehen, wie eine der Bomben an mir vorbei auf eine Familie zusteuerte, die ein Picknick machte. Gut, dachte ich. Die Bombe trifft sie und nicht mich. Es war ein hässlicher, egoistischer Traum, der mich den ganzen Tag nicht losließ.

Massud wusste, wo die Stellungen der Taliban lagen, und umgekehrt wohl ebenso, was zur Folge hatte, dass man nirgends sicher war. Einem jungen Mann waren in der Stadt gerade beide Beine von einer einzigen, verirrten Granate abgerissen worden. Über solche Vorfälle durfte man nicht genauer nachdenken, sonst ließen sie einen nicht mehr los.

Massud stand immer noch am Fernglas. Sein Gesicht erinnerte an eine gebogene Axt. Vier tiefe Linien furchten die Stirn, und seine Wimpern standen so dicht, dass es aussah, als hätte er seine mandelförmigen Augen mit einem Kajalstift umrandet. Wenn jemand sprach, fuhr sein Kopf herum und er bedachte den Sprecher mit einem derart durchdringenden Blick, dass sein Gegenüber bisweilen ins Stottern geriet. Er stellte präzise Fragen und hörte der Antwort genau zu. Seine auffallende Erscheinung beruhte weniger auf seinem guten Aussehen als auf der simplen Tatsache, dass man den Blick nicht von ihm abwenden konnte.

Ich fragte Dr. Abdullah, wie es um Massuds Rücken stehe. »Angeblich geht es besser, doch das stimmt nicht«, erwiderte Dr. Abdullah leise, damit Massud ihn nicht hörte. »Das sehe ich an der Art, wie er geht. Er bräuchte mindestens einen Monat Ruhe … aber das ist natürlich unmöglich.«

Das Artilleriefeuer wurde stärker, die Sonne ging unter. Massud stellte sich mit seinen Bodyguards und Kommandeuren zum Gebet auf. Das Beten dauerte ziemlich lange. Die Männer knieten nieder, warfen sich zu Boden, standen wieder auf, die Hände zum Himmel ausgebreitet, um Allah zu huldigen.

Der Islam ist eine überaus tolerante Religion – in mancher Hinsicht sogar toleranter als das Christentum –, aber er ist auch seltsam pragmatisch. Die andere Wange hinzuhalten gilt nicht als Tugend. Als der Prophet Mohammed im Jahr 610 die ersten Offenbarungen empfangen hatte, zwangen ihn korrupte Herrscher vom Stamm der Quraysh in Mekka zum Krieg. Sie verfolgten ihn, weil er größere Gerechtigkeit unter dem arabischen Volk verlangte und es unter einem Gott vereinen wollte. 627 schlug er seine Gegner bei einer Schlacht außerhalb von

Medina. Drei Jahre später marschierte er mit 10 000 Mann in Mekka ein und begründete die Herrschaft des Islam. Mohammed lebte in einer Zeit brutaler Stammesfehden, und als Visionär und Friedensbringer für die Menschheit hätte er wenig ausrichten können, wenn er sich nicht gleichzeitig auch als Kämpfer bewährt hätte.

Es war kalt und fast völlig dunkel, als die Männer ihr Gebet beendeten. Massud erhob sich abrupt, faltete sein Gebetstuch zusammen und ging in Begleitung von Dr. Abdullah und einiger Kommandanten in den Bunker. Wir folgten ihnen und setzten uns auf den Boden. Ein Soldat brachte einen Topf zum Händewaschen und verteilte auf einer Decke Teller mit Reis und Hammelfleisch. Massud bat um einen Stift und Dr. Abdullah zog einen aus seiner eleganten Kaschmirjacke.

»Den Stift kenne ich – er gehört mir«, sagte Massud im Scherz.

»Eigentlich gehört dir doch alles, was wir haben«, entgegnete Dr. Abdullah.

»Lenk nicht vom Thema ab. Im Moment rede ich nur von diesem Stift.« Massud zeigte Dr. Abdullah den Zeigefinger, dann widmete er sich der ernsthaften Vorbereitung des Angriffs.

Massuds Strategie beruhte auf der simplen Tatsache, dass er – egal, wie man es betrachtete – im Begriff stand, den Krieg zu verlieren. Nach fünf Jahren Kampf hatten die Taliban seine Allianz zerschlagen und sein Territorium auf die Hälfte reduziert. Massud war auf den bergigen Nordosten beschränkt, der sich zwar leicht verteidigen ließ, aber nur über lange, schwer manövrierbare Nachschubkonvois nach Tadschikistan versorgt werden konnte. Ironischerweise lieferten inzwischen auch die Russen Waffen an Massuds Truppen – da die Taliban unmittelbar vor ihrer Grenze standen, konnten sie sich den alten Groll nicht mehr leisten. Auch Indien und der Iran halfen mit Kriegsmaterial. Aber alles musste über Tadschikistan angeliefert werden.

Die schlimmste Bedrohung für die Nachschubkolonnen trat

im vergangenen Herbst ein, als Massud die strategisch wichtige, westlich vom Koktscheh-Fluss gelegene Stadt Taloqan verlor. Überzeugt davon, dass es für Massud von äußerster Bedeutung sei, die Stadt zurückzuerobern, schickten die Taliban den Großteil ihrer Streitkräfte an die Front nach Taloqan. Massud stellte seine Truppen in Keilformation um die Stadt auf und begann eine Reihe gezielter – meistens nächtlicher – Angriffe, die garantierten, dass die Taliban weiterhin glaubten, er setze alles daran, die Stadt wiederzuerobern.

Im Moment allerdings dachte er in ganz anderen Kategorien. Massud kämpfte jetzt seit 21 Jahren, länger, als die meisten Soldaten der Taliban auf der Welt sind. So gesehen fielen weder Taloqan noch die nächsten sechs Monate ins Gewicht: Wichtig war allein, dass der afghanische Widerstand so lange überlebte, bis die Taliban an ihrer eigenen Schwäche zugrunde gingen. Die Trumpfkarte einer jeden Widerstandsbewegung ist, dass sie nicht gewinnen muss. Die Guerilleros müssen nur in den Bergen bleiben, bis die Invasoren den Willen zum Kampf verlieren. Die Afghanen haben in ihrer Geschichte dreimal die Briten und einmal die Sowjets vertrieben. Und nun führte Massud seit fünf Jahren einen Krieg, den Pakistan nicht ewig unterstützen konnte. Zudem wuchs in den Taliban-kontrollierten Gebieten unter der Zivilbevökerung der Unmut über die Zwangsrekrutierung von Soldaten und die Härte der Taliban-Gesetze.

Im vergangenen Sommer war es in der Stadt Musa Qaleh zu einer schweren Revolte gekommen, und die Taliban mussten 600 Kämpfer schicken, um sie niederzuschlagen. »Ich bade jeden Tag ohne meine Pistole im Fluss«, erzählte später der örtliche Taliban-Kommandant allen Ernstes einem Reporter. »Gibt es einen besseren Beweis, dass die Leute uns lieben?« Damals sah es so aus, als wäre das Ende des Taliban-Regimes nur noch eine Frage der Zeit.

In Dari heißt Krieg *jang*, und während Massud sein Hammelfleisch aß, erklärte er seinen Kommandanten, dass er in einigen Wochen einen *jang-e-gerilla-yee* starten wolle. Hier im Norden stecke er in einem Frontenkrieg fest, den keine Seite gewinnen könne, aber er habe überall Kampftrupps – auch in Gebieten, die die Taliban unter ihrer Kontrolle wähnten. »Wir werden sie in ganz Afghanistan angreifen«, verkündete er. »Pakistan hat uns einen konventionellen Krieg beschert; ich bereite einen Guerillakrieg vor. In ein paar Wochen, vielleicht sogar schon in ein paar Tagen, geht es los.«

Ähnlich war Massud mit den Sowjets verfahren. 1985 hatte er sich drei Monate in die Berge zurückgezogen, um 120 Kämpfer auszubilden, die er dann im Land verteilte, damit jeder von ihnen weitere 100 ausbildete. Diese 12 000 Männer griffen die schwerfälligen Nachschubkonvois der Sowjetarmee an. Sie benutzten eine Einsatzkarte, die man in einem abgeschossenen russischen Hubschrauber gefunden hatte, und nahmen ihre Befehle von Massud entgegen, der bei den sowjetischen Militärs über ein Informantennetz bis in die obersten Etagen verfügte. In ganz Afghanistan tauschten russische Soldaten ihre Waffen gegen Drogen und Lebensmittel. Die Moral lag derart brach, dass es unter den sowjetischen Soldaten sogar zu Schießereien kam.

Nach dem Essen breitete Massud die Landkarte auf dem Boden aus, erwog Frontverläufe und löcherte seine Kommandanten mit Fragen. Er wollte wissen, über wie viele Panzer sie verfügten, wie viele Raketenabschussvorrichtungen, wie viel Artillerie. Er wollte wissen, wo sich diese Waffen befanden und ob man ihre Stellungen seinen Anordnungen entsprechend geändert hatte. Zwischendurch unterbrach er seine strategischen Ausführungen und erteilte eine kurze Lektion; dann zerschnitten seine schlanken Hände die Luft oder ein mahnender Zeigefinger tanzte im grellen Licht der Kerosinlampe, um seinen Worten Nachdruck zu verleihen. Seine Kommandanten – viele älter als er und meist Veteranen aus dem Kampf gegen die Sowjets – hörten schweigend zu; sie sahen aus wie Schuljungen, die ihre Hausaufgaben nicht gemacht hatten.

»Die Art der Operation, die ihr für heute Nacht geplant habt, ist vielleicht nicht sehr erfolgreich, aber das macht nichts, wir sollten sie trotzdem fortsetzen«, erklärte Massud. »Denn wir verfolgen ein anderes Ziel. Wir wollen die Taliban nur dazu bewegen, Verstärkung zu holen, damit sie Verluste erleiden. Der Hauptschlag findet anderswo statt.«

Manchmal war Massud seinen Kommandanten gedanklich so weit voraus, dass er sich offenbar kaum entscheiden konnte, ob er ihnen seine Überlegungen erklären oder nur Befehle erteilen sollte. Die Sowjets, die seinerzeit 15 000 Männer in Afghanistan verloren hatten, analysierten inzwischen angeblich Massuds Taktik an ihren Militärakademien. Und da saß er, zwei Jahrzehnte später, und führte immer noch von einem Bunker aus Krieg, versuchte immer noch, seinen Kommandanten die Logik seines Vorhabens begreiflich zu machen.

Es wurde langsam spät, aber Massud war noch lange nicht fertig. Er war bekannt dafür, dass er 36 Stunden am Stück durcharbeitete und zwischendurch nur jeweils ein paar Minuten schlief. Vor ihm lag eine Aufgabe, und wenn sie nicht gut gelöst wurde, konnte es seine Männer womöglich das Leben kosten. Also saß er da, studierte eine alte sowjetische Landkarte und versuchte aus ihr Geheimnisse zu lesen, die den Taliban eventuell entgangen waren. Irgendwann wandte er sich an einen jungen Kommandanten und fragte ihn, ob er das Wrack eines Panzers reparieren könne, das auf einem Berg in der Nähe vor sich hin rostete.

»Ich war oben und habe ihn mir angesehen«, sagte der junge Mann. »Ich habe schon Panzer repariert, die in viel schlimmerem Zustand waren.«

Insgesamt gab es drei zerstörte Panzer in der Gegend. Massud meinte, man könnte alle drei retten. Einer steckte zwischen zwei Häusern fest, und der junge Kommandant sagte, der Durchgang sei zu schmal, um ihn herauszuziehen. »Kauft das Haus, reißt es ab und holt ihn raus«, entgegnete Massud. »Holt noch zwei Panzer aus Rostaq, damit haben wir fünf.

Streicht sie neu an und zeigt sie auf den Straßen, damit die Leute sie sehen. Dann glauben die Taliban, wir bekommen Hilfe aus einem anderen Land.«

So ging es in einem fort, ein Kommandant nach dem anderen erhielt detaillierte Anweisungen. *Feuert keine Granaten vom Ay-Khanom-Berg ab, das ist nur Munitionsverschwendung. Beschießt keine Stellungen in der Nähe von Häusern oder Dörfern, dort haben sich die Taliban zu gut verschanzt, ihr würdet nur Zivilisten verletzen. Schickt eure Männer in Jeeps voraus, damit schont ihr das schwere Gerät. Und nehmt den vorderen Abschnitt unter Feuer, um ordentlich Staub aufzuwirbeln. Dann sehen die Taliban nicht, was auf sie zukommt.*

Als Massud in Kabul aufwuchs, gehörte er in seinem Viertel einer Gang an, die sich regelmäßig Kämpfe mit anderen Gangs lieferte. Hin und wieder besetzte eine besonders große Bande einen Hügel in der Nähe seines Hauses. Dann ging er mit seinen Freunden los und provozierte sie. Selbstverständlich war er der Anführer. Er teilte seine Jungs auf, schickte eine Hälfte direkt den Hügel hoch, während die andere Hälfte unten um den Hügel herumschlich und von hinten angriff. Es funktionierte jedes Mal. Und es funktionierte immer noch.

Massud saß im Schneidersitz auf dem Boden, den Oberkörper nach vorn gebeugt, und knabberte unentwegt Pistazien. Er hielt den Kopf gesenkt und ließ ihn beim Sprechen hin und her schwingen. Er hatte einen leichten Tick, der ihm wie ein Frösteln über den Rücken in die Schulter fuhr. »Gebt mir eure besten Männer«, sagte er und warf einen Blick in die Runde. »Ich will keine Hundertschaften. Ich will 60 eurer besten Leute, 60 von jedem Kommandanten. Morgen greifen wir an.«

———

Wie so viele fundamentalistische Bewegungen sind auch die Taliban aus einem Krieg hervorgegangen. Als die Sowjetunion

am 27. Dezember 1979 in Afghanistan einmarschierte, schickte sie acht bewaffnete Divisionen, zwei verstärkte Fallschirm-
bataillone, hunderte von Kampfhubschraubern und über
100 000 Mann. Was als rasche Vernichtung eines rückständi-
gen Landes geplant war, wuchs sich für die Sowjetunion zur
schlimmsten Niederlage des Kalten Krieges aus. Die Schwä-
chen der unerfahrenen Widerstandsbewegung – ihr Mangel
an militärischen Stützpunkten, die fehlenden Waffen, die völlig zersplitterten Befehlsstrukturen – all das hieß für die Sowjets, dass es keine festen Angriffsziele gab, die es zu zerstören
galt. Gegen Afghanistan zu kämpfen war, als wolle man Mar-
melade an die Wand nageln; am Ende blieb nur eine Wand mit
verbogenen Nägeln übrig. Als die Mudschahedin anfingen,
sowjetische Konvois und Militärstützpunkte in ganz Afghanistan anzugreifen, benutzten sie zunächst nur alte Schrotflinten, Steinschlossgewehre und Lee-Enfield, Kaliber 303 –
Restbestände aus der britischen Kolonialzeit. Einem damali-
gen CIA-Bericht zufolge betrug die durchschnittliche Über-
lebensspanne eines Mudschahedin, der einen Granatwerfer
bediente – raketenbetriebene Granaten waren die besten Anti-
Panzer-Waffen – ganze drei Wochen. Man kann durchaus davon ausgehen, dass jeder Afghane, der die Waffen gegen die
Sowjets erhob, seinen Tod in Kauf nahm.

Ohne die Unterstützung der Dorfbewohner wären die Mudschahedin jedoch nie in der Lage gewesen, den Feind zu besiegen. Sie hätten nichts zu essen bekommen, nirgends Unterschlupf gefunden, keine Informationen erhalten – nichts,
wovon ein erfolgreicher Guerillakrieg nun mal abhängt. Das
wussten die Sowjets natürlich und deshalb luden sie, zunehmend frustriert durch den hartnäckigen Widerstand, nach
Ablauf des ersten Jahres ihren ganzen Zorn auf die Zivilbevölkerung ab. Sie zerstörten jedes Dorf, in dem sie einen
Mudschahedin entdeckten. Sie belegten das Pandschir-Tal mit
Flächenbombardements. Sie fällten Obstbäume, zerstörten die
Ernte, folterten die Dorfbewohner. Sie taten alles, um einen

Keil zwischen das Volk und die Widerstandsbewegung zu treiben. Aber es half nichts. Nach zehn Kriegsjahren zogen sich die Sowjets schließlich zurück und hinterließen ein weithin vermintes Land und über eine Million toter Afghanen.

Keine Nation kann solche Verluste verkraften und einfach wieder zum Alltag zurückkehren. Dieselbe stark ausgeprägte Stammesmentalität, mit deren Hilfe man die Sowjets bezwungen hatte (die CIA nannte es »radikale Lokaldemokratie«), machte es den verschiedenen Splittergruppen nun fast unmöglich, sich auf einen gemeinsamen Nenner zu einigen. Drei Jahre sollte es dauern, bis die von den Sowjets zurückgelassene kommunistische Regierung in Kabul zu Fall kam. Zudem waren alle Volksgruppen bis an die Zähne bewaffnet, weil die CIA während des Krieges Waffen im Wert von 3 Mrd Dollar in das Land gepumpt hatte. Hätten die Vereinigten Staaten ihre Unterstützung fortgesetzt – Straßen gebaut, Flüchtlinge versorgt und Minenfelder geräumt –, dann hätte Afghanistan vielleicht eine Chance gehabt, die ethnische Zersplitterung zu überwinden. Aber nein. Kaum hatte sich in Kabul die sowjetisch gestützte Regierung aufgelöst, hörte auch das Interesse der USA an Afghanistan schlagartig auf. Die Auseinandersetzungen der Afghanen waren unvermeidlich. Und sie äußerten sich in einer Form, die fast noch schlimmer war als der Krieg, den das Land gerade hinter sich hatte.

Die von den USA für den Kampf gegen die Sowjets gelieferten Waffen wurden über den berüchtigten pakistanischen Geheimdienst ISI (Inter-Services Intelligence) nach Afghanistan geleitet. Zur Wahrung der eigenen strategischen Interessen in Afghanistan hatte sich der ISI einen fanatischen, antiwestlich gesinnten Ideologen namens Gulbuddin Hekmatyar ausgesucht, an den natürlich ein Großteil der Waffen ging. Mit Hekmatyar als Handlanger zerstörte Pakistan systematisch jede Chance auf eine erfolgreiche Koalitionsregierung. Während um Kabul herum heftige Kämpfe entbrannten, verschanzte sich Hekmatyar in den Hügeln südlich der Stadt und

ließ einen wahren Bombenregen auf die Dächer Kabuls nie-
dergehen. Er wollte die verschiedenen Splittergruppen mit aller Gewalt zwingen, sich zu ergeben, und die Kontrolle über
die Hauptstadt an sich reißen, aber seine Strategie führte lediglich zum Tod von zahllosen Zivilisten. Als Tausch für den
Frieden gab man ihm schließlich den Posten des Premier-
ministers. Doch seine Truppen blieben weiterhin in ihren Stellungen, die Geschützrohre ihrer Panzer zeigten immer noch
auf die Stadt, die sie weitgehend zerstört hatten.

Während die Kommandanten weiterkämpften, versank Afghanistan in Anarchie. Warlords kontrollierten die Straßen,
Opiumhandel und Waffenschmuggel wurden die Pfeiler der
Wirtschaft, Privatarmeen bekämpften einander um die Kontrolle über ein total ruiniertes Land. Damals kam es zu einer
der wenigen Gräueltaten, die Massuds Streitkräften zur Last
gelegt werden: Im Kabuler Stadtteil Afschar metzelten sie hunderte von Menschen nieder. Es gibt jedoch keinen Beweis,
dass Massud den Befehl dazu gab oder dies beabsichtigte.

Als Pakistan 1994 – bestürzt durch die blutigen Kämpfe
und zunehmend überzeugt, dass Hekmatyar eine Fehlbeset-
zung war – neue Verbündete suchte, fiel die Aufmerksamkeit
auf die Bewegung der Taliban, die in den *madrasas* vermehr-
ten Zulauf gefunden hatten, während Afghanistan sich selbst
zerfleischte. Die jungen Koranschüler, von denen viele als afghanische Flüchtlinge in Pakistan lebten, wurden mit einer
extrem konservativen Interpretation des Koran indoktriniert,
dem so genannten Deobandi-Islam. In den abertausenden von
heranwachsenden Jungen, oft Kriegswaisen, fand Pakistan
seine neuen Religionskrieger.

Von Pakistan bewaffnet und gelenkt, zudem mit einer völlig zersplitterten Allianz konfrontiert, kämpften sich die Taliban rasch im Süden Afghanistans vor. Die kriegsmüde Bevölkerung betrachtete sie als Retter – was sie in gewisser Hinsicht
auch waren. Allerdings zu einem hohen Preis. Sie zwangen
dem Land eine derart archaische und brutale Form des Islam

auf, dass selbst die ultra-traditionellen Muslime in den ländlichen Regionen schockiert waren. Als die Taliban Kabul einschlossen, sah sich Massud gezwungen, mit Männern wie Hekmatyar oder dem ehemaligen Kommunisten Abdul Raschid Dostum zu paktieren – Männern, die noch bis vor kurzem seine Todfeinde waren. Die Koalition stand auf wackligen Füßen und hatte keine Chance gegen die hochmotivierten Taliban-Milizen. Anfang September 1996 fiel Kabul schließlich nach schweren Kämpfen. Massud zog seine Leute ins Pandschir-Tal zurück. An seiner Seite war auch Burhanuddin Rabbani, der amtierende Präsident der Koalitionsregierung, sowie ein zwielichtiger Trupp von Mudschahedin-Kommandeuren, die unter dem Begriff Nordallianz bekannt wurden. Theoretisch stellten Rabbani und seine Minister die offizielle Regierung Afghanistans – immerhin hatten sie einen Sitz bei den Vereinten Nationen –, in Wirklichkeit jedoch kontrollierten sie lediglich das nördliche Drittel eines der ärmsten Länder der Welt.

Noch verheerender aber war die wachsende Bereitschaft diverser westlicher Länder – insbesondere der Vereinigten Staaten –, über die fatalen Fehler der Taliban hinwegzusehen und sie als rechtmäßige Landesregierung anzuerkennen. Schätzungen zufolge gab es in Zentralasien 200 Mrd Barrel unangezapfter Rohölreserven und ähnlich große Mengen Erdgas. Damit verfügte das Land über die größten fossilen Brennstoffreserven weltweit und der einfachste Weg, sie zu holen, war der Bau einer Pipeline quer durch Afghanistan nach Pakistan. So abstoßend die Herrschaft der Taliban sein mochte, man brauchte ihre Kooperation, um die Pipeline zu bauen. Wenige Tage nach der Einnahme Kabuls durch die Religionskrieger bemerkte ein Sprecher des amerikanischen Außenministeriums, er könne »nichts Anstößiges« an der talibanischen Auslegung des Islam sehen.

Während der Kampf zwischen Massud und den Taliban am Eingang zum Pandschir-Tal zum Stillstand kam, empfing die amerikanische Mineralölfirma Unocal eine Delegation der Taliban, um die Möglichkeit eines Öldeals zu eruieren.

Am Tag vor der Offensive beschloss Massud, an die Front zu fahren und das Kampfgebiet zu inspizieren. Er war nicht sicher, ob der Angriff wie geplant mit der erfolgreichen Einnahme der feindlichen Stellungen auf dem Berg enden würde, und er machte sich Sorgen, seine Männer könnten bei einem Frontalangriff umkommen. Er hatte die Nachschubkolonnen der Taliban durch sein Fernrohr beobachtet und glaubte, dass nur eine einzige Straße zu ihren Stellungen führte. Wenn seine Männer diese Stellungen eroberten, müssten sich die Taliban zurückziehen.

Massud ist ein schneller Mann und auch jetzt verlor er keine Zeit. Er sprang von dem morgendlichen Treffen mit seinen Kommandanten auf, stürmte zu seinem weißen Geländewagen hinaus und raste davon. Seine Kommandanten und Bodyguards kletterten in ihre Lastwagen und folgten ihm.

Der Konvoi fuhr unter riesigen Staubwolken durch den Ort, bog zum Fluss ab und pflügte durch die Strömung, das schlammige Wasser reichte bis an die Türgriffe. Ein Lkw blieb mitten im Fluss stecken, konnte aber wieder in Gang gebracht werden. Massuds Männer fuhren durch Niemandsland bis zu den vorderen Stellungen, während die Panzer auf dem Ay-Khanom-Berg Deckungsfeuer gegen die Taliban gaben. Sie stiegen aus und schlichen zu Fuß bis auf etwa 450 Meter an die Front heran. Das war die Todeszone: Was sich hier bewegte, wurde beschossen. Todeszonen sind unweigerlich still – es wird nicht gekämpft, kein menschlicher Laut, nur absolute Stille, die schlimmer sein kann als das schwerste Geschützfeuer. In diese Stille drang plötzlich ein Schuss, während Massud die Stellungen der Taliban studierte.

Das Projektil verfehlte nur knapp einen der Kommandanten und landete im Boden zwischen Massuds Füßen. Massud forderte verstärktes Geschützfeuer an und zog sich rasch mit seinen Männern zu den Lastwagen zurück. Der Ausflug hatte seinen Zweck erfüllt. Massud hatte zwei Schotterstraßen ausgemacht, die sich vor den Taliban-Stellungen teilten und um sie herumführten. Und er hatte sich an der Front gezeigt. Das musste die Gegner in ihrer Vermutung bestärken, dass er seinen Angriff auf diesen Punkt konzentrierte.

Am Spätnachmittag trafen sich Massud und seine Männer wieder im Kommandoposten. Der Schlagabtausch der Artillerie hatte von neuem begonnen. Ein zarter Ramadan-Mond zeichnete sich im Sonnenuntergang über den Stellungen der Taliban ab. Am Abend, im Bunker, erteilte Massud seinen Kommandanten letzte Anweisungen. Die Offensive sollte in aufeinander folgenden Wellen von acht Gruppen zu je 60 Mann ausgeführt werden. Die Kämpfer durften weder verheiratet sein noch Kinder haben und sie durften auch nicht der einzige Sohn einer Familie sein. Sie sollten die beiden Straßen einnehmen, die Massud entdeckt hatte, und die Stellungen der Taliban auf dem Hügel umzingeln. Er ordnete an, die Nachschubstraße zu ignorieren und in den Stellungen zu verharren, damit dem Gegner ein Fluchtweg blieb. Er wollte die Taliban nicht zwingen, bis zum letzten Mann zu kämpfen. Er wollte lediglich ihre Stellungen einnehmen, und das mit möglichst geringen Verlusten in den eigenen Reihen.

Die Kommandanten gingen nacheinander hinaus. Reza und Dr. Abdullah blieben allein bei Massud zurück. Erschöpft legte er sich auf die Seite, deckte sich mit seiner Jacke zu und faltete die Hände unter dem Kinn. Er schlief ein, wachte auf, fragte Reza etwas, schlief wieder ein – so ging es eine Stunde lang. Manchmal kam ein Kommandant herein, und Massud fragte, ob er bestimmte Minenwerfer umgestellt habe oder ob die 50 000 Schuss Munition an der Front verteilt worden seien. Irgendwann fragte er Reza, welches Land, in dem er gearbeitet hatte, ihm am besten gefalle habe.

»Natürlich Afghanistan«, sagte Reza.

»Waren Sie schon in Afrika?«

»Ja.«

»Auch in Ruanda?«

»Ja.«

»Was ist dort passiert? Wieso diese Massaker?«

Reza versuchte ihm alles zu erklären. Nach ein paar Minuten setzte sich Massud auf. »Vor ein paar Jahren dachte ich, der Krieg in Kabul wäre zu Ende, und ich fing an, mir ein Haus im Pandschir zu bauen«, sagte er. »Mit einem Zimmer für meine Kinder, einem Zimmer für mich und meine Frau und einer großen Bibliothek für meine vielen Bücher. Ich habe alle meine Bücher aufbewahrt. Sie sind in Kisten verpackt und ich hoffe, dass ich sie eines Tages in die Regale räumen und lesen kann. Aber das Haus ist noch nicht fertig, die Bücher sind immer noch in Kisten. Keine Ahnung, wann ich dazu komme, meine Bücher zu lesen.«

Schließlich wünschte Massud Reza und Dr. Abdullah eine gute Nacht, legte sich wieder hin und schlief endlich ein.

Obwohl Massud den Posten des Vizepräsidenten in der entmachteten Regierung Rabbanis innehat, zeigt er weder Ambitionen auf eine politische Führungsrolle noch erkennbares Machtstreben. Immer wieder hat er Bitten von Freunden und Verbündeten abgelehnt, doch endlich eine aktive Rolle in der Politik zu übernehmen. Im Koran steht, der Krieg sei eine furchtbare Katastrophe und müsse daher so schnell wie möglich und mit allen notwendigen Mitteln beendet werden. Vielleicht ist das der Grund, warum Massud sich ausschließlich darauf beschränkt hat, Krieg zu führen.

Ich wachte im Morgengrauen auf. Der Himmel war blassblau und versprach einen warmen, klaren Tag. Das hieß, die Offensive fand statt. Reza und ich aßen ein Stück Brot, tranken Tee und gingen dann mit den Kämpfern hinaus. Es schienen mehr geworden zu sein und sie redeten weniger als sonst. Sie standen in kleinen gedrängten Gruppen in der Morgensonne und warteten, dass ihr Chef aus seinem Quartier auftauchte.

Das Artilleriefeuer setzte vormittags ein, vereinzelte dumpfe Detonationen an der Front, das gelegentliche Dröhnen eines Panzers in unmittelbarer Nähe. Laut Plan sollten Massuds Männer in der Abenddämmerung den Hügel angreifen und die Aufmerksamkeit auf diesen Frontabschnitt lenken. Gegen Mitternacht sollten etwas südlicher weitere Angriffe erfolgen. Dort führte die Front an Taloqan vorbei. Im Lauf des Nachmittags wurde das Artilleriefeuer immer gleichmäßiger und dann, gegen Viertel nach fünf, kam plötzlich eine Serie von Funkrufen. Massud stand auf und verließ den Bunker.

Vor den Stellungen der Taliban auf dem Hügel blitzten unaufhörlich Explosionen auf. Raketen jagten in beiden Richtungen über das Tal. Wir konnten die Lichter von drei feindlichen Panzern sehen, die sich im Hügelgelände vorwärts arbeiteten, um die Taliban-Stellungen zu verstärken, die gerade überrannt wurden.

Ein aus der Gegend stammender Kameramann namens Yusuf hatte mir einen Film über erfahrene Mudschahedin beim Angriff eines Hügels gezeigt, und ich staunte darüber, wie ruhig und zielbewusst sie vorgingen. Auf seinem Videoband bewegten sich die Männer geduckt vorwärts, blieben zwischendurch stehen, um zu schießen, und dann drangen sie weiter vor, bis sie die Hügelkuppe erreicht hatten. Ihr Vorstoß verlief ohne Pausen und in einem ruhigen, gleichmäßigen Tempo.

Ich bezweifelte allerdings, ob der von mir beobachtete Angriff ebenso glatt verlaufen würde. Die Kämpfer dort oben auf den Hügeln in der Dunkelheit, zwischen all den Landminen, dem Maschinengewehrfeuer und den Panzern der Taliban, waren fast alle noch unerfahrene halbwüchsige Männer.

Massud brüllte oft ins Funkgerät, lange Wortkaskaden in Dari, gefolgt von kurzem Schweigen, in dem sich der Gesprächspartner offenbar zu rechtfertigen versuchte. Wie es aussah, lief die Sache nicht besonders gut. Einige Kommandanten standen nicht dort, wo sie hingehörten, und ihre Männer hatten den Berg frontal gestürmt, statt ihn zu umgehen. Dabei waren sie in ein Minenfeld geraten. Massud kochte vor Wut.

»Ich habe nie gesagt, dass ihr von unten angreifen sollt. Ich wusste, dass dieser Bereich vermint war«, sagte er einem Kommandanten im Bunker. Der Kopf des Mannes zuckte zurück unter der Wucht von Massuds Worten. »Du solltest nicht frontal angreifen. Deshalb bist du in die Minen gelaufen. Letztes Mal hast du den gleichen Fehler gemacht.«

Der Kommandant verteidigte sich und sagte, die Kämpfer hätten den Fehler begangen.

»Das ist mir egal – sie sind meine und deine Kinder«, gab Massud zurück. »Diese Krieger sind wie Löwen. Das eigentliche Problem sind die Kommandeure. Du hast frontal angegriffen und Männer durch Landminen verloren. Selbst wenn du die Taliban-Stellung noch einnehmen würdest, wirst du den Krieg so verlieren.

Die Offensive sollte die ganze Nacht dauern. Reza und ich aßen mit Massud zu Abend, dann packten wir unseren Lkw und machten uns auf die lange Rückfahrt nach Khwadscheh Baha ad-Din. Wir wollten die Front entdgültig verlassen und beschlossen, noch kurz das Feldlazarett zu besuchen. Es war nur ein großes Zelt, aufgestellt in einem von Lehmmauern umgebenen Hof, und wurde im Inneren von Petroleumlampen beleuchtet, die durch die Leinwand schimmerten. Wir beendeten gerade unser Gespräch mit dem Arzt, als ein alter sowjetischer Tieflader hielt.

Es war die erste Wagenladung mit Verwundeten, jene Männer, die auf Minen getreten waren. Sie standen unter Schock und waren völlig ruhig, die Gesichter von den Explosion geschwärzt; ihre Augen folgten verstört dem plötzlichen Treiben in ihrer Umgebung. Die Sanitäter hoben die Verwundeten von der Ladefläche, trugen sie ins Zelt und legten sie auf eiserne Feldbetten. Ein Soldat neben mir brachte beim Anblick der Wunden schluckend seinen Schreck zum Ausdruck. Die Wirkung einer Landmine ist so verheerend, dass sie einen im ersten Moment nur verwirrt. Es dauert ein paar Minuten, bis man begreift, dass der Haufen aus Knochen, Blut und zerfetztem Stoff, den man vor sich sieht, noch vor kurzem ein Bein war. Einem Mann fehlte der Fuß, einem zweiten das Bein bis zum Knie, einem dritten bis zur Hüfte. Er spürte offenbar keinen Schmerz und schien überhaupt nicht zu begreifen, was mit ihm geschehen war. Beides würde später kommen. »Mein Rücken tut weh«, sagte er immer wieder. »Irgendwas stimmt nicht mit meinem Rücken.«

Die Sanitäter arbeiteten schnell und stumm im Lampenlicht. Sie verbanden die Beinstümpfe mit Mullbinden. Am nächsten Tag sollten die Verwundeten per Hubschrauber nach Tadschikistan ausgeflogen und in ein Krankenhaus gebracht werden. »*Das* ist der Krieg«, zischte Reza immer wieder, während er fotografierte. »Genau das hier ist der Krieg.«

Reza hatte über viele Kriege berichtet und viele solcher Szenen erlebt. Ich nicht. Ich verließ das Zelt und lehnte mich in der kalten Dunkelheit an eine Mauer. Hunde bellten in der Ferne, und ein Soldat brüllte in sein Funkgerät, die Verwundeten würden jetzt eintreffen und man brauche mehr Medikamente – sofort.

Ich dachte darüber nach, was Reza gesagt hatte und ging wieder ins Zelt. Das ist der Krieg, sagte ich mir, du darfst nicht die Augen davor verschließen. Du musst dir alles genau ansehen, sonst hast du hier nichts zu suchen.

Requiem für einen Krieger

2001

Am Vormittag des 9. September traf sich Guerillaführer Ahmed Schah Massud in seinem Hauptquartier in Khwadscheh Baha ad-Din im Norden Afghanistans mit zwei Reportern, um einmal mehr ein Interview über den endlosen Bürgerkrieg in seinem Land zu geben. Die beiden Männer stammten offenbar aus Nordafrika – ob aus Algerien, Marokko oder Tunesien, ist bis heute nicht klar – und behaupteten, für eine arabische Nachrichtenagentur zu arbeiten. Sie hielten sich schon seit über einer Woche in Khwadscheh Baha ad-Din auf. Sie waren für sich geblieben, hatten den Reis und das Hammelfleisch gegessen, das man ihnen vorsetzte, und auf Schah Ahmed Massud gewartet. Leute aus Massuds Führungskreis hatten das Interview vermittelt, sodass niemand auf den Gedanken gekommen war, ihre Fernsehkamera unter die Lupe zu nehmen. Massud saß ihnen gegenüber, als sie kurz vor Mittag mit dem Interview begannen. Sekunden später war jeder im Raum verwundet oder tot.

Die Attentäter hatten die mit Sprengstoff vollgestopfte Kamera in die Luft gejagt. Von dem einen Mann blieben nur die Beine übrig; der andere wurde getötet, als er zu fliehen versuchte. Massud war schwer verletzt, lebte aber noch. Fünfzehn Minuten später war er tot – gestorben auf dem Weg zu dem Hubschrauber, der ihn nach Tadschikistan bringen sollte. Ahmed Schah Massud, der Held des Krieges gegen die Sowjetunion, der unerbittliche Widersacher des Taliban-Regimes, starb in den Bergen Afghanistans auf dem Rücksitz eines verbeulten Land Cruiser. Ein auf tragische Weise angemessener Tod für einen Mann, dessen ganzes Leben Krieg gewesen war.

Ich erfuhr von seinem Tod in Paris, als ich den kleinen, mit einer Mauer umgebenen Garten von Rezas Haus betrat. Die Anschläge auf das World Trade Center und das Pentagon lagen eine Woche zurück und ich war gerade auf der Heimreise nach New York. Ich hatte Reza vom Flughafen aus angerufen und gesagt, dass ich gern bei ihm vorbeischauen würde. Reza hatte Massud während des Krieges gegen die Sowjets näher kennen gelernt und zusammen hatten wir ihn im vergangenen Jahr einen Monat lang begleitet. Ich hatte die Berichte über den »Attentatsversuch« gelesen, der nur zwei Tage vor dem Anschlag auf die USA stattgefunden hatte. Allerdings hatte ich auch gehört, dass Massud überleben würde. Eine Lüge – ein verzweifelter Versuch von Massuds Nordallianz, Herr der Lage zu bleiben. Reza kam aus der Küche, um mich zu begrüßen. Als ich den Schmerz in seinem Gesicht sah, wusste ich Bescheid. Für ein paar Minuten sagte keiner ein Wort. »Es gibt jetzt jede Menge Arbeit«, sagte Reza schließlich. »Viel zu viel Arbeit.«

Es war ein schrecklicher Augenblick. Tausende von Menschen waren im Schutt des World Trade Center gestorben, Opfer derselben extremistischen Pervertierung des Islam, die auch Massud bekämpft hatte. Wie alle Amerikaner fürchtete ich mich vor weiteren Anschlägen. Und ich war traurig darüber, dass die mächtigste Militärmacht der Welt über einen Feldzug gegen eines der ärmsten Länder der Erde nachdachte. Ironischerweise war anscheinend keiner der 19 Hijacker Afghane. Ich hatte den Verdacht, dass Osama bin Laden das Attentat auf Massud als Vorstufe für die Anschläge auf New York und Washington angeordnet hatte. Er hätte eine derartige Provokation der USA nicht gewagt, wenn Massud noch am Leben gewesen wäre, um von der Militärhilfe Gebrauch zu machen, die man ihm zwangsläufig angeboten hätte.

Reza und ich saßen bei einer Flasche Wein am Küchentisch.

Jemand hatte ihm am gleichen Tag eine E-Mail geschickt: »Du kannst dich glücklich schätzen, einen Mann wie Ahmed Schah Massud kennen gelernt zu haben.« Tatsächlich war uns beiden bewusst, dass es ein Privileg war, ihn gekannt zu haben. Massud, der den Extremismus der Taliban genauso verabscheute wie den Totalitarismus der Sowjetunion, hatte mir einmal erzählt, dass er nicht nur für ein freies Afghanistan, sondern für eine freie Welt kämpfe. Ob es das bedächtige Nicken war, wenn er sich eine Frage anhörte, oder der erschöpfte und neugierige Ausdruck seines sympathischen, hageren Gesichts – er hatte etwas an sich, das einem bewusst machte, einen außergewöhnlichen Mann vor sich zu haben. Es war faszinierend, ihm zuzuhören, auch wenn ich kein Wort verstand. Ständig beobachtete ich ihn. Ich hatte das Gefühl, dass sich in seinen Bewegungen – sei es die Art, wie er sich Tee einschenkte, oder die Art, wie er beim Sprechen mit den Händen durch die Luft fuhr – ein Geheimnis verbarg.

Reza und ich sprachen zwei Stunden miteinander. Es war ein windiger Tag und wir zogen die Jacken an, als wir uns fertig machten, um zu dem Gedenkgottesdienst zu fahren, der am anderen Ende der Stadt für Massud abgehalten wurde. Bevor wir gingen, rief Reza in Tadschikistan an, um einem engen Berater Massuds unsere Trauer zu bekunden.

»Ich rufe an, weil ich von dir hören will, dass es nicht wahr ist«, sagte Reza.

»Es ist wahr«, sagte der Berater. »Es ist alles in Ordnung. Jetzt sind wir eben alle Massud.«

Dank

Meine Recherchen über Waldbrände begannen, als Frank Carroll, der damals in der Forstverwaltung des Boise National Forest arbeitete, die Tatsache ignorierte, dass ich über keinerlei Akkreditierung verfügte. Er verschaffte mir einen Presseausweis, der mir Zutritt zum Flicker Creek Fire verschaffte. Frank Carroll gebührt zweifellos mein erster Dank. Danach startete ich meine Laufbahn als Auslandsreporter, die 1993 mit einer katastrophal vorbereiteten Reise nach Sarajewo begann. Tief empfundenen Dank schulde ich Harald Doornbos, einem erstklassigen Reporter und mittlerweile guter Freund. Er ließ mich bei sich wohnen, zeigte mir, wie der Hase läuft, und hielt mir während des ganzen Aufenthalts allen Ärger vom Leib. Nach dieser Geschichte konnte ich den Luxus genießen, im Auftrag von Zeitschriften in fremde Länder zu reisen. Mein Dank gilt John Atwood und John Rasmus, die früher für *Men's Journal* tätig waren, Hampton Sides von *Outside*, Ned Zeman, Doug Stumpf und Graydon Carter von *Vanity Fair* und Steve Byers von *Adventure*. Zu besonderem Dank bin ich Steve Byers verpflichtet, der während seiner Zeit bei *Men's Journal* meinen ersten Artikel in einem landesweit erscheinenden Magazin veröffentlichte und mich Jahre später für ein Porträt über Ahmed Schah Massud nach Afghanistan schickte. Besondere Erwähnung verdient auch Graydon Carter, der als Chefredakteur von *Vanity Fair* meine für viele Leser extrem verstörenden Kriegsreportagen veröffentlichte. Sicher keine leichte Entscheidung für einen Redakteur. Seinem Vertrauen in meine Arbeit verdanke ich viel. Danken möchte ich auch Starling Lawrence und Drake Bennett von W. W. Norton und den vielen Menschen bei W. W. Norton und HarperCollins für ihre großartige Arbeit und ausdauernde Unterstützung. Das Buch wäre nie erschienen ohne die Hilfe und Freundschaft meines Agenten Stuart Krichevsky und seiner Mitarbeiterinnen Paula Balzer und Shana Cohen.

Dank gebührt auch meiner Familie und meinen Freunden, ohne die ich nicht der Mensch geworden wäre und folglich auch nicht der Journalist, der ich bin. Also: Ich danke Janine DiGiovanni, Scott Anderson, John Falk, Rob Leaver, Don Beal, Khristine Hopkins, John Vaillant, Emery Vaillant, John Evans, Victoria Bruce, Shane Dubow, Ami Kimball, Jackie Ginley und Stephen Zanichkowsky für ihr Interesse und ihre Mitarbeit. Meine Mutter und mein Vater – Ellen und Miguel Junger – sowie meine Schwester Carlotta haben mich ebenfalls tatkräftig unterstützt. Es tut mir Leid, dass sie sich so oft um mich gesorgt haben, während ich meiner Arbeit nachging. Ich habe dieses Buch Ellis Settle gewidmet, dem Onkel meines ältesten Freundes, einem unendlich weisen Mann, dessen unerschütterlicher Respekt für die arbeitenden Männer und Frauen dieser Welt mir zeitlebens als Leitfaden diente. Ohne das Privileg, ihn und seine Frau Joanna kennen gelernt zu haben, wäre vielleicht nie ein Journalist aus mir geworden.

Schließlich möchte ich noch darauf hinweisen, dass es den Beruf des Auslandsreporters nicht gäbe ohne die Hilfe der Menschen vor Ort, der Menschen, deren Namen in Artikeln nie erwähnt, deren Gesichter im Fernsehen nie gezeigt werden.

Abschließend möchte ich meinen Dank und meine Bewunderung ausdrücken für die Übersetzer, Fahrer, Führer, Informanten und »Strippenzieher«, die mir bei meiner Arbeit in den verschiedenen Ländern geholfen haben. Als Einheimische gehen sie Risiken ein, an die der Besitzer eines ausländischen

Passes nicht mal einen Gedanken verschwenden muss. Es sind zu viele, als dass man sie namentlich aufführen könnte, doch ihrer wichtigen Rolle im Journalismus sollte man sich immer bewusst sein.